Breve historia de Winston Churchill

Breve historia de Winston Churchill

José-Vidal Pelaz López

nowtilus

Colección: Breve Historia
www.brevehistoria.com

Título: Breve historia de Winston Churchill
Autor: © José-Vidal Pelaz López

Copyright de la presente edición: © 2012 Ediciones Nowtilus, S.L.
Doña Juana I de Castilla 44, 3º C, 28027 Madrid
www.nowtilus.com

Responsable editorial: Isabel López-Ayllón Martínez
Maquetación: Patricia T. Sánchez Cid

Reservados todos los derechos. El contenido de esta obra está protegido por la Ley, que establece pena de prisión y/o multas, además de las correspondientes indemnizaciones por daños y perjuicios, para quienes reprodujeren, plagiaren, distribuyeren o comunicaren públicamente, en todo o en parte, una obra literaria, artística o científica, o su transformación, interpretación o ejecución artística fijada en cualquier tipo de soporte o comunicada a través de cualquier medio, sin la preceptiva autorización.

ISBN edición impresa: 978-84-9967-420-9
ISBN impresión bajo demanda: 978-84-9967-421-6
ISBN edición digital: 978-84-9967-422-3
Fecha de edición: Octubre 2012

Impreso en España
Imprime: Imprenta Fareso
Depósito legal: M-29.089-2012

A María José y a Diego, otra vez

Índice

Capítulo 1. El pequeño Winston (1874-1895) 11
   Una infancia victoriana 11
   Ascenso y declive de lord Randolph Churchill........ 20

Capítulo 2. «El hombre más joven
de Europa» (1895-1901) 37
   Algunas pequeñas guerras.. 37
   La elección caqui... 53

Capítulo 3. La rata de Blenheim (1901-1914) 65
   El traidor (1901-1906)... 65
   El reformista radical (1906-1911) 72
   El guerrero (1911-1914) 85

Capítulo 4. Armagedón (1914-1918) 101
   De Amberes a Gallipoli (1914-1915) 102
   Fuera de escena (1915-1916) 116
   De vuelta a la guerra (1917-1918)......................... 123

Capítulo 5. Después del fin del mundo (1918-1929).... 131
   En la paz como en la guerra (1918-1922)............. 131

Cambio de pareja (1922-1924) 143
La toga de lord Randolph (1924-1929) 151

Capítulo 6. Profeta en el desierto (1929-1939) 163
Más allá del pasillo (1929-1935) 163
Se aproxima la tormenta (1935-1939) 177

Capítulo 7. Sangre, sudor, fatiga y lágrimas (1939-1941) ... 197
Winston ha vuelto (1939-1940) 198
Su mejor hora (1940) 211
Solos (1940-1941) 221

Capítulo 8. Victoria y derrota (1941-1945) 225
La gran alianza (1941-1942) 225
El gozne del destino (1942-1944) 231
Sombras sobre la victoria (1945) 246

Capítulo 9. El último rugido (1945-1965) 257
De nuevo en el desierto (1945-1951) 257
El regreso del viejo león (1951-1955) 268
Los años oscuros (1955-1965) 279
Churchill, entre la historia y el mito 285

Bibliografía 293

1

El pequeño Winston (1874-1895)

Randolph era irresistible. Tenía mucho más encanto, más ingenio. Pero (su hijo) Winston es, con mucho, mejor que él.

Herbert Asquith
Primer ministro británico

UNA INFANCIA VICTORIANA

El 30 de noviembre de 1874 se celebraba una animada fiesta en el Palacio de Blenheim. El séptimo duque de Marlborough era el anfitrión del tradicional baile de San Andrés al que habían sido invitados los principales nobles de la región, además de los más destacados profesores y alumnos ilustres de la cercana y prestigiosa Universidad de Oxford. Sonaban los violines mientras una tropa de lacayos empolvados se esmeraba en atender a los invitados hasta en los últimos detalles.

Alguien definió Blenheim sarcásticamente como la residencia de un subastador que repentinamente hubiera

Vista sur del Palacio de Blenheim, situado en las afueras de Woodstock en Oxfordshire. Fue construido entre 1705 y 1722. En 1987, la UNESCO lo declaró Patrimonio de la Humanidad.

sido elegido rey de Polonia. Y, efectivamente, nunca ha dejado de sorprender el contraste entre esta fantasía del barroco italianizante y la suave campiña de Oxford sobre la que parece haber descendido. Su primer propietario todavía sigue allí, orgulloso, desafiando el paso del tiempo. La estatua en plomo de John Churchill, primer duque de Marlborough, le representa sobre una imponente columna, alejado del palacio, con águilas a sus pies y vestido como un emperador romano, proclamando ante la historia la gloria de sus triunfos.

El fundador de la dinastía Churchill fue uno de los hombres más poderosos de su tiempo. A comienzos del siglo XVIII era el comandante en jefe de los ejércitos británicos en la guerra de Sucesión española (1700-1713) que enfrentó a España, Francia y Baviera contra Inglaterra[1] y

---

[1] A lo largo de esta narración utilizaremos indistintamente las denominaciones de «Inglaterra» o «Gran Bretaña» si bien desde el siglo XVIII el nombre oficial del país es el de Reino Unido, integrado por Inglaterra, Escocia, Gales e Irlanda (desde 1922, sólo Irlanda del Norte o Ulster).

John Churchill, primer duque de Marlborough (1650-1722). En su larga carrera conoció momentos de esplendor, como el que refleja el cuadro, pero también sufrió el exilio, acusado de malversación de fondos.

Austria. En 1704 cuando las tropas francesas amenazaban con tomar Viena, John Churchill consiguió detenerlas, mediante una decisiva batalla librada cerca de la aldea de Blindheim. En agradecimiento Inglaterra otorgó al vencedor el tratamiento de héroe. Le fue concedido entonces el ducado de Marlborough (de ahí el «Mambrú» o «Malbrouk» del que hablarían las canciones infantiles francesas y españolas) para él y sus descendientes, un extenso terreno en Oxfordshire y una dotación de seis mil libras para construir allí un palacio que celebrara la victoria. El duque decidió bautizar a su futura residencia con el nombre (adaptado fonéticamente del inglés) del pueblecito austriaco donde había cosechado su histórico triunfo. Así nacía el palacio de Blenheim. Para los descendientes del primer duque aquel monumental edificio fue tanto un honor como una carga. Resultaba enormemente caro de mantener y la fortuna familiar ya no volvió a ser lo que en aquellos primeros y gloriosos tiempos.

Aquella fría noche de noviembre de 1874 en Blenheim un nuevo miembro de la familia Churchill estaba a punto de incorporarse a la saga. De pronto, en medio del animado baile, la joven nuera del séptimo duque sintió los inconfundibles dolores del parto. Intentaron trasladarla hasta su habitación, pero no hubo tiempo más que para llegar al cuarto de una de las criadas. Así vino al mundo Winston Leonard Spencer-Churchill, hijo primogénito de lord Randolph Churchill y Jennie Jerome[2] que se encontraban en Blenheim de visita. Lord Randolph, tercer hijo del séptimo duque de Marlborough, después de estudiar en Eton y Oxford, se dedicaba a la política y desde hacía un año, ocupaba un escaño en la Cámara de los Comunes[3].

---

[2] En realidad los Churchill no descendían en línea directa del primer duque. Los dos hijos de este murieron en la infancia y sólo gracias a una ley especial del Parlamento el ducado pasó a su hija mayor Henrietta a la muerte de su padre en 1722. El único hijo de Henrietta falleció antes que ella, de modo que a su muerte el ducado pasó, un tanto irregularmente, al hijo de Anne, hermana de Henrietta, que se había casado con Charles Spencer, conde de Sunderland. Este hijo —llamado Charles Spencer como su padre— se convirtió en tercer duque de Marlborough. Los duques posteriores ostentaron el nombre de Spencer hasta 1817, cuando se agregó el nombre de Churchill (unido por un guión), en un esfuerzo por revivir la memoria del gran duque John. Comprensiblemente en la familia siempre se prefirió utilizar el segundo apellido al considerarlo de más solera y prestigio. Por lo que a la familia Spencer se refiere, uno de sus últimos y más populares descendientes ha sido Lady Diana Spencer, princesa de Gales.

[3] Según la costumbre inglesa los hijos segundones de los nobles ostentan el título de lord como mera cortesía y con carácter vitalicio e individual, por eso Winston Churchill no tendría nunca ningún título nobiliario.

El romance de lord Randolph con su futura esposa había sido rápido, lo cual no sorprendió demasiado dado su carácter impetuoso. Lo que sí llamó más la atención fue la elección de Jennie Jerome como candidata. Los Jerome eran una familia norteamericana, por cuyas venas, se decía, corría sangre india iroquesa. El padre, Leonard Jerome, era algo así como un «tiburón» de la Bolsa de Nueva York que había ganado y perdido fortunas de millones de dólares. Como todos los ricos americanos pensaba que Europa era sinónimo de buena educación y elegancia y por ello enviaba a su esposa y a sus tres hijas largas temporadas a París. Tras la caída del Segundo Imperio francés en 1870, las Jerome se trasladaron a Inglaterra. En agosto de 1873 la familia acudió a las regatas de Cowes en la Isla de Wight, donde anualmente se concentraba lo mejor de la aristocracia británica y europea. Allí, en un baile organizado en honor de Nicolás, el heredero del trono de Rusia, Jennie —o «Jeanette», como a ella le gustaba ser llamada por considerarlo más «europeo»— se encontró con el joven Randolph Churchill. Él tenía veinticuatro años, ella diecinueve. El enamoramiento fue instantáneo y la boda tuvo lugar el 15 de abril del año siguiente en la embajada inglesa en París. Siete meses después nacía el pequeño Winston. Para la familia Churchill emparentar con los Jerome no era precisamente ascender de categoría social. Hubo serias discusiones acerca del pedigrí de la novia y, también, sobre su fortuna, ya que por entonces Leonard Jerome se encontraba en una de sus fases descendentes. La indómita voluntad de lord Randolph y una dote de cincuenta mil libras esterlinas acabarían imponiéndose.

El recién nacido Winston era un niño doblemente afortunado. Había venido al mundo en el seno de la clase social dominante en un país a su vez hegemónico en el concierto mundial. A finales del siglo XVIII había

Lord Randolph Churchill (1849-1895) en una fotografía tomada hacia 1883. Por esa época destacaba gracias a su provocativa actividad en la Cámara de los Comunes, destinada a desgastar al gobierno liberal.

comenzado a producirse en Inglaterra el proceso conocido como Revolución Industrial como consecuencia del cual consiguió encaramarse al liderazgo mundial. La aplicación de la máquina de vapor a la producción manufacturera hizo que a mediados del siglo XIX, Inglaterra fuera conocida como «el taller del mundo», siendo su potencia económica superior a la del resto de las naciones juntas. Londres, con dos millones y medio de habitantes en 1850 y casi seis al finalizar el siglo, era la urbe más grande de Europa y la capital financiera del mundo. Desde 1837 regía los destinos del país la reina Victoria. Su nombre serviría para denominar la época más brillante de la historia británica.

Sin embargo, al lado de los privilegiados como Churchill, en Inglaterra había también otra sociedad, la que integraban las tres cuartas partes de los británicos, un universo desconocido para el pequeño Winston y los de su clase. Entre 1870 y 1900, el país más próspero y poderoso, vio como seis millones de sus hijos emigraban en busca de mejores oportunidades. En Londres vivían cientos de miles de personas mal alimentadas, era esa sociedad de los barrios pobres y de los hospicios que describe Charles Dickens en novelas como *Oliver Twist*. A finales de siglo, los obreros, impacientes por defender sus derechos, comenzaron a organizarse políticamente. Así en 1892 nacía el Partido Laborista que conseguirá sus primeras actas de diputado a comienzos del siglo XX.

En la sociedad victoriana, rígidamente jerarquizada y estructurada, la clase de gente como los Churchill vivían dentro de una auténtica urna de cristal. Eran una de esas tres o cuatro mil familias que en Inglaterra constituían las clases altas *(upper class)* que daban lugar al *establishment,* el fundamento o base de la sociedad. Sus vidas eran fáciles y su mayor preocupación consistía precisamente en qué hacer con ellas. Lord Randolph decidió dedicarse a la política, puesto que la administración de las posesiones familiares estaba todavía en manos de su padre y luego lo estaría en las de su hermano mayor. Para su joven esposa americana el panorama era más sencillo, simplemente debía mostrarse encantadora en las reuniones de la alta sociedad que frecuentaba. En estas condiciones no puede decirse que el pequeño Winston —Winnie, como se le llamaba familiarmente— recibiera demasiadas atenciones por parte de sus atareados padres. Así que Winnie fue confiado a una *nanny* llamada señora Everest, quien a lo largo de los siguientes veinte años sería su segunda madre, y muchas veces la primera. Churchill, que adoraba a sus padres, siempre lamentó no haber podido compartir más tiempo con ellos. Por decirlo con sus propias palabras: «Mi madre siempre me pareció una princesa de cuento de hadas [...] Brillaba para mí como la estrella polar. Yo la quería mucho, pero a distancia».

Los primeros recuerdos que Churchill afirmaba tener de su vida no eran de Inglaterra, sino de Irlanda. Allí se desplazó la familia cuando su abuelo fue nombrado virrey, llevándose consigo, a título de secretario político, a lord Randolph. El virreinato de Irlanda no era un destino demasiado apetecible porque la isla, en perpetua tensión por la hostilidad entre católicos y protestantes, representaba uno de los más serios problemas con que se enfrentaba el Estado británico. Las exigencias de autonomía (llamada *Home Rule),* o abiertamente de independencia, eran cada vez mayores. Afortunadamente, los tres años que los Churchill vivieron en la residencia del virrey en el Castillo de Dublín no fueron particularmente conflictivos. Por aquel entonces el pequeño Winston, un diablillo de cara redonda y pelo rojizo, empezaba a dar muestras de su carácter y de las carencias de una educación en la que no están presentes los padres.

Jennie Jerome (1854-1921), en un retrato realizado hacia 1880. Mujer de gran belleza, tuvo tres maridos y numerosos amantes entre los cuales, al parecer, se contó el rey Eduardo VII. En 1974 su vida sería objeto de una serie televisiva.

La señora Everest se las veía y deseaba para controlarlo. Se contrataron los servicios de una institutriz más severa, Miss Hutchinson, que intentó familiarizarle con las letras y los números. Su primer libro se titulaba *La lectura sin lágrimas*. A veces se escapaba de las clases y se escondía entre los árboles del jardín. Era terco hasta la violencia. Los criados le temían. Empezaba a mostrar todos los rasgos típicos de un niño malcriado. En 1880 cuando contaba apenas seis años, su madre dio a luz a su segundo hijo, Jack. El contraste entre los dos niños se haría pronto patente. Mientras Winston era rebelde, autoritario y alocado, el pequeño Jack siempre se caracterizaría por un espíritu tranquilo y un carácter condescendiente. Su dominante hermano haría de él un continuo y obediente compañero de juegos.

En 1880 se celebraban elecciones generales en Inglaterra y los Churchill regresaron a casa para que lord Randolph pudiera participar en ellas. Si bien personalmente logró conservar su escaño, el partido conservador *(tory)* al que pertenecía cosechó una sonora derrota que lo alejó del poder en beneficio de los liberales de Gladstone *(whigs)*. Esto significó también el fin del virreinato irlandés del duque de Marlborough que regresaba a Blenheim mientras que los Churchill volvían a su casa londinense en St. James´s Place.

Ascenso y declive de lord Randolph Churchill

Para lord Randolph, como luego lo sería para su hijo Winston, el centro de sus ambiciones era el Parlamento y más en concreto la Cámara de los Comunes con sede en Westminster (Londres). Ese era el punto neurálgico en la vida del país. La Cámara de los Lores, de carácter

Jennie con sus dos hijos, en una fotografía de 1889. Jack Churchill combatió en la guerra de los Bóers y en la Gran Guerra y llevó una vida discreta como corredor de bolsa en la *City,* el barrio financiero de Londres. La relación con su hermano fue de gran cercanía hasta su fallecimiento en 1947.

hereditario y formada por los grandes terratenientes, había ido perdiendo peso político aunque continuaba ejerciendo funciones de Tribunal Supremo y además podía vetar las decisiones de los Comunes. Desde la Gran Revolución de 1688 el sistema político británico había evolucionado hacia una monarquía constitucional y parlamentaria que terminó de definirse con el triunfo de las ideas liberales durante el reinado de Victoria. Durante mucho tiempo el derecho de voto estuvo restringido a las clases más poderosas del país. Para poder ejercer el sufragio era preciso poseer unos determinados niveles de riqueza. Esta oligarquía que monopolizaba la vida política se presentaba dividida en dos grandes grupos: el partido *tory* o conservador y el *whig* o liberal, si bien las diferencias ideológicas entre ambos no eran muy relevantes. El gran éxito del sistema político británico estribó en que sus dirigentes comprendieron pronto que el inmovilismo sería la receta segura para la revolución social. De este modo, de forma dosificada pero imparable, el sistema fue transformándose. Primero con la gran reforma de 1832, luego con la de 1867 y finalmente con la de 1884-1885, después de la cual prácticamente se había alcanzado el sufragio universal masculino. Había quedado abierto el camino hacia la democracia, que no se consolidaría hasta entrado el siglo siguiente con la concesión del voto a la mujer.

Entre 1880 y 1885 lord Randolph Churchill se convirtió en la estrella ascendente del panorama político nacional. La suya fue una de las más rápidas y trágicas carreras políticas de la Inglaterra victoriana. Estando en el poder los liberales de Gladstone, lord Randolph orientó toda su actividad a desarrollar una tremenda oposición que, por un lado, debilitase al partido en el gobierno y, por otro, sirviera para colocarle como hombre fuerte en el suyo propio. Pronto se dio cuenta de que si los *tories* deseaban volver al poder deberían desarrollar una mayor sensibilidad social que atrajera más voto popular, para lo cual retomó la idea de Disraeli de «democracia conservadora». Para algunos, se trataba simplemente de una táctica desprovista de escrúpulos propia de un cínico y demagogo, pero lo cierto es que provocó una revolución en el panorama parlamentario británico. Lord Randolph fue uno de los primeros políticos en recorrer el país haciendo propaganda electoral. Su público le gritaba: «¡Pégales fuerte, Randy!». Junto con otros agitadores fundó el llamado «cuarto partido» (el tercero eran los nacionalistas irlandeses), un subgrupo dentro de los *tories* caracterizado por su agresividad y

«El cuarto partido», según dibujo publicado en *Vanity Fair* en 1880. Junto a lord Randolph aparecen Arthur J. Balfour, Henry Drummond-Wolff y John Eldon Gorst. Su forma de hacer oposición revolucionó los Comunes. Winston se inspiraría en ella a comienzos de su propia carrera.

sus formas destempladas. Le gustaba llamar la atención y solía dirigirse a los Comunes pedaleando en su bicicleta. Lucía un audaz bigote, sobre el que resaltaban sus ojos saltones, vestía como un auténtico *dandy* y fumaba con una boquilla de ámbar con un gran diamante engastado. Resultaba difícil de tratar incluso para sus propios correligionarios.Un testimonio de la época resume lo que muchos pensaban de él: «A pesar de su notable sagacidad, no resulta en absoluto fiable; apenas puede considerársele un *gentleman* y lo más probable es que esté algo loco». El más apasionado y entregado de los seguidores de lord Randolph fue, sin duda, su hijo Winston. Para un niño el modelo paterno es siempre un punto de referencia inevitable y, si bien como padre no tenía mucho que ofrecer, por lo menos como político proporcionó a su hijo argumentos para poder sentirse orgulloso.

Por esas fechas, a la edad de siete años, Winston Churchill ingresó en la escuela preparatoria. Era el camino tradicional para luego poder acceder a una *public school* prestigiosa como Eton o Harrow. El centro elegido fue la escuela de St. George en la localidad de Ascot, un internado de moda para los hijos de las clases acomodadas. Esto implicaba el alejamiento del seno de la familia y también de la señora Everest, su refugio y consuelo hasta entonces. A finales de 1882 el pequeño Winston fue conducido por su madre a su nuevo destino. Para un niño acostumbrado a retozar a sus anchas, el contraste fue brutal. Los dos años que Winston paso en Ascot fueron, según él, los peores de su existencia, «una temporada gris y sombría [...] un interminable período de aburrimiento y el ciclo más desgraciado de mi vida [...] Contaba los días y las horas que faltaban para el final de cada trimestre». La disciplina era la norma básica y se imponía de forma brutal. El castigo físico a los niños era aceptado socialmente como una manera de endurecer el cuerpo y el espíritu y de contribuir a generar futuros líderes para el Imperio.

Churchill se negaba a estudiar aquellas materias que le desagradaban. Su mayor interés residía en el aprendizaje de la lengua inglesa. Fue precoz en la lectura, su obra preferida era *La isla del tesoro* de R. L. Stevenson, y también le interesaba la Historia. Sus calificaciones en términos generales fueron nefastas y los informes de sus profesores, decepcionantes. Su soledad era compensada por las frecuentes visitas de la señora Everest que, una vez más, suplía a sus ocupados padres. Otro alivio para su desgracia lo encontraba Winston durante las vacaciones de verano. Solía pasar largas temporadas en el Palacio de Blenheim junto a su hermano Jack y su abuela materna que le consideraba «un pequeño *bulldog* travieso y de pelo alborotado».

El encuentro con el santuario de Blenheim dejó en el pequeño Winston una huella imborrable. Recorrió los inmensos salones, las más de trescientas habitaciones, admiró las armaduras y uniformes, los cuadros, los trofeos de guerra del legendario Marlborough y los murales representando sus victoriosas batallas. Puede decirse que allí tomó conciencia de su linaje, de lo que su apellido representaba. Su mente infantil se llenó de ecos de antiguas gestas gloriosas que algún día él se encargaría de revivir.

En 1884 las privaciones a las que se veía sometido en Ascot acabaron por pasar factura. Enfermó gravemente de los pulmones y se temió por su vida. El informe médico y la insistencia de la señora Everest acabaron por decidir a los Churchill. Era necesario un cambio de clima. El colegio de las señoritas Thomson en Brighton supuso ciertamente una mejoría. No sólo porque la cercanía del mar fuese beneficiosa para el restablecimiento del pequeño Winston, sino también porque la institución que regentaban estas dos ancianas solteronas en nada se parecía al cuartelario St. George. Entre 1884 y 1888 Churchill completaría allí su educación preparatoria. Sus hábitos y costumbres, sin embargo, no cambiaron. Continuó siendo rebelde e indisciplinado. Algunas de las peleas en las que se vio envuelto tuvieron que ver con las burlas de sus compañeros debido a un sensible ceceo que padecía.

Su salud mejoró y también sus calificaciones que, sin embargo, continuaron siendo mediocres. La Historia y la Poesía eran sus materias favoritas. Empezó a disfrutar con el deporte y alcanzó algunos triunfos jugando al *rugby*. También practicó *cricket*, natación y equitación. Consciente de su debilidad física —era relativamente bajo para su edad y su salud no era muy fuerte— intentó robustecerse mediante el ejercicio continuado. Durante su estancia en Brighton, Winston empezó a descubrir

El pequeño Winston retratado en 1881 en Dublín, cuando su abuelo era virrey de Irlanda.

que era el hijo de un hombre importante. El pequeño se enorgullecía de que lord Randolph ocupara la atención de los periódicos y de que se le tuviera por el mejor orador de Inglaterra. En el colegio Winston se negaba a jugar con los hijos de los políticos liberales y protagonizó más de una pelea por esta causa. Tanta lealtad y devoción no eran ni mucho menos correspondidas. El padre tenía a su hijo en un bajo concepto. Sus notas era malas y sus indisciplinas continuas. Y además el niño no hacía más que quejarse pidiendo atenciones, visitas y dinero. Por esa época lord Randolph estaba, además, auténticamente atareado. En 1885, por fin, se produjo la caída del gobierno liberal de Gladstone. Conforme a todas las previsiones lord Randolph Churchill, con tan solo treinta y cinco años, entraba en el Gabinete conservador presidido por lord Salisbury con el puesto de secretario de Estado para la India.

Que hacer oposición es una cosa y gobernar otra muy distinta es algo que en el caso de lord Randolph resultó particularmente evidente. Su talento a la hora de desgastar al Gobierno anterior había resultado indudable, pero una vez en el poder quedó claro que tenía escasos, por no decir nulos, objetivos estratégicos. Revoloteaba tanto en sus planteamientos que Gladstone le comparaba con una mosca. Pasaba del librecambismo al proteccionismo, de apoyar la autonomía para Irlanda a defender la integridad territorial del Reino Unido. Lo más destacado de su ministerio fue la anexión de la Alta Birmania al Imperio británico de la India. Su carrera, no obstante, parecía imparable. En julio de 1886 Salisbury le designaba canciller del Exchequer —equivalente a ministro de Hacienda— en un nuevo Gobierno[4]. Tradicionalmente este cargo era el último escalón antes de llegar a ser primer ministro. Lord Randolph estaba en lo más alto de lo que Disraeli llamó «el poste engrasado de la política». Y entonces sobrevino lo impensable.

En vez de ver colmadas sus aspiraciones y dedicarse a esperar pacientemente a que llegara el momento oportuno para su asalto a la jefatura del Gobierno, lord Randolph decidió jugárselo todo de forma repentina a una sola carta. El 20 de diciembre de 1886 presentaba su dimisión, después de tan sólo cinco meses en el cargo,

---

[4] La designación de los cargos que componen el Gobierno británico es muy peculiar. Los Ministerios son llamados habitualmente *Offices*, al frente de las cuales está un secretario, puesto que equivale al de ministro. Así el *War Office* es el Ministerio de la Guerra, el *Foreign Office* el de Exteriores o el *Indian Office*, que ocupó lord Randolph, el de la India. Otros puestos gubernamentales tienen denominaciones específicas, como es el caso del ministro de Hacienda, tradicionalmente llamado *canciller del Exchequer*.

tras ser rechazada por el resto del Gabinete su propuesta de reducción de gastos militares. Probablemente esperaba con su gesto forzar una crisis gubernamental. No obstante, muy lejos de dejarse intimidar, el primer ministro aceptó tranquilamente la renuncia y le dejó marchar casi con alivio. Con apenas treinta y siete años la vida de lord Randolph Churchill estaba prácticamente arruinada. A pesar de sus constantes esfuerzos por volver a gozar del favor oficial, nunca volvería al poder. Su partido se volvió contra él, acusándole de traición. La reina Victoria, que lo conocía desde hacía tiempo, siempre pensó que era un «hombre loco y extraño».

A su alrededor todo empezó a derrumbarse. Sus finanzas que nunca habían sido saneadas entraron en crisis. Los Churchill siempre habían vivido muy por encima de sus posibilidades. Tenían varias casas, cuadra de caballos, viajaban frecuentemente por Europa y lord Randolph era asiduo visitante (y cliente) de Montecarlo. Tampoco fue muy afortunado con sus especulaciones financieras. A todo ello se unió una crisis matrimonial, gestada durante años y que ahora se hizo evidente. Pero lo más grave estaba aún por llegar. La salud de lord Randolph nunca había sido buena y los últimos acontecimientos contribuyeron a debilitarla. Existen varias explicaciones sobre el origen de su enfermedad. La más extendida apunta a que habría contraído una enfermedad venérea degenerativa durante alguna de sus variadas aventuras amorosas. Antes de la invención de la penicilina, la sífilis en su variante más grave conducía a la parálisis, la locura y la muerte. Durante los nueve años que siguieron a su salida del poder en 1886, este fue el trágico descenso a los infiernos de Lord Randolph Churchill.

La caída en desgracia de su padre afectó duramente a un Winston acostumbrado a verle respetado y poderoso. El nuevo estado de cosas no supuso, sin embargo, una mejora de las relaciones de lord Randolph con su hijo.

Caricatura de lord Randolph publicada en la revista satírica *Punch*, en 1881. Aparece representado como un mosquito, de ruido persistente, capaz de atacar hasta en medio de la noche.

Entre los recuerdos de Winston de aquella época están unas vacaciones en Francia y una visita al circo. También una cita con un amigo de su padre, Bram Stocker, el creador literario de *Drácula*, un encuentro fascinante para un adolescente fantasioso y amante de los relatos de misterio y aventuras. El creciente deterioro mental de lord Randolph le hacía alejarse cada vez más de todo y de todos. Sus cambios de humor eran constantes. A veces pensaba que su vuelta al poder era cuestión de días. En otras ocasiones pasaba largas horas sentado, fumando solo en una habitación. Para alejarse de sus preocupaciones hizo largos viajes por el extranjero, a África y Oriente, lo cual no hizo sino acrecentar las dificultades económicas de la familia. Su esposa Jennie soportó este calvario con gran entereza y a pesar de las diferencias pasadas, en ningún momento abandonó a su marido.

En 1888 llegó el momento de que el pequeño Winston, ya en la adolescencia, abandonara la escuela preparatoria. Su destino natural era la *public school* de Eton, donde su padre había estudiado. Sin embargo, la decisión final, tuvo que ver, de nuevo, con su salud. Se eligió Harrow porque, al estar situado sobre una colina, su clima era más saludable que el establecimiento rival ubicado a la orilla de un río. Los cuatro años que pasó allí contribuyeron a reforzar la pobre impresión que sus padres tenían de él. De nuevo desinterés por los estudios, indisciplina y malas calificaciones. En Harrow Winston fue un chico solitario, un crío rechoncho, pecoso y de pelo rojizo, con dificultad para hacer amigos y frecuente objeto de las crueles bromas a que son tan aficionados los adolescentes. Todo ello, sin embargo, contribuyó notablemente a fortalecer su carácter. Nunca rehuía una pelea y su valor se hizo célebre.

A pesar de su fama de alumno mediocre, en realidad Winston era muy inteligente para las cosas que le agradaban. Odiaba el Latín y las Matemáticas pero poseía una enorme capacidad de concentración y una poderosa memoria. Y, sobre todo, Churchill reveló un enorme talento para las palabras y una notable capacidad de expresión. Una de las pocas cosas que reconocería haber aprendido en Harrow fue «la construcción de una oración inglesa que es una estructura noble». Tanto es así que les escribía las redacciones en inglés a otros chicos a cambio de que ellos le hiciesen las de latín, su auténtica bestia negra. Con todo, el periplo por Harrow fue penoso y tuvo que repetir curso; nunca llegó a lo que hoy sería el equivalente del bachillerato. Sin embargo, su paso por la *public school* le proporcionó algunas lecciones importantes para la configuración de su personalidad. Confirmó su firme convicción de la necesidad de confianza en uno mismo y en las propias fuerzas. Desarrolló su sentido caballeresco del honor del que haría gala el resto de su vida. También reafirmó su idea de que el destino ayuda a quienes se ayudan a sí mismos y que sólo los más valerosos sobreviven. Por último, subrayó su devoción y admiración hacia todo lo británico, hacia los valores del Imperio.

Sus malos resultados académicos llevaron a sus padres a preocuparse seriamente por su futuro. Para un chico de su clase social las alternativas no eran muchas: Derecho, el Ejército o la carrera eclesiástica. Estaba claro que sus malos resultados le cerraban la posibilidad de acceder a la universidad. La decisión final llegaría de forma fortuita. Los soldados de plomo eran la distracción principal de Winston durante su infancia. Él mandaba un ejército y su hermano Jack otro. En total sumaban hasta mil quinientos hombres. Un día se presentó lord Randolph, en una de sus escasas visitas, para una inspección general. Todas las fuerzas estaban formadas y dispuestas para el ataque. Lord Randoph se pasó veinte minutos estudiando la escena. Se volvió después hacia Winston y le preguntó si quería ser soldado. Su respuesta afirmativa decidió su futuro. Su padre, que andaba dándole vueltas a qué hacer con un hijo relativamente inútil que no avanzaba en los estudios, le tomó la palabra. Winston se sintió feliz porque creyó que su padre había visto en él a un futuro genio militar, cuando en realidad lord Randolph optó por el Ejército porque pensaba que su hijo no valía para ninguna otra cosa.

Así, la última etapa de su estancia en Harrow consistió en la preparación militar para ingresar en Sandhurst, la más importante academia militar del Reino Unido. En tres ocasiones tuvo Winston que presentarse al examen, hasta conseguir finalmente el aprobado. Fue una experiencia humillante para él y desesperante para su padre. Con el puesto 95 entre 389 aspirantes el joven Winston sólo pudo ingresar en caballería, un arma para la que se requería menor capacidad intelectual y mayor poder adquisitivo, ya que había que sufragarse la compra del propio caballo. Para su padre, cada vez más arruinado, esto era el colmo. La dura reprimenda que dirigió entonces a su hijo representó la culminación de los peores años de la vida de Winston Churchill, alumno inadaptado y mediocre, e hijo abandonado y necesitado de cariño:

> Si no puedes renunciar a la vida perezosa, frívola y vana que has llevado en los años de colegio y en estos últimos meses, te convertirás en un desecho social, en uno de los miles de fracasados de las *public schools,* para hundirte luego en una existencia mediocre, desgraciada e inútil.

El eco de estas palabras acompañaría a Churchill durante el resto de su vida. Su existencia estará marcada por la obsesión en desmentir el profético juicio de lord Randolph. Su empeño será demostrarse a sí mismo que podía ser igual o mejor que cualquiera, incluido su propio y exigente progenitor.

Los dieciséis meses de preparación militar que Churchill pasó en Sandhurst, entre 1893 y 1895, fueron para él los más gratificantes de todo su proceso educativo. Por fin podía dedicarse a lo que le gustaba. No habría más Latín, ni Griego ni Matemáticas. Táctica, Fortificación o Topografía eran las nuevas materias que demandaban su atención. La Historia militar y, sobre todo, la vida y hazañas de los grandes caudillos como Napoleón o el propio Marlborough le fascinaban. Las largas sesiones de equitación, de hasta ocho horas seguidas, hicieron de él un consumado jinete y reforzaron su hasta entonces débil constitución física. Su aspecto había mejorado con el fin de la adolescencia. No era excesivamente alto, pero había adelgazado y mostraba un porte distinguido. Los brillantes uniformes (una debilidad que sería una constante en su vida) iban muy bien con sus ya indisimulables manías de grandeza. El de diario de color azul; el de gala, rojo y oro. Tampoco descuidó las diversiones, aficionándose por aquella época al champán y a los gustos caros. Sus relaciones con el resto de los cadetes eran buenas y solían divertirse en los lugares de moda. La experiencia de Sandhurst sería definitiva en la formación de Winston Churchill. Este aprendizaje militar le iba a ser muy necesario en el futuro.

El año 1895 fue decisivo para el joven Churchill. El 24 de enero, a la edad de cuarenta y cinco años, moría lord Randolph convertido en una sombra de lo que en tiempos fuera. Avejentado, barbudo y con mal color, su enfermedad había desembocado en auténtica demencia. Durante sus últimos años había sido, como dijo uno de sus amigos, «el presidente del cortejo fúnebre de su propio y prolongado funeral». Para Winston significaba el fin de su sueño de conocer mejor a su padre. Pero también representaba la posibilidad de volar libre sin el agobio de un progenitor irascible, exigente y siempre descontento. Puede decirse que Winston no llegaría a conocer a su padre hasta bastantes años

Winston con su uniforme del 4.º Regimiento de Húsares el 1895. Su paso por la Academia de Sandhurst resultó gratificante después de sus anteriores experiencias escolares.

después, cuando se decidió a escribir su biografía. El 20 de febrero de 1895 el subteniente Winston Spencer Churchill recibía su diploma oficial. Hacía el número veinte entre los ciento treinta cadetes de su promoción. Al mes siguiente era nombrado oficialmente para el 4.º Regimiento de Húsares. El 3 de julio de ese mismo año fallecía la señora Everest. Su muerte significó para

Churchill una pérdida tremenda, el último lazo que quedaba con su infancia. Como diría más adelante: «Fue mi amiga más querida y más íntima durante los primeros veinte años de mi vida». Winston asistió a su entierro en Londres y sufragó su lápida. Lloró entonces como no lo había hecho en el sepelio de su padre.

A punto de cumplir los veintiún años, una etapa se cerraba en la vida de Winston Churchill. Atrás quedaban sus fracasos escolares y las exigencias paternas. A pesar de lo limitado de su educación mostraba una notable intuición y una implacable determinación para superar cualquier obstáculo. Las dificultades y las carencias afectivas de su infancia le habían endurecido. Ahora era un joven egoísta y ambicioso que tenía todo un mundo por conquistar. Su objetivo final era la política, obsesionado como estaba con emular y superar la trayectoria de un padre que siempre le había menospreciado. Pero antes debía hacerse notar porque eso le abriría las puertas de la Cámara de los Comunes. Como él mismo diría, el mundo se presentaba ante sus ojos como la cueva de Aladino. Sólo tenía que entrar y apoderarse del tesoro.

2

«El hombre más joven de Europa» (1895-1901)

> *En años es un muchacho todavía; en temperamento también; pero en intención, en la existencia de un plan deliberado, en la adaptación de los medios al fin es ya un hombre [...] Mr. Churchill es un hombre de ambiciones fijas, con los pasos que hay que dar para su realización claramente esbozados [...] A los treinta años no habrá lugar para él en el Parlamento, y a los cuarenta, en Inglaterra.*
>
> Daily Mail, 1897

Algunas pequeñas guerras

El día 22 de junio de 1897, apenas dos años después de que Winston Churchill saliera de Sandhurst, tenía lugar en Londres una extraordinaria celebración. Se festejaba el Jubileo de Diamante de la reina Victoria, sus sesenta años en el trono de Inglaterra. Debido a su expreso deseo aquella era una fiesta del Imperio y sólo del Imperio, y por lo tanto no se habían cursado invitaciones a los soberanos extranjeros. Concebido de este modo el

Jubileo era como un reto lanzado por Inglaterra a las demás naciones. El mundo podía envidiarla, pues ella sola constituía un mundo. Para el desfile militar se llamó a tropas inglesas e indígenas de todas las colonias: infantería venida del Cabo, hombres de Australia, de Canadá, de las Indias, del Níger, chinos de Hong Kong, tropas de Borneo o de Chipre. La procesión del Jubileo fue lo más parecido a un triunfo romano.

El Imperio británico se basaba sobre todo en el comercio. El audaz político y navegante Walter Raleigh lo resumía así: «Quien posee el mar, posee el comercio del mundo. Quien posee el comercio del mundo, posee las riquezas del mundo. Quien posee las riquezas del mundo posee el mundo mismo». Por eso Inglaterra se apresuró a diseñar una red de enclaves que jalonaban las rutas de los cinco continentes y que garantizaban el aprovisionamiento y la seguridad de la navegación de la flota. Gibraltar, Malta, Chipre, Suez, El Cabo, Adén, Ceilán, Singapur, Santa Elena, Las Malvinas, etc., constituían una serie de puntos estratégicamente situados que daban la vuelta al mundo. La Revolución Industrial fue a la vez acicate y complemento perfecto para la expansión naval y comercial. La flota proporcionaría alimentos y materias primas a las islas británicas y distribuiría por todo el planeta los productos manufacturados salidos de las fábricas de Liverpool o Manchester. Desde la apertura del Canal de Suez en 1869 el eje de este Imperio era el Mediterráneo ya que constituía la ruta principal hacia la joya de la Corona, la India.

En los atlas victorianos se solía representar en rojo los territorios sobre los que ondeaba la bandera británica. Desde la escuela los niños ingleses se acostumbraron a ver casi una cuarta parte del mundo pintada de ese color. La lista de territorios era interminable: Canadá, Australia, Egipto, la India… Casi setecientos millones de seres humanos repartidos a lo largo de treinta y dos millones de kilómetros cuadrados. Los poemas y los relatos de aventuras de Rudyard Kipling, como *El libro de la selva, Kim*, o *El hombre que pudo reinar*, difundían una visión romántica, y un tanto engañosa, de la epopeya imperial. Kipling acuñó una expresión clarificadora: «la carga del hombre blanco», es decir, el ineludible peso de una responsabilidad histórica, el sacrificio, «la carga», que la raza superior estaba moralmente obligada a soportar. «Yo creo que la raza británica es la más grande de las razas imperiales que ha conocido el mundo» diría el ministro de Colonias, Joseph Chamberlain.

En realidad, como pronto comprobarían los británicos, no era nada fácil administrar aquel enorme conglomerado de pueblos, razas, culturas y religiones dispersos por los cinco continentes. Así surgieron diversos tipos de colonias dentro del complejo entramado imperial. Por un lado, aquellas de mayoría blanca con un Gobierno y Parlamento establecidos a imagen y semejanza de los británicos, que recibían el nombre de *Dominios*. Era el caso de Australia, Nueva Zelanda o Canadá. Por otro, aquellas otras posesiones, colonias propiamente dichas, que serían administradas directamente por la metrópoli mediante el envío de un gobernador y de una fuerza de ocupación. Aquí se englobarían casi todos los territorios africanos. Entre medias diversos territorios con los más variados estatus, desde el Protectorado sobre Egipto al Virreinato de la India. Los británicos estaban convencidos de que su Imperio constituía una poderosa fuerza de civilización y progreso, y que existían unos lazos especiales de solidaridad entre todos los pueblos que lo integraban, hasta el punto de formar una auténtica Comunidad, *Commonwealth*, de naciones.

Durante la infancia y juventud de Winston Churchill las tropas británicas continuaban todavía ensanchando las fronteras imperiales. Entre 1895 y

GOBIERNO DEL IMPERIO BRITÁNICO

1. Reino Unido
2. Dominios autónomos
3. Colonias de la Corona
4. Raj
5. Protectorados
6. Mandatos
7. Condominios con otro poder
8. Dependencias de la Corona

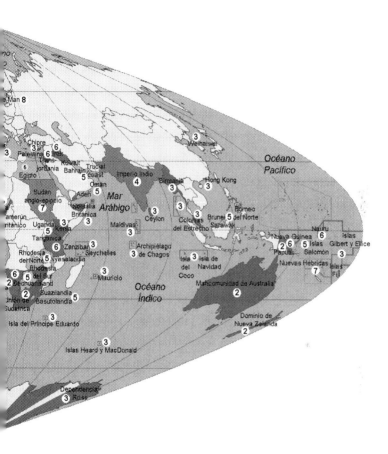

El Imperio británico en su máxima expansión, después de la Gran Guerra. Se trataba de un complejo entramado territorial en el que se daban diversos tipos de administración: desde las colonias de la Corona hasta los Dominios, pasando por Protectorados o Mandatos.

1901 el Imperio británico fue el escenario perfecto para que el joven Winston interpretara el papel heroico por el que suspiraba. Durante cinco años su vida iba a ser lo más parecido a un apasionante relato de aventuras en los lugares más exóticos. Recorrió América, Asia y África participando en cuatro campañas que le catapultaron a la fama que tanto deseaba.

La muerte de lord Randolph había dejado a la familia Churchill en una precaria situación. Su viuda aún disponía de algunas rentas y en los largos años que le quedaban de vida disfrutaría de la compañía de dos nuevos maridos. Cosa diferente era la situación de sus hijos. Jack debería renunciar a sus estudios universitarios y pronto se le encontró empleo en una firma de corredores de bolsa. Y en cuanto a Winston, como ya apuntara lúcidamente en su día el difunto lord Randolph, la caballería era una ocupación muy cara. El joven debía pensar seriamente en su futuro. A su favor contaba tan solo con su uniforme, un apellido ilustre y los contactos de su madre en las altas esferas.

Lo más importante para un fogoso soldado como él era encontrar una guerra. En 1895 no había ninguna disponible a lo largo y ancho del Imperio, pero sí fuera de él. Ese año había estallado una rebelión en la isla de Cuba, una de las pocas posesiones que restaban del Imperio español que, a diferencia del británico, estaba entrando en su fase de liquidación. Casualmente el embajador de Su Majestad en Madrid había sido amigo personal de lord Randolph. Esta y otras gestiones hicieron posible que Churchill recibiera la autorización de las autoridades para desplazarse a la isla durante un permiso, en calidad de observador y con el encargo del *Daily Graphic* de redactar algunas crónicas pagadas. La idea de convertirse en corresponsal la tomó Churchill de su padre que en sus últimos tiempos había colaborado con la prensa enviando reportajes sobre alguno de sus exóticos viajes. Tras convencer a un colega de promoción en Sandhurst para que le acompañase, el 3 de noviembre de 1895 Churchill emprendió camino hacia el Nuevo Mundo. Tras una escala en Nueva York, que significó para Winston su primer contacto con la tierra de sus antepasados maternos, los expedicionarios llegaron a La Habana. Allí se alojaron en el hotel más lujoso porque Churchill había decidido que la mejor forma de ser considerado alguien importante era comportarse como tal. Recibidos por Martínez Campos, capitán general de la isla, los dos ingleses fueron asignados a la columna del general Valdés que se disponía a salir para una misión.

A lo largo del avance, las fuerzas españolas fueron continuamente hostigadas menudeando las emboscadas y combates. Los mambises cubanos atacaban y luego desaparecían en la jungla siendo inútil cualquier intento de persecución. Uno de los ataques guerrilleros tuvo lugar precisamente el 30 de noviembre de 1895, día en que Winston Churchill cumplía veintiún años. En el tiroteo una bala silbó muy cerca de su cabeza impactando sobre un caballo que cayó desplomado. Este fue su bautismo de fuego y exactamente el tipo de emociones que había ido buscando. A finales de año, con su permiso a punto de expirar, los dos jóvenes húsares debieron poner fin a su aventura caribeña. El periplo cubano había cubierto las expectativas de Churchill. Había participado en un combate real lo que le colocaba en una situación de preeminencia sobre el resto de sus compañeros de Sandhurst que pronto le apodaron «el húsar cubano». De Cuba el joven Churchill se llevaba también la afición por la siesta a media tarde, el gusto por el ron y, sobre todo, la debilidad por los cigarros habanos, que tan ligados han quedado a su imagen para la posteridad. También había descubierto su capacidad para el periodismo, y aunque sus primeros artículos eran un poco fríos y carentes de fuerza, la experiencia le sirvió para ir ganando confianza en el oficio.

De regreso a Inglaterra y reintegrado en su unidad, Churchill conoció su nuevo destino. A comienzos de 1896 el 4.º Regimiento de Húsares partía para la India. Tres semanas después arribaban al puerto de Bombay. En las operaciones de desembarco, Winston tuvo la mala fortuna de dislocarse un hombro. Tal percance estaba destinado a salvarle la vida en el inmediato futuro. Sobre el papel la India parecía un destino prometedor, un lugar exótico, una tierra de aventuras y posibilidades. Pero en la práctica los húsares fueron acantonados en Bangalore, una localidad enclavada en una pacífica provincia de la parte meridional del subcontinente. Bajo un sol sofocante los aguerridos soldados debían entregarse a la más enervante rutina, rota tan sólo por algunas maniobras esporádicas y por la práctica del polo a la caída de la tarde, cuando el calor se hacía más llevadero. Para el hiperactivo Winston Churchill, ansioso de gloria y emociones, la perspectiva era desesperante y a la vez alarmante. Ya en los tiempos de Harrow, Churchill había descubierto una preocupante faceta de su carácter. Se trataba de una tendencia a la depresión, a la que él se referirá siempre como el «perro negro», que se acentuaba en los períodos de inactividad. Existían antecedentes de esta enfermedad en los duques de Marlborough y los problemas mentales del propio lord Randolph no eran un augurio nada tranquilizador. Consciente del peligro que le acechaba, Winston intentará conjugarlo a lo largo de toda su existencia mediante una frenética actividad. Puede que su constante inclinación al riesgo durante estos años tuviera que ver con una necesidad irracional de ponerse continuamente a prueba, y que ver la muerte tan de cerca constituyera precisamente el principal acicate para luchar por la vida.

En cualquier caso, y como era de esperar, Winston fue capaz de sacar provecho de los largos meses de sopor en Bangalore. Cultivó rosas y coleccionó mariposas. También jugó al polo convirtiéndose en uno de los mejores jinetes de la India británica. Pero otras cuestiones reclamaron su atención con preferencia. Churchill era perfectamente consciente de las limitaciones de su educación. Si algún día no lejano quería entrar en política, era preciso cultivar la mente y adquirir los fundamentos de una cultura general. Del mismo modo que en sus tiempos de estudiante había decidido conscientemente fortalecer un cuerpo débil, ahora le tocaba el turno al intelecto. Estaba dispuesto a rehacerse a sí mismo si era preciso con el fin de prepararse para el ilustre destino que pensaba le aguardaba. Con una voluntad de hierro, Churchill se autoimpuso una severa disciplina que incluía un apretado programa de lecturas de cinco horas diarias. De momento no le interesaba la literatura, lo que necesitaba era imbuirse de historia, filosofía y política. Su siempre solícita madre le hizo llegar desde Inglaterra enormes cajas llenas de libros. Las dos obras que más le influyeron fueron la *Historia de Inglaterra* de Macaulay y *Decadencia y caída del Imperio romano* de Gibbon. El resto de sus lecturas incluyó la filosofía de Platón, Aristóteles o Schopenhauer, las tesis de Malthus sobre la población o las de Darwin relativas al origen de las especies. También frecuentó la biografía leyendo con pasión la vida de sus héroes, Napoleón o el almirante Nelson. Como entrenamiento complementario trabajaba todos los días en ejemplares del *Annual Register*. Se trataba de una especie de Diario de Sesiones de la Cámara de los Comunes en el que quedaban recogidas las más importantes intervenciones parlamentarias. Churchill acometió la tarea cotidiana de escribir su propio discurso acerca de determinados hechos, para después compararlo con lo que los grandes hombres como Gladstone o Disraeli en efecto habían dicho en el Parlamento. En esta fuente descubrió la oratoria de su padre, lord Randolph, llegando a aprenderse de memoria casi todos sus discursos. Esta serie de lecturas marcó intelectualmente su transformación de adolescente a hombre.

Tras ocho meses en Bangalore «absolutamente estériles desde el punto de vista de la información y del conocimiento de la India», Churchill pudo disfrutar de un permiso en Inglaterra. Allí se enteró del estallido de una insurrección de los indígenas patanos en el noroeste de la India, cerca de Afganistán, en las estribaciones del Himalaya. Era una oportunidad que no podía dejar pasar. De inmediato entró en contacto con el general Bindon Blood, un viejo amigo de la familia colocado al mando de la fuerza expedicionaria, que se encontraba haciendo los preparativos para lo que él llamaba una «pequeña cacería de faisán». Las artes seductoras de Churchill unidas a las gestiones de su madre le proporcionaron lo que tanto deseaba: sería agregado a la fuerza de Blood, en la doble calidad de oficial y corresponsal de guerra del *Daily Telegraph* de Londres y del *Pioneer* de Allahabad en la India. Tras un largo viaje que le hizo percatarse por primera vez de la inmensidad del subcontinente indostánico, en septiembre de 1896 Churchill llegó al campo de Malakand, donde se estaban concentrando y organizando las fuerzas británicas. Los patanos eran una tribu belicosa y salvaje de hábiles ladrones de caballos situada en los confines del Imperio. Pocos años antes los ingleses habían establecido en su territorio una pequeña guarnición que protegía una carretera de alto valor estratégico. Excitados por la presencia de la tropa extranjera, los patanos la habían estado hostigando. Como en el caso de Cuba, tampoco esta era una gran guerra, pero para Churchill era suficiente. El general Blood concibió la campaña como una gran operación de castigo, se trataba en suma de dar un escarmiento. Así que las Fuerzas de Campo de Malakand, como pomposamente se denominaban y entre las que se incluían los famosos lanceros bengalíes a los que Hollywood inmortalizaría, se dedicaron básicamente a incendiar pueblos y quemar cosechas, obligando a los patanos, sus mujeres y niños a buscar refugio en las montañas. En sus crónicas el joven corresponsal describía a los nativos calificándolos de «chusma perniciosa», salvaje, inmoral y fanática, «una de las más degeneradas que haya existido».

Durante las operaciones Churchill experimentó lo que era el peligro. En una ocasión se vio rodeado de tribeños armados con grandes sables que le atacaban a pedradas. En otra defendió una posición largas horas al frente de un pelotón de *shiks,* tropas coloniales indias, ante un enemigo muy superior. Como él mismo reconocería, estaba ávido por demostrar su valor paseando montado a caballo en plena escaramuza: «Una estupidez, posiblemente, pero yo siempre apuesto fuerte y cuando el público merece la pena, no hay acto demasiado audaz ni demasiado noble». Por eso recibió con delectación la noticia de que había sido mencionado en los partes de guerra del general Blood quien alababa «el coraje y la resolución del teniente W. L. S. Churchill, del 4.º de Húsares [...] quien había resultado de gran eficacia en los momentos de mayor peligro». Durante su estancia con las fuerzas de Malakand en la frontera afgana, Churchill bien pudo haberse sentido como un personaje de Kipling. Al igual que los protagonistas de *El hombre que pudo reinar,* vio la muerte de cerca en aquellos valles e imponentes desfiladeros que no habían sido pisados por un europeo desde los tiempos de Alejandro Magno.

Antes de que terminara la campaña expiraba el permiso que se le había concedido en su regimiento, por lo que el joven Winston tuvo que volver a Bangalore, a la tediosa vida de guarnición. Tan seguro estaba el joven húsar de la validez de sus juicios que decidió, aprovechando la inactividad de su destino, ampliar sus crónicas y darlas forma de libro. Su estilo había mejorado respecto a sus trabajos de Cuba, redactaba con más garra, color y viveza. Así nació su primera obra, *La Historia de las Fuerzas de campo de Malakand* (1897), preparada en pocos meses y editada en Londres con buena acogida de crítica y público. El libro le proporcionó también excelentes réditos económicos (obtuvo el equivalente a dos años de paga) lo que llevó a su autor a reflexionar seriamente sobre si su «verdadero porvenir estaba en el Ejército».

Con una creciente confianza en sus capacidades literarias Churchill se animó entonces a escribir la que sería su primera y única novela, *Savrola* (1898), un relato de política ficción y aventuras situado en Laurania, un país imaginario salvado de un tirano corrupto y envejecido por el héroe revolucionario cuyo nombre daba título al libro. Muchos han querido ver en Savrola un retrato del propio Churchill de aquella época «vehemente y atrevido». A pesar de un cierto éxito de ventas, lo cierto es que el autor no quedó muy satisfecho con su trabajo hasta el punto de que «rogué encarecidamente a mis amigos que se abstuvieran de leerla». Nunca más frecuentaría el género de ficción. En realidad Winston Churchill no necesitaba imaginar historias y aventuras, podía protagonizarlas en primera persona. Y enseguida vio una nueva oportunidad de hacerlo. Otra guerra se estaba preparando, esta vez en África.

A comienzos de los años ochenta en Sudán había prendido con fuerza un movimiento místico nacionalista conducido por un líder a la vez religioso y político que se hacía llamar *Mahdi* (guía o profeta enviado por Alá) y que pronto contó con millares de seguidores, los derviches. Los británicos decidieron entonces evacuar a los europeos de la región y para ello destacaron al coronel Gordon. En 1885 Gordon fue sitiado y posteriormente muerto en Khartúm, la capital de Sudán, en un episodio que el cine se encargaría luego de inmortalizar. El poder del *Mahdi* y de sus sucesores era una amenaza constante para Egipto. Su refugio, la ciudad de Omdurmán en el corazón del desierto, era prácticamente inexpugnable dado su difícil acceso. A comienzos de los años noventa los ingleses decidieron que era hora de vengar a Gordon y recuperar el control de la situación. Lord Kitchener fue designado *Sirdar,* jefe de las fuerzas egipcias, a las que comenzó a instruir hasta convertirlas en un ejército eficiente. También ordenó la construcción de una línea férrea a través del desierto para poder mover sus tropas con más eficacia. En el verano de 1898 un ejército angloegipcio de veinte mil hombres se puso en marcha.

Se trataba de la más grande expedición colonial británica de todo el siglo y, lógicamente, Churchill no quiso perdérsela. A pesar de la oposición expresa de Kitchener, las buenas relaciones de su madre dieron el fruto apetecido. Estando Winston en una recepción con el primer ministro lord Salisbury, este, que había leído su obra sobre Malakand, le preguntó si había algo que pudiera hacer por él. La respuesta fue instantánea: un destino en Sudán. Asignado al 21.º Regimiento de Lanceros y de nuevo como corresponsal de guerra, en esta ocasión del *Morning Post* con un salario de quince libras por artículo, Winston Churchill abandonó nuevamente a sus húsares para dirigirse a Egipto.

En El Cairo, Churchill comenzó un apasionante viaje a lo largo del Valle del Nilo. Las fuerzas expedicionarias, un abigarrado conjunto de ingleses, egipcios, caballos, mulas, carretas, cañones y camellos, recorrieron casi dos mil kilómetros en tres semanas. Viajaron en barco, en tren y a pie las últimas etapas bajo un sol abrasador. El día 1 de septiembre de 1898 llegaban a las

Churchill en El Cairo en 1899, tras su regreso de la expedición contra el *Mahdi*. Después de Omdurmán, Kitchener remontó el Nilo hasta Fashoda donde chocó con una fuerza francesa a la que expulsó, asegurando el dominio del Sudán para los británicos.

puertas de Omdurmán. Esa noche acamparon presos del temor ante la posibilidad de un ataque sorpresa por parte de los derviches que podría haber sido desastroso. Nada ocurrió y a la mañana siguiente los dos ejércitos se aprestaron a la batalla.

Desde una colina Churchill pudo ver el grueso del ejército enemigo, un enjambre de unos sesenta mil hombres que se movía como una enorme sombra negra sobre la arena del desierto enarbolando sus estandartes. Era una visión impresionante, como de otra época.

Armados con espadas, cotas de malla y algunas viejas espingardas, no constituían un serio rival para un ejército moderno pertrechado con cañones de tiro rápido y ametralladoras y apoyado por el fuego graneado de cañoneras fluviales desde el Nilo. A pesar de ello, la proporción entre atacantes y defensores era de tres a uno, por lo cual Kitchener tenía motivos de sobra para ser prudente. Después de entregarse a sus rezos preparatorios los derviches se arrojaron en masa sobre las fuerzas británicas, perfectamente formadas en línea. Primero, la artillería barrió a los atacantes. Luego, según se iban acercando le sustituyó el fuego de fusilería. A pesar de las furiosas oleadas no se llegó al cuerpo a cuerpo donde los derviches podrían haber hecho valer su superioridad numérica. La masacre fue de tales proporciones que los seguidores del *Mahdi* emprendieron la retirada. En ese momento Kitchener ordenó a la caballería que atacara a los derviches en fuga para así redondear la victoria. Y ese fue el gran momento de Churchill.

Aquella carga de caballería ha quedado para la historia como una de las últimas de su género. También estuvo a punto de ser recordada como una de las más desastrosas, y es que la decisión de Kitchener se reveló demasiado precipitada. Lanzados al galope los trescientos jinetes del 21.º de Lanceros de Churchill se encontraron de pronto en una hondonada del terreno con unos tres mil derviches que hasta entonces habían permanecido ocultos. El momento fue terrible. Aprovechando su abrumadora superioridad, los sudaneses se abalanzaron sobre los lanceros, descabalgándolos y acuchillándolos. La lesión en el hombro de Bombay había hecho que Churchill llevara una pistola —a la que llamaba expresivamente «la destripadora»— en vez de la espada reglamentaria. Eso le salvó la vida porque pudo desembarazarse de los furibundos derviches a tiro limpio. Al final, al toque de retirada los lanceros se refugiaron en

La carga del 21.º de Lanceros en la batalla de Omdurmán (1898), de Richard Caton Woodville. Por esta acción se entregaron tres cruces Victoria. Las bajas ascendieron a cinco oficiales y sesenta y cinco soldados con ciento veinte caballos.

una hondonada desde la cual mantuvieron a raya al enemigo a base de fuego de fusilería. El episodio que había durado unos minutos se saldó con la pérdida de una cuarta parte de los integrantes del batallón, las bajas más altas de una unidad británica aquel día. Cuando cayó la noche, los cadáveres de unos veinte mil derviches alfombraban la arena del desierto al lado de unos centenares de vidas inglesas y egipcias. Omdurmán había sido conquistada y Sudán podía ser coloreado de rojo en los mapas de las escuelas británicas. *Las cuatro plumas* de A. E. W. Mason inmortalizarían para la literatura este glorioso evento imperial, más tarde llevado al cine en diversas ocasiones.

Terminadas las operaciones, Winston volvió a Inglaterra. Su apasionada crónica periodística de la épica carga de los lanceros a la que, por supuesto, daba más importancia que a todo el resto de la batalla junta le había hecho célebre. Ello le animó a plasmar todas sus vivencias en un nuevo libro que llevaría por título *La guerra del río* (1899). En esta obra, que fue un gran éxito de ventas, Churchill mostraba cierta actitud crítica con respecto a la dirección de la campaña que, sin embargo, fue suavizada en la segunda edición, especialmente en lo relativo a Kitchener. El joven Winston quería atraer pero no ofender, en buena medida porque acababa de decidir que su vida debía dar un giro radical. Abandonaría el ejército para dedicarse a la política.

La elección caqui

En marzo de 1899 Winston Churchill presentaba formalmente su renuncia como oficial del Ejército de Su Majestad. Su último servicio al regimiento fue marcar tres de los cuatro goles que le dieron el campeonato de polo del Ejército de la India. Los objetivos que se propuso al salir de Sandhurst se habían cumplido. El servicio de armas le había proporcionado lo que él tanto deseaba: la fama. Churchill consideró que había llegado el momento de asaltar el Parlamento como si de otra carga de caballería se tratase.

A finales de 1899 se le presentó la primera oportunidad, una elección parcial en el distrito de Oldham, en el centro de Inglaterra, vacante por fallecimiento de su titular. El Partido Conservador, sabedor de la aureola que rodeaba a la joven promesa, le ofreció el escaño. Churchill se entregó a la campaña con su característico entusiasmo, rescatando el viejo lema de la «democracia conservadora» que tan buenos resultados le diera a su padre en el pasado y que en una localidad obrera como Oldham le venía como anillo al dedo. En los actos electorales en los que participó descubrió que, a pesar de su facilidad con la pluma, no era un buen orador lo que le llevó a escribir cuidadosamente sus discursos y a memorizarlos después. También comprobó que su ceceo no era un grave obstáculo para dirigirse a las masas y que, de hecho, casi lo había superado. Tras el recuento de votos, resultó que Churchill había sido derrotado por unos mil sufragios de diferencia. No era un mal resultado, como reconocieron los propios conservadores, sino más bien un comienzo prometedor. Un periodista del *Daily Mail* definió por entonces a Churchill como «el hombre más joven de Europa». Aseguraba que su ambición no tenía límites, y pronosticaba que a los treinta años el Parlamento se le quedaría pequeño y a los cuarenta la propia Inglaterra sería insuficiente para él.

Antes de que Churchill pudiese decidir cuál sería su próximo paso, el destino lo hizo por él. El Imperio se aprestaba para una nueva guerra. Y no una pequeña guerra como las anteriores, sino algo mucho más serio.

Gran Bretaña se había instalado en el sur de África a comienzos del siglo XIX durante las guerras napoleónicas. Los colonos de origen holandés, los llamados bóers, que habitaban esas tierras desde mediados del siglo XVII tuvieron que abandonarlas iniciando un éxodo hacia el interior del país donde fundaron dos repúblicas independientes: Orange y Transvaal. Desde entonces la presión de las colonias inglesas de El Cabo y Natal sobre los Estados bóers no había cesado. El descubrimiento de oro en territorio bóer precipitó los acontecimientos. Una verdadera avalancha de aventureros británicos se lanzó hacia los recién descubiertos yacimientos. Hartos de los continuos ataques a su soberanía Transvaal y Orange dirigieron en octubre de 1899 una protesta categórica, casi un ultimátum, al gobierno de Londres. Este, que esperaba con impaciencia una excusa para acabar con el problema, contestó con una declaración formal de guerra. El entusiasmo en Inglaterra fue enorme. La prensa no dudaba de que la victoria sería rápida y poco costosa.

Churchill ya no era militar, pero seguía siendo periodista. Su prestigio en las contiendas anteriores fue suficiente para que el *Morning Post* le nombrara corresponsal con un sueldo de doscientas cincuenta libras al mes más dietas, una auténtica fortuna. Esta vez Winston había decidido hacerlo todo a lo grande. Primero consiguió varias cartas de presentación de Joseph Chamberlain, ministro de Colonias y antiguo amigo de su padre. En segundo lugar se aprovisionó de unas cuantas cajas de vino y licores, destinadas a hacer más llevadera la dura vida del corresponsal de guerra. Por último, sacó un pasaje de primera clase en el mismo barco que conducía a Sudáfrica al general en jefe de las fuerzas británicas, *sir* Redvers Buller, a quien tuvo ocasión de entrevistar durante la larga travesía.

Cuando Winston desembarcó en territorio sudafricano, en noviembre de 1899 el panorama que se presentó ante sus ojos no era el esperado. Lejos de darse por vencidos, los bóers habían tomado la iniciativa arrollando a las tropas británicas e invadiendo la colonia de Natal. El desánimo cundía por doquier. Churchill consiguió ser asignado a una unidad que, a bordo de un tren blindado, se dirigía a realizar tareas de reconocimiento cerca de Ladysmith, localidad sitiada por los bóers. A pesar del impresionante aspecto del convoy blindado, descrito por Churchill con grandilocuencia como «una locomotora disfrazada de caballero andante, un agente de la civilización vestido de caballero medieval», lo cierto era que el tren presentaba un blanco perfecto. Todo fue bien en el trayecto de ida, pero en el de regreso los ingleses fueron objeto de una emboscada. Los bóers habían colocado explosivos bajo la vía lo que provocó que los tres vagones delanteros, que iban colocados protegiendo a la máquina, descarrilaran. A pesar de su condición de corresponsal, y por lo tanto de civil, Churchill enseguida asumió la jefatura de las tareas de despejar la vía. Bajo una lluvia de balas, Winston, el maquinista y varios soldados trabajaron denodadamente mientras el resto de las dos compañías de fusileros rechazaban el ataque de los bóers. Su serenidad y determinación fueron decisivas para abrir paso a la locomotora entre el amasijo de metal. Sin embargo, la máquina no podía volver atrás para enganchar al resto de vagones donde iba la tropa. Así que decidieron subir a los heridos a la locomotora y que la infantería siguiera a pie utilizándola como escudo. Pronto se comprobó que los soldados no podían seguir el ritmo de marcha del tren, por lo que Churchill decidió volver atrás para instarles a que avivaran el paso. En un instante se vio solo, en tierra de nadie, y ante dos bóers que le apuntaban con sus rifles. Intentó sacar la pistola, pero recordó que había olvidado su estimada «destripadora» en el tren. Así pues, para su desesperación, tuvo que rendirse sin oponer resistencia.

Con el resto de prisioneros Churchill fue conducido a un campo de reclusión en Pretoria, la capital del Transvaal. La cautividad era insufrible para alguien que había hecho de la aventura su razón de existir. Si su vigésimo primer cumpleaños había significado el bautismo de fuego en Cuba, el vigésimo quinto tuvo que pasarlo en la «vil mazmorra». Tras un mes de cautiverio Churchill ya había estudiado todas las opciones de fuga imaginables y con otros dos oficiales decidió dar por terminada aquella oprobiosa situación. Aprovechando un descuido de los centinelas Churchill saltó el muro pero sus dos compañeros vacilaron ante la presencia de nuevos guardianes y no le siguieron. En ese momento la disyuntiva era volver adentro por su propia voluntad o intentar en solitario la aventura. Sin un instante de vacilación, ni remordimiento por haber dejado atrás a sus colegas, y pertrechado tan sólo con una barra de chocolate y setenta y cinco libras esterlinas, Winston se decidió por la libertad.

Sin armas, sin brújula, sin conocimiento del afrikáans, la lengua de los bóers, y a cuatrocientos kilómetros de un refugio seguro, su situación ciertamente era precaria. Tras deslizarse fuera de Pretoria consiguió saltar a un tren de mercancías que iba en dirección este. Al amanecer lo abandonó para permanecer escondido

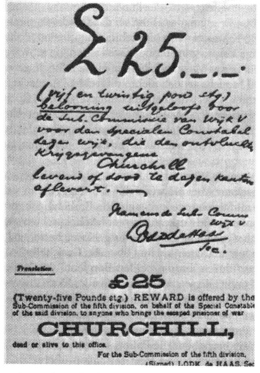

Pasquín en el que los bóers ofrecían una recompensa de veinticinco libras por el prófugo inglés Winston Churchill, vivo o muerto.

todo el día siguiente con la única compañía de «un gigantesco buitre que mostraba un extraño interés por mi estado y que emitía unos horrendos y siniestros graznidos». Después de una larga caminata, y cada vez más cansado y desmoralizado, Winston finalmente se decidió a pedir ayuda. Su proverbial fortuna quiso que llamara a la puerta del único inglés en muchas millas a la redonda, el encargado de una mina, quien lo escondió durante unos días en un agujero infestado de ratas y luego le ayudó a subirse a un tren que se dirigía a la colonia portuguesa de Mozambique. Por entonces los bóers ofrecían ya una recompensa de veinticinco libras por la captura, vivo o muerto, de:

> Un inglés, de veinticinco años, de estatura 1,70 aproximadamente, de constitución corriente, anda con inclinación hacia adelante, de aspecto pálido, pelo de color rojo-castaño, bigote pequeño y apenas perceptible, habla con la nariz y no puede pronunciar la letra ese correctamente.

Una vez en la posesión portuguesa de Lorenzo Marqués, Churchill recibió comida y ropas en el Consulado británico y después salió de regreso para Sudáfrica. El 23 de diciembre de 1899 cuando llegó a la ciudad de Durban, pudo comprobar que sus hazañas eran ya conocidas no sólo en África sino también en Europa. La prensa se había hecho eco de su aventura, y su sensacional fuga, en unos momentos en que las armas inglesas no hacían más que cosechar derrotas, le había convertido en un héroe nacional. Churchill estaba exultante.

Durante los meses siguientes continuó alimentando su popularidad mediante sus crónicas periodísticas en las que, para no perder la costumbre, fustigaba la ineficacia de los métodos empleados en la guerra. En particular, la obstinación del alto mando en lanzar a la

Churchill a su llegada al puerto de Durban tras culminar con éxito su fuga de territorio bóer. Ante la expectación despertada, improvisó un pequeño discurso. Foto publicada en *The Black and White Budget*.

infantería en formaciones cerradas contra un enemigo camuflado sobre el terreno, lo cual se traducía en un elevadísimo número de bajas. También consiguió ser asignado como oficial combatiente (pero sin sueldo) en la Caballería Ligera, a pesar de la prohibición expresa por parte del gobierno británico de que los corresponsales fueran también combatientes, una nueva norma dictada como consecuencia precisamente de las andanzas de Churchill. Luciendo un uniforme que incluía apropiadamente una pluma de pavo real en el sombrero, y siempre bien pertrechado de licores y exquisiteces enlatadas, participó en varias operaciones con su unidad, siendo uno de los primeros ingleses en entrar en Pretoria cuando esta cayó. Una vez en la ciudad se encaminó a liberar personalmente a los presos británicos de la cárcel que tan bien conocía. Durante un tiempo compartió aventuras con su hermano Jack, que cayó herido a su lado.

En el verano de 1900 parecía que la guerra tocaba a su fin. Las dos capitales de los Estados bóers, Pretoria y Bloemfonteim, habían sido conquistadas y sus tropas se estaban dispersando. Ese fue el momento elegido por Churchill para volver a Inglaterra. El gobierno conservador de Salisbury, aprovechando la buena marcha de las operaciones militares, había convocado elecciones generales. Esta consulta popular ha pasado a la historia como la «elección caqui» ya que por aquel entonces el Ejército británico había decidido cambiar su tradicional uniforme, la casaca roja, por otro menos llamativo, el verde caqui, precisamente el color dominante en el *veldt* o pradera de Sudáfrica.

Winston Churchill era el tipo de candidato perfecto que estaban buscando los conservadores. Ahora era un héroe de guerra conocido en toda la nación. Una decena de distritos le solicitaban. En una decisión que cuadraba muy bien con su carácter, Churchill se decidió de nuevo por Oldham, allí donde cosechara su primera derrota. La acogida no pudo ser más calurosa siendo aclamado por la multitud entre banderas e himnos patrióticos. Como la guerra era el tema dominante de la campaña, Churchill pudo desenvolverse a sus anchas, explicando una y otra vez sus aventuras a un auditorio entregado. Las elecciones, celebradas en septiembre de 1900, convirtieron a Churchill por primera vez en miembro del Parlamento y otorgaron a los conservadores una holgada mayoría de más de ciento treinta escaños.

Antes de que se iniciasen las sesiones parlamentarias Churchill, deseoso de sacar el máximo partido a su recién estrenada celebridad, realizó una gira de conferencias por toda Inglaterra y también por Canadá y los Estados Unidos. Allí pudo conocer personalmente al presidente MacKinley y a Theodore Roosevelt, que lo sería no tardando mucho. En una de sus charlas tuvo como introductor de lujo a Mark Twain. En conjunto la gira le proporcionó la suculenta cifra de diez mil libras, a la que pronto añadiría los derechos de autor de sus dos nuevas obras, en las que relataba todo su periplo sudafricano: *De Londres a Ladysmith vía Pretoria* y *La marcha de Ian Hamilton*.

Con la consecución de su acta de diputado, Winston Churchill cerraba un capítulo de su vida ciertamente prodigioso. Años después, en un arranque de sinceridad, Churchill confesaría que en aquella época estaba «algo chiflado». A pesar de todo, siempre conservaría un recuerdo indeleble de aquellos «años de

Churchill en 1900 durante su gira de conferencias por Estados Unidos. Convertido en una celebridad, deleitaba a su público narrando una y otra vez su aventura sudafricana.

Caricatura de Churchill aparecida en *Vanity Fair* en 1900 bajo el titular «Hombre del día». Conseguido ya su sueño de ser diputado, comenzaba ahora su excepcional carrera parlamentaria.

campaña» con su rosario de «pequeñas guerras». Nunca tuvo recato en afirmar que la guerra le apasionaba. Por entonces la consideraba como «un juego de *gentleman*», un «asunto exclusivo de un pequeño núcleo de profesionales bien entrenados, mediante armas tradicionales y maniobras magníficamente arcaicas, entre los aplausos de la nación». Hasta el final de sus días Churchill aprovecharía cualquier tertulia para escenificar sobre la mesa, sirviéndose de ceniceros, copas o colillas, la épica carga de caballería en Omdurmán.

En cinco años el oscuro y decepcionante hijo de lord Randolph Churchill se había convertido en una gloria nacional y miembro del Parlamento. Este extraordinario logro sólo puede explicarse merced a una afortunada concatenación de hechos combinada con una voluntad de hierro, una habilidad consumada y una ambición sin límites. En realidad, Churchill representaba a un tipo de político de nuevo cuño que estaba surgiendo en la última etapa del victorianismo. Las reformas electorales estaban convirtiendo a Inglaterra en una democracia y eso se notaba también en su clase política en la que empezaba a destacar gente como David Lloyd George, un liberal antiimperialista, hijo de un maestro galés, que en apenas una década se convertiría en primer ministro. Churchill representaba un estadio de transición. Tenía sangre noble, pero debía ganarse la vida con su trabajo. Era conservador, pero consciente de que muchas cosas no funcionaban bien en la vieja Inglaterra. Podríamos decir que Winston Churchill constituía la avanzadilla del siglo XX o, como dijo alguien, que la nueva centuria «pasaba por su médula».

3

La rata de Blenheim (1901-1914)

> *Winston dice que no puede reducir más el presupuesto (de la Armada). La verdad es que él no es un auténtico liberal. No comprende los sentimientos liberales.*
>
> David Lloyd George, 1912

El traidor (1901-1906)

La noche había caído sobre Londres. Pocos transeúntes circulaban ya por las calles entre el frío y la humedad. Desde la rivera del Támesis podían verse con claridad las luces todavía encendidas en el monumental edificio neogótico del Parlamento. Conforme a la práctica habitual la sesión había comenzado sobre las siete de la tarde y podía prolongarse hasta las horas más intempestivas. Sonaron las campanadas del Big Ben. Eran las diez de la noche del 18 de febrero de 1901.

    La Cámara de los Comunes se hallaba reunida. A la derecha los bancos de la mayoría conservadora, a la izquierda los de la oposición liberal e irlandesa. Al fondo, la figura del *Speaker* o presidente, tocado con su tradicional peluca. En las tribunas, un público más bien reducido, algunos caballeros vestidos de frac, damas en traje de noche y periodistas. Un cierto halo de tristeza flotaba sobre la sala tenuemente iluminada por unos cuantos candelabros de gas. Apenas hacía un mes del fallecimiento de la reina Victoria y el país continuaba de luto. Pocos días antes el nuevo soberano, Eduardo VII, un anciano de sesenta años, había inaugurado oficialmente el período de sesiones dando lectura al llamado Mensaje de la Corona.

El gran debate nacional de aquellos días era la guerra en África del Sur. Más de doscientos mil soldados británicos al mando de lord Roberts y lord Kitchener intentaban someter a las partidas irregulares de unos pocos miles de bóers. Incapaces de someter a las guerrillas, los británicos optaron por quemar las granjas de los colonos rebeldes e internar a sus mujeres e hijos en campos de concentración donde la mortalidad era elevadísima dado el hacinamiento y las malas condiciones higiénicas. Cuando fueron conocidos, estos hechos causaron consternación en Gran Bretaña. Al fin y al cabo los bóers eran también cristianos, de raza blanca y no unos salvajes como los derviches. Por si esto fuera poco, la ineficacia militar británica era objeto de burla en toda Europa.

Aquella noche de febrero de 1901 el debate estaba centrado en esa guerra costosa y sin gloria. Varios oradores liberales, entre ellos David Lloyd George, habían tachado de incapaz al gobierno conservador de lord Salisbury. Casi al final de la sesión el joven diputado por Oldham pidió la palabra. Entre un murmullo de curiosidad un joven imberbe, de facciones redondeadas y pelo rojizo, vestido con una levita con grandes solapas de seda que realzaba su escasa estatura comenzó vacilante su alocución. Su discurso sonó un tanto monótono, como aprendido de memoria, pero su contenido logró sin duda captar la atención de la Cámara. Winston Churchill habló de los bóers como de «hombres valientes y desgraciados», a quienes después de su derrota habría que tratar con magnanimidad ya que lo único que estaban haciendo era defender su país. De haber sido bóer y no inglés —llegó a decir el joven Winston—, también él habría empuñado las armas. Sus últimas palabras fueron de tributo a la memoria de su padre, una forma explícita de declararse continuador, y en cierto modo vindicador, de la figura de lord Randolph. Una moderada salva de aplausos puso término a la intervención de Churchill que había resultado ser «una terrible, aterradora, pero deliciosa experiencia». La primera de una larga serie que le convertiría en el parlamentario más importante y brillante de todo el siglo xx británico. Esa misma noche en el bar de la Cámara fueron presentados Churchill y Lloyd George, su predecesor en el uso de la palabra. Comenzaba así una relación destinada a revolucionar en pocos años la vida política de la Inglaterra postvictoriana.

El conflicto sudafricano concluyó en junio de 1902. Más de veinte mil británicos habían muerto en combate en aquellos dos años. Como sugiriera Churchill, el Tratado de paz estipulaba unas condiciones generosas para el vencido. A cambio de aceptar la soberanía británica y de jurar fidelidad al rey, Gran Bretaña concedía a Sudáfrica una amplia autonomía, que pronto desembocaría en la adquisición del Estatuto de Dominio.

La guerra de los bóers había sido una prueba de humildad para el todopoderoso Imperio británico y un signo de que los tiempos de la omnipotencia victoriana habían terminado. Era el anuncio de una nueva era. Entre 1900 y 1914 algunas de las más sólidas bases de la vida británica serían puestas en entredicho. En este universo en plena mutación que fue la Inglaterra «eduardiana», puso Winston Churchill las bases de su carrera política, ocupando sus primeros cargos de responsabilidad y representando un papel destacado en casi todas las cuestiones importantes del período. Ya antes de la Gran Guerra su nombre sonaba como posible candidato a primer ministro.

Desde sus primeras intervenciones parlamentarias, Churchill empezó a mostrar unos signos inequívocos de su independencia de juicio respecto del partido conservador. Siguiendo los pasos de su padre, Churchill pronto coqueteó con la idea de revitalizar el viejo «Cuarto Partido». Con este fin se unió a otros alborotadores *tories*, liderados por lord Hugh Cecil. Por su facilidad para armar bronca enseguida fueron denominados «hughligans» (por Hugh) o sencillamente «hooligans», es decir, 'gamberros'. Estos primeros años como parlamentario los empleó Churchill en pulir su estilo oratorio. Sus frases eran brillantes, ampulosas y con frecuencia cortantes. Su pose también era grandilocuente. Con el cuerpo echado hacia adelante y las manos sujetando las solapas de su traje parecía muy seguro de sí mismo cuando hablaba. Sin embargo, continuaba aprendiéndose los discursos de memoria y una interrupción podía hacerle perder el hilo, como le ocurrió en una ocasión en 1904, lo que hizo que algunos maliciosos recordaran los últimos y trágicos días de lord Randolph. Nunca más volvió a tomar la palabra sin llevar consigo sus notas. Solía ensayar delante del espejo. Para mejorar su dicción repetía sin cesar todo tipo de trabalenguas. También trabajaba con ahínco su memoria y era capaz de repetir casi literalmente un artículo periodístico tras haberlo leído tres o cuatro veces. En suma, era el Churchill de voluntad de hierro que continuaba forjando su propia personalidad. En sus años de escolar formó su cuerpo, en su etapa de soldado cultivó su mente. Luego se propuso alcanzar la fama y lo consiguió, ahora había decidido ser el mejor parlamentario de Inglaterra. Pocas veces se han visto juntas tanta ambición y tenacidad.

En su condición de miembro de los Comunes y gozando de antecedentes familiares ilustres, Churchill tenía abiertas todas las casas de la buena sociedad londinense. El estilo de vida de las clases altas le fascinaba. Le encantaba comer los mejores manjares y paladear los vinos más exquisitos. Vestía como un auténtico *dandy* y gastaba ropa interior de seda. Era habitual verle participar en la caza del zorro. Frecuentaba todo tipo de fiestas y bailes y era asiduo de los juegos de cartas en los casinos hasta altas horas de la madrugada. Le apasionaba viajar a Francia y tomar el sol en la Costa Azul. En 1901 aprendió a conducir un «coche sin caballos» y la experiencia le pareció excitante. Le gustaba estar cerca de las personas importantes y en ocasiones no dudaba en cambiarse de sitio en una mesa para lograr su fin. Su compañía, sin embargo, podía resultar soporífera ya que su principal tema de conversación era él mismo. Uno de sus amigos manifestó: «La primera vez que uno ve a Winston se perciben todas sus faltas, y se pasa uno el resto de la vida descubriendo sus virtudes».

Este joven pedante, soberbio y ambicioso que era Churchill pronto se percató de que su ascenso dentro del partido conservador se presentaba muy problemático. En 1902 lord Salisbury fue sustituido por su sobrino Arthur J. Balfour. Tras el relevo se fue poniendo gradualmente de manifiesto que el discurso *tory* estaba agotándose tras largos años en el poder. Churchill empezó a pensar seriamente que si el partido se hundía, su carrera política se vería truncada, quizá para siempre. La crisis definitiva que terminó con los *tories* estalló repentinamente en 1903 cuando el poderoso ministro de Colonias, Joseph Chamberlain, que también había aspirado a la sucesión de Salisbury, planteó la cuestión del proteccionismo.

A principios del siglo XX la economía británica atravesaba una situación preocupante. El comercio, base de la riqueza de las islas, estaba siendo seriamente amenazado por la competencia que los productos alemanes comenzaban a hacer a los ingleses en todo el mundo. Lo que Chamberlain proponía para proteger las exportaciones británicas era crear un sistema de «preferencia imperial», es decir, continuar con el librecambismo de puertas adentro del Imperio y practicar el proteccionismo de puertas afuera. Pero en Inglaterra atacar el librecambio era tanto como cometer un delito político. Se trataba de un sistema que había proporcionado un enorme desarrollo al país y después de décadas era casi una verdad de fe.

Enseguida Churchill se dio cuenta de las posibilidades que esta fractura abría dentro del partido conservador y se dispuso a aprovecharlas. Su campaña contra Chamberlain fue intensa y apasionada. En un discurso Winston llegó a dar gracias a Dios por la existencia de los liberales, ante la consternación de sus propios correligionarios. La tensión llegó al máximo cuando, al comenzar una de sus alocuciones parlamentarias, el primer ministro Balfour visiblemente ofendido abandonó la sala seguido uno a uno por sus compañeros de bancada. Winston tuvo que terminar su discurso entre escaños vacíos. Después de aquello ya no había vuelta atrás. Pocos días después, Winston Churchill tomaba la más difícil decisión que podía adoptar un político británico. El 31 de mayo de 1904 «cruzaba el pasillo» de la Cámara, expresión muy gráfica con la cual se describía el paso de un partido a otro. Parte de sus relaciones sociales le declararon indeseable, algunas puertas se le cerraron. Un destacado conservador afirmó que «preferiría barrer las calles antes que ser Winston Churchill». Sus antiguos camaradas le endosaron un apodo despectivo: «la rata de Blenheim».

Para otro político cualquiera aquello podría haber sido el final. Sin embargo, Churchill estaba convencido de que su futuro político pasaba por buscar nuevas oportunidades junto a los jóvenes liberales inconformistas y muy activos, capitaneados por David Lloyd George, con quien Churchill había trabado una estrecha relación personal. La combinación del demagogo galés con la «rata de Blenheim» fue explosiva, superando por su agresividad y malas formas a los mejores tiempos de los *hooligans*. En una memorable ocasión los *terrible twins,* como se les llamaba, consiguieron mantener abierta una sesión parlamentaria durante más de veinticuatro horas consecutivas, con el procedimiento de plantear baterías ininterrumpidas de preguntas. En Westminster nunca se había visto nada igual.

En parte para justificarse y en parte también para exorcizar viejos demonios del pasado, fue por lo que Churchill eligió este momento de su vida para escribir una apasionada biografía de su padre. Publicada en 1906 en dos volúmenes, *Lord Randolph Churchill* significó la coronación de Winston como escritor. En realidad la obra era todo un alarde de manipulación, ya que mostraba a lord Randolph como el político coherente que nunca había sido. Pero el libro, como todos los de Churchill, debe ser analizado desde el prisma autobiográfico. La dimisión de lord Randolph, al ser presentada como un alarde de integridad frente a un partido intransigente, no era más que una imagen refleja de la trayectoria política del propio Winston, obligado a abandonar a los conservadores cuando estos abominaron de sus antiguos principios librecambistas.

A finales de 1905 Balfour, incapaz de contener ya la presión, presentaba la dimisión. A comienzos del año siguiente se celebraban las elecciones generales. Los resultados superaron las más optimistas previsiones de Churchill. El Partido Liberal, erigido en defensor del librecambismo, conseguía una histórica victoria duplicando holgadamente el número de escaños de su rival (379 a 157). En el nuevo Gabinete, Winston Churchill —que había obtenido la representación del distrito de Manchester— pasaba a ocupar el puesto de subsecretario de Colonias, un cargo secundario, pero en modo alguno menor. Su sueño se había hecho realidad, por fin tocaba el poder. Su padre lo consiguió a los treinta y cinco años, él se le había anticipado en cuatro.

El reformista radical (1906-1911)

El triunfo del Partido Liberal en las elecciones de 1906 abría una nueva etapa política en la historia del Reino Unido. En los años previos a la Gran Guerra, el liberalismo intentó llevar a cabo un ambicioso programa de reformas dando prioridad a las cuestiones sociales. Muchos conservadores, sobre todo en los ambientes aristocráticos, tacharon de «radical» este proyecto, cuando en realidad nada más lejos de los gobernantes liberales que cuestionar con sus actuaciones el orden social y económico vigente. A comienzos del siglo XX había llegado el momento de que el Estado se involucrase en la tarea de conseguir un mayor bienestar para los ciudadanos. Las jornadas de trabajo seguían siendo agotadoras, las condiciones higiénicas deplorables, no existían seguros de vejez, ni de enfermedad, ni contra el desempleo. La treintena de diputados laboristas que también tomó asiento en Westminster constituía un serio aviso para las clases dirigentes. También en los ambientes intelectuales la causa de la reforma social estaba de moda. Autores como Kipling habían dado paso a nombres como H. G. Wells o Bernard Shaw, miembros de la Sociedad Fabiana, que propugnaban la extensión del socialismo por métodos pacíficos.

Breve historia de Winston Churchill

The terrible twins en 1907. Once años mayor que Winston, Lloyd George sería durante un tiempo su padrino político. Al final de sus vidas (murió en 1945) acabarían distanciados debido entre otras cosas a su postura favorable al entendimiento con Hitler.

Winston Churchill se adhirió con entusiasmo a la causa reformista. En cierta medida era una lógica herencia de su admiración por la «democracia conservadora» de lord Randolph. Es difícil saber cuánto había de oportunismo en esta actitud en un hombre de su privilegiada posición social. Probablemente Churchill comprendió que los cambios eran inevitables, que oponerse a ellos era ir en contra del signo de los tiempos, lo cual podía comprometer su carrera, pero tampoco podemos dudar de que su preocupación por los más pobres fuera sincera.

Recorriendo las calles de un barrio obrero de su distrito no pudo menos que sentirse afectado por lo que veía: «¡Y pensar que se puede vivir en una de estas calles, sin ver nunca nada hermoso, sin comer nunca nada exquisito, sin decir jamás nada que sea inteligente!». No obstante, para Churchill (como para todos los de su clase) el objetivo último de la política social, concebida con un claro tinte paternalista, era prevenir cualquier conato de revolución social. Churchill consideraba que el gran enemigo de la clase obrera era el socialismo, convicción que le acompañaría toda su vida.

De momento, su primer puesto dentro del Gabinete poco tenía que ver con estos asuntos. El peso de las reformas lo llevaban junto al primer ministro Henry Campbell-Bannerman, las dos grandes figuras del Partido Liberal: Herbert Asquith como canciller del Exchequer y David Lloyd George, en el Ministerio de Comercio (un poderoso departamento que incorporaba competencias en materias de Trabajo, Industria y Asuntos Sociales). Entre 1906 y 1908, mientras se libraban las primeras batallas reformistas, Churchill las contemplaba de lejos, desde la subsecretaría de Colonias. Fueron dos años empleados en familiarizarse con los entresijos de la administración imperial, una experiencia que le sería muy útil en el futuro.

En 1907, Winston decidió hacer un viaje al África Oriental, recién incorporada al Imperio. Tras despistar a su ministro, lord Elgin, haciéndole creer que se trataba de un safari privado, Churchill partió hacia los territorios de las futuras Uganda, Kenia y Somalia. Allí tuvo ocasión para sentirse de nuevo como un personaje de Kipling presidiendo asambleas con reyezuelos locales, mientras «salvajes» de caras pintadas, cabeza adornada con plumas y cuerpo recubierto de conchas bailaban a su alrededor. Terminada la excitante excursión que se prolongó durante casi cinco meses, el regreso a

Churchill durante su largo viaje por África Oriental en 1907. Aprovechó para escribir una serie de once crónicas publicadas en la *Strand Magazine,* que, a la postre, servirían para amortizar el viaje y como base para su libro *Mi viaje a África.*

Inglaterra provocó en Churchill una viva inquietud y una honda reflexión. Como observó con preocupación, toda la grandeza imperial no servía de nada al lado de la «miseria, la depauperación, el vicio y la injusticia social» que reinaban en la metrópoli.

En abril de 1908 el primer ministro Campbell-Bannerman presentó su dimisión al rey por motivos de salud, falleciendo poco después. Como sucesor fue designado Herbert Asquith, quien debía abandonar el Ministerio de Hacienda donde le sustituyó Lloyd George. Quedaba libre por tanto la cartera de Comercio (oficialmente *Board of Trade*) que le fue asignada a Churchill. Por fin era ministro. Ahora podría llevar a la práctica su anhelada reforma social. Sin embargo, según las normas imperantes, antes debía volver a solicitar la confianza de los electores en su distrito de Manchester. Como era de prever sus adversarios conservadores le presentaron una batalla frontal en la que la acusación de traición se repitió con frecuencia. El resultado de la votación fue desfavorable a Churchill por más de mil sufragios. Un conservador anónimo se permitió enviarle un telegrama en el que tan sólo podía leerse esta malintencionada pregunta: «¿Para qué sirve un W. C. sin asiento?». Lejos de arredrarse, Churchill encontró pronto otro distrito por el que presentarse, el de Dundee en Escocia, tradicionalmente liberal. Allí pudo recuperar su asiento parlamentario y probablemente también su autoestima.

Antes de que terminara el año 1908 se produjo otra importante novedad en la vida de Winston Churchill. El 12 de septiembre a las dos de la tarde contraía matrimonio en la iglesia de Santa Margarita de Londres con Clementine Hozier, hija de un militar y nieta de un conde. El novio tenía treinta y cuatro años, la novia veintitrés. Actuó como padrino su viejo amigo Hugh Cecil. Entre los regalos que llegaron destacó uno, un bastón de oro obsequio del rey Eduardo VII. Winston y Clementine se habían conocido apenas seis meses antes, si bien entre sus familias existía una relación anterior. El fulgurante noviazgo culminó delante de un templete griego en los jardines del Palacio de Blenheim cuando Winston se declaró a su sorprendida acompañante y fue aceptado en el acto. De este modo el feliz novio pudo escribir: «En Blenheim tomé mis dos decisiones más importantes: la de nacer y la de casarme. Nunca me he quejado de una ni de otra». Churchill había coqueteado en el pasado con dos o tres jóvenes, e incluso se le relacionó fugazmente con la actriz Ethel Barrymore, pero fueron escarceos sin importancia.

Su idea de la diversión pasaba por cenas hasta altas horas, con licores, puros y buena conversación sobre temas políticos. Un universo masculino de camaradería en el que se encontraba a sus anchas. La necesidad del

Winston Churchill y Clementine Hozier (1885-1977), poco antes de su matrimonio en 1908. Winston tenía una visión muy romántica del amor, tal y como quedó reflejado en *Savrola,* su novela de juventud.

matrimonio sólo surgió en Churchill en el momento de alcanzar su meta ministerial, la cual además le proporcionaba una estabilidad económica de la que hasta entonces había carecido. Una vez tomada la decisión, Churchill actuó con su energía característica como si planeara una batalla o una campaña electoral. Así que apenas hubo cortejo, llegó tarde a las capitulaciones matrimoniales y durante la ceremonia estuvo hablando de política con Lloyd George. Tras pasar la noche de bodas en Blenheim, los recién casados salieron para Moravia y Venecia. Durante la luna de miel Churchill aprovechó para revisar el original de un nuevo libro en el que recogía su periplo africano, *Mi viaje a África* (1908).

La relación con Clementine fue para Churchill absolutamente beneficiosa desde el punto de vista emocional. Su esposa suavizó y humanizó el carácter de un hombre sin duda difícil que a veces se comportaba más como el niño malcriado que había sido, que como una persona adulta. A cambio Churchill le fue absolutamente fiel, algo bastante desusado en su ambiente social.

Clementine en 1915. Puede decirse que proporcionó a Winston Churchill la clase de afecto familiar del que había carecido en su infancia. Él era en muchas ocasiones desconsiderado, además de despilfarrador y obsesivo, pero ella sabía cómo amansarlo.

Tampoco el carácter de Clementine era fácil, una mujer nerviosa, a veces taciturna, que había arrastrado una infancia y juventud muy complicadas como consecuencia de la separación de sus padres. Si Churchill buscaba en ella la entrega total e incondicional, Clementine, diez años menor que su marido, encontró en él la seguridad de la que había carecido. Apenas un año después de la boda llegaba el primer hijo, una niña a la que bautizaron como Diana. En 1911 nacía un varón al que impusieron el significativo nombre de Randolph. Más adelante irían viniendo hasta tres criaturas más: Sarah (1914), Marigold (1918) y Mary (1922). El significado del matrimonio en la vida de Winston Churchill podría sintetizarse en una de sus más contundentes frases: «Me casé y desde entonces viví feliz».

Pero si había algo que proporcionara a Churchill más felicidad que la vida familiar, eso era, desde luego, el ejercicio del poder. Guiado por su amigo Lloyd George, Churchill estaba decidido a ser el nuevo campeón de la reforma social. Desde su puesto en el Ministerio de Comercio (que ocupó entre 1908 y 1910) se empezaron a adoptar algunas medidas de importancia: se crearon Bolsas de Trabajo, juntas de conciliación entre patronos y obreros, se estableció media fiesta semanal en establecimientos mercantiles, se fijaron condiciones de trabajo y salarios mínimos en varias industrias que exigían un penoso esfuerzo físico. Sus mayores esfuerzos se dirigieron sobre todo a «rescatar a los niños» de la explotación y a proteger a «quienes se caían del andamiaje de la vida moderna», es decir, parados, enfermos y ancianos. Churchill y Lloyd George se convirtieron en los políticos más conocidos de Inglaterra. Uno de ellos, se decía, pronto llegaría a ser primer ministro. En la viñeta de un periódico se les representaba a punto de tomar tal decisión por medio de una moneda, pero preguntándose, antes de lanzarla al aire, si el perdedor aceptaría el resultado.

Para llevar adelante este impulso reformista hacía falta mucho dinero y los liberales decidieron que el peso de los nuevos gastos recayera en los privilegiados de la sociedad. En 1909 Lloyd George presentó el llamado «Presupuesto del pueblo» que incluía aspectos tan novedosos como la introducción del criterio de progresividad fiscal (pagarían más las mayores rentas), elevación del impuesto de transmisiones de propiedad y el aumento de los derechos de sucesión. En 1909 aquello fue visto como un ataque directo contra los privilegios de la nobleza.

En los Comunes, el presupuesto fue votado por mayoría, pero en los Lores la aristocracia iba a plantear una durísima batalla. Casi todos los pares hereditarios eran miembros o simpatizantes del partido *tory* con lo cual, según dijo Lloyd George, la Cámara Alta había dejado de ser «el mastín de guardia de la Constitución, para convertirse en el perro faldero de los conservadores». Según la norma constitucional no escrita, la Cámara Alta nunca podía vetar un presupuesto presentado por la Baja. Rompiendo la tradición, el 30 de noviembre de 1909 sus Señorías rechazaron el «Presupuesto del Pueblo» auspiciado por Lloyd George. Se abría una crisis constitucional.

La única salida al conflicto era la convocatoria de elecciones generales. Y eso fue lo que hizo el primer ministro Asquith en enero de 1910. El lema de la campaña fue «El pueblo contra los Lores». Si bien los liberales revalidaron su triunfo de 1906, su amplia mayoría de entonces se veía reducida a tan sólo dos escaños (275 contra 273). El nuevo Parlamento presentó un proyecto de ley para reducir el poder de los Lores que, como cabía esperar, fue aprobado por los Comunes, pero nuevamente rechazado por la Cámara Alta. En este intervalo se produjo la muerte del rey Eduardo VII y el ascenso al trono de su hijo Jorge V, lo cual congeló por unos meses la pugna. Asquith se vio obligado a convocar nuevas elecciones generales en diciembre de 1910, las segundas en un año. El resultado fue muy similar a las de enero, si bien se producía ahora un empate en escaños entre los dos partidos mayoritarios. Al final, el rey, a instancias del primer ministro, hizo saber a los Lores que, en el caso de que se negaran de nuevo a aprobar la ley que recortaba sus poderes, la Corona nombraría de golpe un número de nuevos Pares a propuesta del Gobierno (y por tanto de filiación liberal) suficiente como para desequilibrar cualquier futura votación. Ante esa perspectiva, los Lores, a regañadientes, aprobaron la reforma propuesta en la noche del 11 de agosto de 1911. Por la *Parliament Bill* la Cámara Alta veía limitado su poder de veto (sólo podía detener la tramitación de una Ley de los Comunes por un máximo de dos años). El sistema político victoriano basado en la hegemonía de las clases altas se había terminado. Poco después era aprobado el Seguro Nacional propuesto por Lloyd George, un sistema sufragado entre el obrero, el patrono y el Estado, que otorgaba a los trabajadores una cierta protección en caso de enfermedad o desempleo.

Durante este extenuante conflicto Churchill actuó al lado de Lloyd George como la principal fuerza de choque del partido liberal. En las dos campañas electorales de 1910 se mostró infatigable en su distrito escocés de Dundee consiguiendo con facilidad la reelección. El asunto de los Lores no contribuyó precisamente a aumentar el cariño que los conservadores tenían por su persona. Si la actitud de Lloyd George era comprensible, dado que era el hijo póstumo de un maestro galés que se había educado con su tío zapatero, no lo era tanto que el nieto de un duque y primo de otro calificara a los de su clase de «criaturas de lujo y adorno como los peces de colores». En privado Lloyd George le tomaba el pelo asegurándole que estaba estudiando la posibilidad de declarar exento de los nuevos impuestos al duque de Marlborough.

Su decidida campaña en la batalla contra la Cámara Alta tuvo su recompensa. En diciembre de 1910 Winston Churchill era ascendido al puesto de ministro del Interior convirtiéndose en el máximo responsable del orden público. Posteriormente, reconocería que su estancia en ese Ministerio había sido una de sus etapas más difíciles en el Gobierno y que su poder para firmar o conmutar sentencias de muerte le había quitado el sueño en más de una ocasión.

Enseguida Churchill hizo aprobar nuevas medidas de seguridad en el trabajo para la minería e impulsó una reforma carcelaria conducente a humanizar la situación de los presos. También defendió con ardor la concesión de un sueldo anual de cuatrocientas libras para los miembros de la Cámara de los Comunes. Se terminaba así con una larga tradición, de la que el propio Churchill había sido víctima, que cerraba el paso a la política a aquellos menos afortunados desde el punto de vista económico. Otro asunto al que el ministro tuvo que prestar su atención fue el de las sufragistas. Lideradas por Emmeline Pankhurst se encadenaban a las balaustradas de las tribunas del Parlamento, interrumpían los mítines políticos, o se enfrentaban con la policía. Las frecuentes cargas de las fuerzas del orden terminaban violentamente y con numerosas detenciones. Una vez en la cárcel se declaraban en huelga de hambre lo que obligaba a las autoridades a alimentarlas por la fuerza. Como ministro del Interior Churchill se convirtió en objeto preferente de sus ataques. Durante sus mítines electorales en Manchester, casualmente la localidad natal de Pankhurst, «una virulenta arpía» le reventaba los discursos con una campanilla. Durante su etapa en el Ministerio comenzaron los trámites para la aprobación de una Ley del sufragio femenino si bien finalmente quedó aparcada. Ello provocó la reacción de las militantes más irreductibles que desembocó en los hechos del llamado Viernes Negro,

18 de noviembre de 1910, en que la policía cargó con dureza sobre las manifestantes. Las mujeres no obtendrían el voto hasta después de la Gran Guerra y Winston Churchill formaría parte del Gobierno que les concedió tal derecho. Lady Astor, la primera mujer que ocupó un escaño en el Parlamento británico, le diría una vez: «Si yo fuera su esposa, pondría veneno en su café», a lo que Churchill replicó: «Si yo fuera su marido, me lo bebería».

La progresiva pérdida de poder adquisitivo de los salarios desde 1900, derivada en buena medida de la baja competitividad de los productos británicos en los mercados internacionales, disparó de forma alarmante la conflictividad social. En 1910 estallaba una dura huelga minera en Gales que fue reprimida por la policía con la ayuda del Ejército. Los disparos contra los manifestantes ocasionaron algunos muertos. También se desató una huelga ferroviaria y la agitación de los obreros de Londres y Manchester era continua. Como decía Churchill lo difícil no estaba en mantener el orden sino en hacerlo «sin efusión de sangre». En enero de 1911 tendría lugar un episodio que le acompañaría durante el resto de su carrera. Un par de pistoleros, probablemente anarquistas extranjeros, mataron a varios policías en el curso de un robo. Fueron perseguidos y acorralados en un edificio de la calle Sidney, en Londres. Churchill decidió presentarse personalmente en el lugar para dirigir las operaciones. Llamó al Ejército e incluso se trajo artillería. En un momento determinado la casa comenzó a arder y Churchill dio orden a los bomberos para que no intervinieran. El resultado fueron dos cadáveres carbonizados y una ácida polémica en la opinión pública y en el Parlamento. El ministro argumentó que se habían salvado vidas de policías, pero a la mayoría le pareció que los medios utilizados habían sido desproporcionados. Tampoco hizo mucho por la popularidad de Churchill la publicación de una fotografía en la que aparecía con sombrero de copa y ataviado con un abrigo de cuello de astracán asomando por una esquina

«La batalla de Sidney Street» el 3 de enero de 1911. Churchill diría al respecto: «Pensé que mi deber me imponía el enterarme directamente de lo que estaba ocurriendo. Debo, sin embargo, admitir que el concepto de deber hallábase entonces estimulado por un fuerte sentimiento de curiosidad, que acaso hubiera sido mejor reprimir».

entre policías y soldados. Como dijo con sarcasmo el líder de la oposición Arthur Balfour: «Comprendo bien lo que el fotógrafo estaba haciendo, pero no lo que hacía allí el señor ministro». Para muchos, la «batalla de la calle Sidney», como la popularizó la prensa, era la prueba de que Churchill había dado por terminada su etapa liberal reformista para volver a su auténtico espíritu autoritario conservador.

Durante el verano de 1911 se declararon nada menos que ochocientas huelgas por todo el país afectando a más de un millón de trabajadores. La alianza entre mineros, ferroviarios y obreros portuarios presagiaba una huelga general. Churchill hizo frente a la situación con su acostumbrada energía, pero a nadie se le escapaba que la solución a estos problemas no pasaba por el uso de la fuerza ya que revelaban un malestar más hondo y una crisis de fondo en la economía y en la sociedad inglesas. Pero para Winston Churchill su etapa al frente del Ministerio del Interior estaba a punto de terminar. Otros problemas, si cabe más serios, ocupaban la atención del Gobierno y exigirían la transformación definitiva de Churchill en el guerrero que, sin duda, llevaba dentro.

El guerrero (1911-1914)

Durante todo el siglo XIX Inglaterra estaba tan orgullosa de su poder que consideraba muy lejanos los asuntos de las demás potencias europeas. La política de Londres era definida con una rotunda expresión: «espléndido aislamiento» *(splendid isolation)*. Los británicos solían alardear de que su país no tenía amigos permanentes, sino tan sólo intereses permanentes. Por una parte, los ingleses querían evitar verse mezclados en las disputas de los europeos pero, por otra, no podían permitir que ninguna nación adquiriera tal poder que amenazara su seguridad. La experiencia demostraba que cada vez que un país había dominado Europa con sus ejércitos había pretendido luego construir una flota capaz de vencer a la inglesa. Lo hizo España con Felipe II y también lo intentó Napoleón. Por ello, el principal fundamento de la política exterior inglesa durante siglos, al menos desde los tiempos de Marlborough, había consistido en forjar alianzas coyunturales para impedir el establecimiento de una potencia hegemónica en el continente.

En 1890 subía al trono alemán el káiser Guillermo II, que anunció a bombo y platillo la *weltpolitik,* esto es, la decisión alemana de convertirse en potencia mundial. Para poder proyectar su influencia por todo el planeta, Alemania decidía la construcción de una poderosa flota de guerra. Comenzaba a hacerse realidad la peor pesadilla de los gobernantes británicos, esto es, que la potencia dominante en Europa desde el punto de vista económico y militar anunciara su intención de disputarle el dominio de los mares. Era un desafío abierto a la tradicional política naval británica basada en la «norma de las dos potencias» *(Two powers standard),* según la cual la Marina Real debía ser igual o superior a la suma de las dos armadas que la siguieran en importancia.

La guerra de los bóers demostró hasta qué punto había llegado la impopularidad británica en el mundo. De ella extrajeron los gobernantes ingleses la conclusión de que, para que su seguridad estuviera plenamente garantizada, debían combinar su política naval con los esfuerzos diplomáticos. En 1902 Londres sorprendía al mundo entero anunciando la firma de una alianza con Japón. Dos años después, el gobierno británico anunciaba la firma de un nuevo acuerdo, esta vez con Francia, para solucionar sus disputas coloniales en África. Esta *Entente Cordiale*, como la denominó la prensa, significaba una revolución completa de la política exterior de Gran Bretaña. En 1907, merced a los buenos oficios franceses, era sellado un nuevo acuerdo colonial con Rusia, para cerrar las disputas en el norte de la India. Nacía la Triple Entente. El temor al peligro naval alemán había conseguido superar todas las viejas reticencias. Definitivamente, en materia de política exterior la Inglaterra victoriana había sido enterrada.

En 1905, los alemanes declararon su intención de participar en el reparto de Marruecos, lo que provocó la convocatoria de una conferencia internacional, que tuvo lugar en Algeciras al año siguiente. En 1911 se produjeron ciertos desórdenes en la zona francesa lo que llevó a París a ordenar una acción militar considerada por Alemania como una violación de los acuerdos. Acto seguido el buque de guerra alemán *Panther* fondeaba en el puerto marroquí de Agadir. Con su postura de extrema dureza, Alemania estaba intentando poner a prueba, como ya hiciera con ocasión de la crisis de 1905, la solidez de la alianza franco-británica con el fin último de debilitar o romper el «cerco», como lo denominaban en Berlín, que se había gestado desde 1904. Sin embargo, la crisis de Agadir de 1911 iba a conseguir precisamente el efecto contrario. En Londres la actitud alemana causó verdadera consternación. Desde hacía ya algunos años ambos países estaban luchando por la supremacía naval y ahora muchos pensaron que Berlín pretendía la concesión de alguna base naval en la costa atlántica de Marruecos. Por otro lado, no se podía dejar a Francia en la estacada ya que ceder ante el uso de la fuerza constituiría un peligroso precedente. Así pues, los ingleses cerraron filas con sus aliados galos haciendo frente común ante las pretensiones germanas. Después de algunos meses, finalmente, se llegó a un acuerdo entre París y Berlín según el cual los alemanes reconocían la preeminencia francesa en Marruecos a cambio de una franja de territorio del Congo francés. La crisis quedaba conjurada pero el panorama internacional estaba cada vez más enrarecido. Alemania había hecho del chantaje su principal arma diplomática y era dudoso que el resto de potencias fuera a permitir este comportamiento de forma indefinida.

La crisis marroquí de 1911 tuvo unos efectos inesperados y decisivos sobre la carrera de Winston Churchill. Hasta entonces sus principales desvelos se habían centrado en los asuntos internos con la reforma social como tema estrella, lo que le había llevado incluso a oponerse al aumento de los gastos militares. Agadir despertó su interés por la política exterior. En medio de la crisis, haciendo uso de sus atribuciones como ministro del Interior, se preocupó por reforzar la protección de los depósitos de explosivos así como de establecer un sistema de control sobre las comunicaciones postales entre Gran Bretaña y Alemania con el fin de detectar posibles redes de espionaje. El Comité de Defensa Imperial, del que Churchill era miembro, constató que no existía una estrategia definida para el caso de que el conflicto estallara y como desgraciadamente eso era cada vez más probable, resultaba urgente trazar planes de contingencia. En concreto, se puso de relieve que nada había previsto para trasladar al continente al Ejército británico, ya que la Marina no se consideraba aludida por los planes de sus colegas de tierra. Así las cosas, el primer ministro Asquith decidió que había llegado el momento de un cambio al frente de la *Royal Navy*. Al acabar una partida de golf en el curso de un *weekend* Asquith le hizo la propuesta a Churchill. Este aceptó en el acto.

En octubre de 1911, con treinta y siete años, Winston Churchill se convertía en Primer Lord del Almirantazgo[5]. Tenía en sus manos el control de la más poderosa armada del mundo. Su misión fue definida en términos tan sencillos como precisos: situar a la flota en «un estado de preparación instantánea y constante para la guerra en caso de vernos atacados por Alemania». Los alemanes poseían ya el mayor ejército de Europa y, si se hacían con la mayor Marina, no habría combinación de Estados europeos capaz de hacerles frente. Lo que

---

[5] El Ministerio de Marina británico estaba regido por un Consejo del Almirantazgo integrado por seis miembros. El Primer Lord del Almirantazgo era siempre un civil, designado por el primer ministro. En segundo lugar estaba el Primer Lord del Mar, que era un almirante que ejercía el mando directo sobre la flota. Otros tres integrantes eran también almirantes con la misión de asesorar sobre las cuestiones técnicas y el sexto miembro era un civil que realizaba las tareas de secretario. En este caso, la palabra «lord» subraya la dignidad de la función y no significa que el titular fuera miembro de la Cámara Alta.

Winston no sabía es que apenas dispondría de treinta meses para llevar a cabo su ingente tarea.

Desde el primer momento quedó claro que el Churchill reformista social había desaparecido. En su lugar afloraba el auténtico Winston, agresivo, desafiante y convencido de que lo que él hacía exigía la más absoluta prioridad. Como le dijo su colega Lloyd George: «Usted cree que todos nosotros vivimos en el mar y todos sus pensamientos se refieren a la vida en el mar, de los peces y otras criaturas acuáticas. Olvida que la mayoría vivimos en tierra». Lo primero que hizo al instalarse en su nuevo destino fue colocar en la pared un enorme mapa del mar del Norte en el que por medio de banderitas se indicaban los movimientos de la flota alemana. Winston sabía que un ataque por sorpresa de la escuadra germana podía decidir en un instante la suerte de la guerra. El ritmo de trabajo que impuso fue frenético. Su principal mandamiento, como observaba su secretario, era: «Y el séptimo día, trabajarás en todo». Desde su enorme y barroca cama del Almirantazgo flanqueada por dorados delfines, Churchill dictaba memorándums, contestaba correspondencia y leía todo tipo de informes. Como parte de los honores de su cargo él y su familia residían en la sede oficial del Ministerio, un domicilio ciertamente poco hogareño que abrumaba a su esposa. Precisamente en esos años Clementine pasó por una etapa difícil al tener que superar un aborto sobrevenido en 1912 en un momento en el que su marido trabajaba quince horas diarias. Cuando no estaba en el despacho, Churchill, a bordo del *Enchantress,* el yate de la Armada, recorría las costas británicas supervisando buques e instalaciones. También realizó algún crucero de placer por el Mediterráneo, llevándose consigo al primer ministro, para de este modo poder convertirlo a sus puntos de vista. Una tira cómica representaba a ambos tumbados en la cubierta del yate. Churchill preguntaba si había noticias de la patria a lo que Asquith respondía desde detrás de un periódico que era imposible que las hubiera dado que Winston no estaba en Inglaterra.

Caricatura de John Tenniell Reed publicada en *Punch* en 1913. Churchill pregunta: «Any home news?», a lo que el primer ministro Asquith responde: «How can there be with you here?».

Para poder llevar a cabo sus planes de renovación del Almirantazgo, Churchill tuvo que hacer frente a la oposición de los sectores más tradicionales de la institución. Al igual que le ocurría respecto a los generales desde su época de juventud, desconfiaba también de los almirantes, en buena medida viejos y desfasados. Para vencer las resistencias internas, casi tan peligrosas como los propios alemanes, Churchill decidió convertir en su principal asesor a lord Fisher, antiguo Primer Lord del Mar ahora jubilado. A pesar de contar con 71 años Fisher era un prodigio de ingenio y energía, un tipo bastante extravagante, en muchos sentidos muy parecido a Churchill, por lo que sus relaciones serían tan fructíferas como tempestuosas. Uno de los primeros cambios que introdujeron fue la creación de un Estado Mayor de la Armada cuya principal tarea era poner las bases para la coordinación con el Ejército y, por tanto, trazar planes para transportar el cuerpo expedicionario a Francia. Después, contando con la posibilidad de que la guerra fuera larga, se decidió establecer un sistema de bloqueo lejano sobre las costas alemanas. Esto fue muy discutido, ya que la mayor parte de los expertos consideraba que el conflicto, de estallar, sería muy breve, cosa de semanas o meses a lo sumo. Dentro de la línea de colaboración militar con Francia establecida por el Gabinete se suscribieron los Acuerdos Navales de 1912 por los cuales se efectuaba un reparto de zonas de actuación entre las dos Marinas. Los franceses concentrarían toda su flota en el Mediterráneo mientras que los ingleses retirarían de allí buena parte de sus unidades para llevarlas al Báltico y el mar del Norte donde se esperaba el choque decisivo con la *Kriegsmarine* germana.

Desde el punto de vista técnico, Churchill insistió en aumentar el calibre de los cañones de los acorazados y en crear una flotilla de cruceros rápidos armados con las piezas de artillería más potentes. Pensaba, como Fisher, que la ventaja en la batalla naval la daba la potencia de fuego y nunca el blindaje, puesto que cualquier barco era obviamente susceptible de ser hundido. Otra reforma con visión de futuro fue la de sustituir el carbón por el petróleo como combustible de la flota. Ello requería una gran inversión puesto que había que modificar las calderas de los buques, pero tenía la ventaja de que proporcionaba a la Armada más velocidad y mayor autonomía. Para solucionar el problema del abastecimiento, Churchill estableció un ventajoso acuerdo con la Compañía de Petróleos Anglo-Persa. Otro terreno en el que el Primer Lord mostró sus dotes proféticas fue en la aviación. En 1909 Blériot sobrevoló por primera vez el Canal de la Mancha, lo cual fue todo un timbre de alarma para Churchill. Cuando llegó al Almirantazgo la flota apenas contaba con media docena de pilotos y aviones. En menos de tres años pasaban ya del centenar. Aunque en aquella época todavía se pensaba que el dirigible podía superar al aeroplano, Churchill fue plenamente consciente de las posibilidades del avión para la defensa costera, para el reconocimiento o incluso para el ataque con torpedos. Él mismo tomó clases para aprender a pilotar, ante la creciente consternación de su mujer y de sus amigos, que llegó al pánico cuando su instructor de vuelo sufrió un aparatoso accidente falleciendo en el acto. Otros aspectos de la política de Churchill tuvieron que ver con el aumento de las pagas, la revisión del arcaico código disciplinario y mejoras en el sistema de ascensos, una serie de medidas destinadas a elevar la moral de la Armada.

Con ser ingente su labor al frente del Almirantazgo también pueden señalarse ciertos puntos oscuros. Como ocurría con frecuencia, los defectos de Churchill no eran más que sus virtudes llevadas a la exageración. Así, su seguridad se transformaba en prepotencia del mismo modo que su energía en apresuramiento. Por ejemplo, su decisión de aumentar el calibre de los cañones navales pudo terminar en desastre porque, debido a la urgencia, no se hicieron todas las pruebas y ensayos necesarios. También es cierto que se descuidó la fabricación de minas, que la artillería era imprecisa y los buques no estaban dotados de suficiente armamento antiaéreo. Las bases navales estaban mal protegidas lo que obligaba a la flota a largas estancias en el mar, y no existía el adecuado equipamiento para combates nocturnos. Buena parte de las tácticas que seguían en vigor eran de tiempos de Nelson y poco se había hecho para adecuarlas a la moderna guerra naval en la que los submarinos estaban destinados a desempeñar un papel capital.

Viñeta del *Punch* en 1914, en la que se ironiza sobre el apoyo conseguido por Churchill a sus presupuestos para la *Royal Navy* por parte de sus antiguos camaradas *tories*. En este caso el temor a la flota alemana fue mayor que la inquina hacia la «rata de Blenheim».

En 1912, Churchill presentó el presupuesto naval más elevado de la historia de Gran Bretaña: cincuenta millones de libras, con un aumento del veinticinco por ciento respecto del ejercicio anterior. Esta propuesta provocó un acalorado debate en el seno del Gabinete. La principal oposición vino del ministro de Hacienda, Lloyd George, y tuvo como consecuencia que, si bien su amistad personal se mantuvo, la relación política se enfrió notablemente. Winston se saldría con la suya sobre todo debido al pánico que causaban las noticias procedentes de Alemania. El Gabinete aprobaba la botadura de dos buques por cada uno que construyeran los alemanes *(two keels to one)*. Ello obligaba a un gasto enorme, pero era la única manera de mantener la supremacía naval, garantía última de la supervivencia de la nación.

Aunque el peligro alemán fue, sin duda, el más grave al que debió hacer frente Gran Bretaña, los años previos al estallido de la Gran Guerra asistieron también al recrudecimiento de un problema interno que llevaba envenenando la vida política británica durante decenios, la cuestión irlandesa. Desde las dos elecciones de 1910 los votos de los diputados irlandeses y de los laboristas se habían convertido en decisivos en la Cámara de los Comunes. De hecho, los liberales necesitaron el concurso de ambos para sacar adelante su programa de reformas. Del mismo modo que los laboristas habían puesto como precio a su colaboración la obtención de una serie de mejoras sociales, los irlandeses reivindicaron su vieja aspiración de autonomía, el *Home Rule*. En 1912 un proyecto de autogobierno irlandés fue aprobado en los Comunes. Establecía un Parlamento en Dublín con competencias en los asuntos internos, mientras que la política exterior, aduanera y de defensa quedaba en manos de Londres. El proyecto chocó con la inevitable oposición de los Lores si bien, merced a la *Parliament Bill* de 1911, tan sólo podían vetar la ley durante dos años, con lo cual entraría en vigor en 1914. El problema estribaba en la negativa de los condados protestantes del norte, el Ulster, a someterse a la soberanía de un Parlamento controlado por los católicos, mayoría en el sur. Los unionistas del Ulster empezaron a organizarse militarmente, hubo choques armados y los primeros muertos. La cuestión pronto tuvo otras implicaciones ya que, procedentes de Alemania, llegaron cuarenta mil fusiles y más de un millón de cartuchos. Los católicos del sur también se armaron. Algunas unidades británicas acantonadas en Irlanda hicieron saber que se negarían a disparar en caso de conflicto. Irlanda, y con ella el Reino Unido, estaban al borde de la guerra civil.

El papel desempeñado por Winston Churchill en esta espinosa cuestión fue destacado. Junto con Lloyd George y Asquith formaba el «núcleo duro» del Gobierno, aquel al que competía tomar las decisiones de peso que guiaban la acción del Gabinete. Por ello Churchill recibió el encargo del primer ministro de defender la posición del Gobierno ante el Parlamento. Winston era partidario de la concesión de autonomía. Su experiencia en el caso sudafricano le había llevado a la conclusión de que la descentralización era la clave para el buen gobierno imperial. Los protestantes irlandeses, argumentaba, no tenían nada que temer de un Parlamento en Dublín, puesto que el de Londres siempre tendría capacidad para corregir cualquier decisión que fuera contra sus intereses. Pero su postura no le granjeó muchas simpatías. En 1912 visitó el Ulster para pronunciar un discurso y tuvo que ser protegido por el Ejército. Ante el incremento de la tensión, Churchill envió infantes de marina para asegurar los depósitos de armas y municiones de la Armada en Irlanda llegando incluso a amenazar con cañonear desde el mar algunos de los reductos protestantes más intransigentes si era preciso. El problema irlandés, tal y como lo vio Churchill con claridad, tenía además evidentes implicaciones internacionales. Colocaba a Inglaterra en una situación de debilidad interna grave en un momento en el que se iba a jugar el futuro de Europa. Alemania, que seguía con interés el conflicto, estaba armando a los rebeldes unionistas y en los sectores oficiales de Berlín había causado una profunda impresión la división detectada dentro del Ejército inglés. El peso que estas cuestiones tuviera en los dirigentes alemanes a la hora de tomar las decisiones que adoptaron en el verano de 1914 es algo que nunca sabremos.

El 28 de junio de 1914 el archiduque Francisco Fernando, heredero del trono del Imperio austrohúngaro, y su esposa eran asesinados en la localidad bosnia de Sarajevo. La región de los Balcanes se colocó de inmediato en el centro de la política europea. El embrollo balcánico no era nuevo. El cruce de intereses y aspiraciones en esa zona de Europa era auténticamente endemoniado. El problema que se presentaba a la diplomacia continental era arbitrar un sistema para que la sustitución del Imperio otomano, en franca decadencia desde hacía años, se hiciera respetando el equilibrio de poder existente entre Rusia, Austria-Hungría y los diversos pueblos que habitaban en la región (Grecia, Serbia, Bulgaria o Rumanía). Por su parte británicos, franceses y alemanes, sin tener intereses directos en la zona, intentaban que cualquier solución no fuese hecha a expensas de sus aliados y que nadie obtuviera ventajas decisivas sobre el resto. Los austriacos declararon que detrás del asesino del archiduque Francisco Fernando estaban los servicios secretos de Serbia, cosa que Belgrado negó insistentemente. El 23 de julio de 1914, casi un mes después del atentado de Sarajevo, Austria-Hungría, apoyada por su aliado alemán, presentó a Serbia un ultimátum inaceptable.

En Inglaterra los problemas internos continuaban absorbiendo casi toda la atención. Entre el 21 y el 24 de julio tuvo lugar la llamada Conferencia de Buckingham en la que conservadores, irlandeses del sur, representantes del Ulster y del Gobierno liberal habían intentado sin éxito llegar a un acuerdo. Nada más cerrarse la última sesión llegó la noticia del ultimátum austriaco a Serbia. Como dice Churchill, «una luz extraña empezó inmediatamente, con imperceptibles graduaciones, a caer y crecer sobre el mapa de Europa» y el *Home Rule* se esfumó «entre la niebla y las borrascas de Irlanda». Ante la gravísima situación europea el Gabinete, y también la opinión pública, se encontraban divididos entre quienes querían la paz a cualquier precio y los que pensaban que la guerra era inevitable. En teoría los acuerdos con Rusia y con Francia no obligaban a Inglaterra a entrar automáticamente en el conflicto. Sin embargo, como apuntó Churchill, más allá de los papeles firmados, Gran Bretaña había contraído un indudable compromiso moral con Francia plasmado en los acuerdos navales de 1912. Winston estaba convencido de que habría guerra y que era deber de Gran Bretaña participar en ella. Por eso había tomado ya algunas medidas, incluso sin contar con la aprobación expresa del Gabinete. Los días 17 y 18 de julio se llevaron a cabo ejercicios de movilización general de la flota que culminaron con una impresionante revista naval a la que asistió el Rey. En vez de autorizar la dispersión después de los ejercicios, Churchill suspendió licencias y permisos y ordenó que la Armada siguiera reunida. También dispuso la retención de un acorazado encargado por Turquía que estaba en astilleros. El 28 de julio, Austria declaraba la guerra a Serbia y comenzaba a bombardear Belgrado. Lo que se ha llamado el «mecanismo fatal» de las alianzas se puso entonces en marcha. Alemania apoyó sin reservas a Austria. Rusia sostuvo a Serbia invocando la solidaridad entre eslavos. Francia se mostró dispuesta a cumplir sus obligaciones del lado de Rusia. Estaba a punto de desencadenarse la guerra general.

Sólo Inglaterra permanecía a la expectativa. Churchill, por su parte, seguía dando instrucciones. El día 30 ordenaba que toda la flota se dirigiera a sus bases de guerra en el mar del Norte. El día 1 de agosto, mientras jugaba una partida de *bridge,* recibió la noticia de que Alemania había declarado la guerra a Rusia. Entonces, bajo su completa y exclusiva responsabilidad, ordenó la movilización total de la Escuadra. Si Inglaterra no hubiera entrado en guerra, el Primer Lord se habría encontrado en una situación muy comprometida. Pasarían veintidós horas hasta que el Gabinete prestara su consentimiento a la decisión de Churchill. El empujón definitivo lo proporcionaría la propia Alemania. El día 2 de agosto los alemanes invadían Bélgica, violando su neutralidad como parte de su estrategia de ataque a Francia. Desesperado, el gobierno de Bruselas solicitaba ayuda a Londres invocando el Tratado de 1839 por el que Gran Bretaña se había comprometido a salvaguardar la independencia belga. La tarde del 3 de agosto lord Grey, ministro de Asuntos Exteriores, notificaba a los Comunes que el Gobierno de Su Majestad había enviado al de Alemania un ultimátum dándole veinticuatro horas para retirarse de la Bélgica ocupada. La tensa espera, que Churchill comparó con el escrutinio de votos tras una apretada elección, culminó cuando el Big Ben de Londres dio las once campanadas (las doce en Berlín) la noche del 4 de agosto. Exactamente a esa misma hora, desde el Almirantazgo se comunicaba el siguiente mensaje a todos los buques y bases navales británicos distribuidos por el mundo entero: «Comiencen las hostilidades contra Alemania». Una espontánea muchedumbre congregada en las cercanías de Downing Street, donde el Gabinete en pleno se hallaba reunido en sesión de urgencia, comenzó a cantar el himno nacional *God save the King*. Gran Bretaña estaba en guerra.

Esa trágica noche el primer ministro Asquith bien pudo haber dedicado un instante a reflexionar sobre lo acertado que estuvo tres años antes al entregar el mando del Almirantazgo a Winston Churchill. Había resultado, sin duda, un cargo hecho a su medida. Y es que, como dijo el almirante Fisher, Churchill era ante todo «un guerrero». Al comienzo de las hostilidades Gran Bretaña disponía de veintidós acorazados terminados y otros doce en astilleros, mientras que Alemania contaba sólo con dieciséis, algunos de ellos aún sin finalizar. Además la decisión unilateral de Churchill de movilizar la Flota cuando todavía la paz parecía posible había otorgado a los británicos una ventaja estratégica indudable. El fantasma de un ataque alemán por sorpresa se había disipado. Como dijo su viejo conocido el general Kitchener, el vencedor de Omdurmán convertido ahora en ministro de la Guerra: «Por lo menos hay una cosa que puede apuntarse a su favor: la flota estaba preparada».

4

Armagedón (1914-1918)

En los años anteriores, cuando las guerras surgían por causas individuales, por la política de un ministro o la pasión de un rey; cuando las dirimían pequeños ejércitos regulares de soldados profesionales […] era posible limitar la responsabilidad de los combatientes. Pero ahora, cuando las poblaciones poderosas se ven lanzadas en masa unas contra otras […], cuando los recursos de la ciencia y la civilización barren todo lo que pudiera mitigar su furia, una guerra europea sólo puede terminar con la ruina del vencido y una dislocación y agotamiento comerciales del vencedor, apenas menos fatales […] Las guerras de los pueblos serán más terribles que las guerras de los reyes.

Winston Churchill, 1901

En 1896 el barón de Coubertin rescataba del olvido de siglos la celebración de las Olimpiadas de la Grecia clásica. Según algunos se trataba de trasladar al terreno deportivo la competencia entre los países, una forma de canalizar la agresividad de forma civilizada en un momento en que la guerra había perdido su sentido, ya que las sociedades europeas habían alcanzado un elevado grado de desarrollo. Sin embargo, la extensión del deporte suponía en realidad un acicate más para fortalecer el orgullo nacional. Porque si algo caracterizó a los años previos al estallido de la Gran Guerra de 1914 fue la existencia de un nacionalismo exacerbado, cara oscura de la legítima satisfacción que los europeos podían sentir por los impresionantes logros de las décadas anteriores. En las escuelas los niños recibían una enseñanza «patriótica» recurriendo para ello a recrear y glorificar las viejas gestas de la historia nacional. Los ciudadanos eran aleccionados en la defensa de «los sagrados intereses de la patria». En la mayoría de los países —con la significativa excepción británica— la instrucción militar se convirtió en obligatoria.

Cuando en julio de 1914 estalló la crisis que condujo a la guerra la mayoría de la sociedad europea reaccionó sin sorpresa, como quien lleva tiempo esperando que suceda lo inevitable. Una oleada de entusiasmo patriótico recorrió a todas las naciones. Los soldados marcharon al frente entre manifestaciones de júbilo y exaltación de las virtudes guerreras. Pocos entonces imaginaban lo que estaba por llegar. En 1918, exhausta, Europa ya no se reconocería a sí misma. Los ingleses emplean muy frecuentemente un término extraído de la Biblia para designar a la Primera Guerra Mundial. Proviene del capítulo XVI del Libro del Apocalipsis y hace referencia al conflicto supremo entre el Bien y el Mal en el fin de los tiempos: Armagedón.

DE AMBERES A GALLIPOLI (1914-1915)

En los comienzos de la guerra, Churchill se sentía poseído por una energía desbordante. Las perspectivas

Churchill y su esposa en 1915. Tras el estallido de la guerra lord Grey, el titular de Exteriores, afirmó que «Winston nos inspira a todos». Muchos pensaban que podría desbancar a Asquith e incluso a Lloyd George, convirtiéndose en el líder que conduciría al país hacia la victoria.

no podían ser más excitantes, era el dueño y señor de la mayor Armada en la más grande guerra que había conocido la historia. Lejos de sentirse abrumado por las responsabilidades que pesaban sobre su espalda, se mostraba encantado con su tarea e incluso se ofrecía voluntario para desempeñar otras que en sentido estricto no le correspondían. Y es que, como dice uno de sus biógrafos, a Winston «le gustaba que sucediesen cosas y, si no sucedían, hacer que sucediesen». Ante sus íntimos no se recataba en mostrar un cierto regocijo por el estallido bélico. En parte porque confirmaba sus predicciones y su política al frente del Almirantazgo, pero también porque desde su juventud mostraba una irresistible atracción por las armas y todo lo relacionado con ellas le fascinaba hasta llegar a afirmar, para consternación de sus interlocutores, que la guerra era «la ocupación natural del hombre». Finalmente, Churchill era muy consciente de que aquella podía ser la oportunidad decisiva en su carrera política, la que le permitiría catapultarse a lo más alto del poder ya que era el único «guerrero» auténtico dentro del Gabinete.

Al frente de la flota la misión de Churchill era ingente. Debía velar por la seguridad y protección de las costas británicas y en buena parte de las francesas, también tenía que garantizar la libertad de comunicaciones por todo el planeta y asegurar el abastecimiento de las islas. Y en última instancia debía derrotar a la Flota alemana si se presentaba la oportunidad. De manera inmediata, lo más urgente era el transporte al continente del ejército de tierra, las *British Expeditionary Forces*. Entre el 8 y el 22 de agosto de 1914, bajo la protección de la escuadra, todo el cuerpo expedicionario pasó el Canal. Los británicos se colocaron a la izquierda del Ejército francés, en las cercanías del vapuleado Ejército belga superviviente. Mientras tanto, la Gran Flota patrullaba por las gélidas aguas del mar del Norte ofreciendo combate sin que la Armada germana se moviera de sus bases.

Pero no era en el mar donde los alemanes iban a jugar sus principales bazas. La alianza franco-rusa les obligaba a dividir sus fuerzas entre el Este y el Oeste lo que teóricamente les impedía lanzar una ofensiva decisiva en ninguno de los dos escenarios. Para solventar esta difícil cuestión ya en 1905 Alemania había puesto a punto el llamado Plan Schlieffen que establecía que el grueso del ejército alemán se lanzaría en tromba contra Francia mientras que en el Este se mantendrían tan sólo tropas de cobertura. En un segundo momento se podría golpear ya sin prisas a los rusos y derrotarlos. El plan germano contemplaba una amplia maniobra de cerco sobre París desde el norte por lo que se había hecho necesaria la invasión de Bélgica. El ataque cogió por sorpresa a los franceses obsesionados con la reconquista de Alsacia y Lorena, sus dos provincias perdidas en la guerra de 1871. El 3 de septiembre el Gobierno francés abandonaba París.

Sin embargo, el Ejército ruso atacó por el este antes de lo que nadie en Berlín había previsto, razón por la cual el Estado Mayor decidió retirar algunas valiosas unidades de Francia. Este hecho, unido a un imprudente alargamiento de las líneas germanas proporcionó a los franceses la posibilidad de efectuar un contraataque desde París que obligó al enemigo a detenerse y luego a batirse en retirada. La batalla tuvo lugar a orillas del río Marne y concluyó el 11 de septiembre. El prematuro ataque ruso junto con el «milagro del Marne» salvaron a Francia.

En los días siguientes ambos contendientes intentaron con sus últimas fuerzas superar las defensas del adversario. Las operaciones se fueron desplazando progresivamente hacia el Canal de la Mancha. Esta «carrera hacia el mar» colocó a los británicos en primera línea de fuego. Si los puertos del Canal caían en manos alemanas el desembarco de los refuerzos procedentes de Inglaterra se vería seriamente obstaculizado, eso sin hablar de la posibilidad de que esas bases fueran utilizadas en el futuro para lanzar una invasión de las islas británicas. Mientras algo más al sur rugía la batalla, el alto mando británico se preguntaba con qué fuerzas podría defender estos trascendentales enclaves costeros. Fue entonces cuando el agobiado (y todo hay que decirlo, poco competente) ministro de la Guerra Kitchener solicitó ayuda al Primer Lord del Almirantazgo. Por entonces, Churchill se había hecho cargo de la defensa aérea de Gran Bretaña, amenazada por las primeras incursiones de los zepelines alemanes. Con el fin de poder atacar los hangares y fábricas germanos, y dada la escasa autonomía de los aviones disponibles, Churchill había situado algunas bases de la aviación británica al otro lado del Canal, en Dunquerque y Calais. Para proteger a los aviones había destacado algunas fuerzas de fusileros navales. Tras la petición de Kitchener, Churchill hizo trasladar desde Londres cincuenta de sus típicos autobuses rojos y los blindó con planchas de acero. Con tan insólito y llamativo medio de transporte los fusileros se dedicaron a corretear entre Yprés y Boulogne con la misión de hacer el mayor ruido posible. En algunas ocasiones, el Primer Lord en persona participaba en las correrías. Se trataba de hacer creer al enemigo que las fuerzas británicas eran muy numerosas y que ocupaban ya toda la costa. El engaño funcionó pero en Gran Bretaña el efecto que tal operación tuvo sobre la prensa fue desastroso. Numerosos periódicos clamaron contra lo que llamaban «el circo de Dunquerque» preguntándose si aquella era una manera seria de hacer la guerra. Presionado por el Gabinete el Primer Lord debió suspender sus actividades.

Pronto Churchill tuvo otro asunto «desesperado» del que ocuparse. El grueso del Ejército belga, con el Gobierno y su rey Alberto I al frente, resistían cercados en Amberes. A comienzos de octubre los belgas anunciaron que la ciudad estaba a punto de caer. La noticia era pésima puesto que el asedio retenía a importantes fuerzas alemanas. Para los ingleses la ciudad era además una «pistola apuntando al corazón de Inglaterra», una base de vital importancia para una futura invasión de las islas. Por añadidura, para Churchill aquel escenario tenía también un valor emocional, puesto que en sus cercanías el primer duque de Marlborough cosechó algunas de sus más importantes victorias en el siglo XVIII. Ante la gravedad de la situación el Gabinete acordó que el Primer Lord del Almirantazgo se desplazara a la ciudad sitiada con unos nueve mil infantes de marina para infundir ánimos a los defensores prometiéndoles el pronto envío de refuerzos. Todos estaban de acuerdo en que Winston era el hombre adecuado para tal empresa. Como escribió Asquith: «No sé si domina el francés, pero si es capaz de expresarse en una lengua extranjera, los belgas tendrán que escuchar un discurso como jamás habrán escuchado». La llegada de Churchill a Amberes el 3 de octubre de 1914 fue desde luego espectacular. Un automóvil de color parduzco, lleno de oficiales ingleses de Marina, atravesó a toda velocidad las calles de la ciudad haciendo sonar la bocina hasta llegar a la Plaza principal. De él descendió el Primer Lord ataviado con el uniforme más estrafalario que pudo encontrar, lleno de bordados, dorados y jarreteras[6]. Dirigiéndose hacia el burgomaestre con gesto teatral y los brazos extendidos le anunció solemnemente que Amberes estaba salvada. Como recordaba un periodista, testigo presencial: «Me trajo a la memoria la escena de un melodrama en el que el héroe, sobre un caballo que echa espumarajos por el belfo, se abalanza al rescate de la heroína, o de la vieja casa paterna, o de la fortuna de la familia, o lo que sea». Durante los cuatro días que pasó en Amberes Churchill desplegó una intensa actividad y hasta tuvo tiempo de posar ante los fotógrafos y las cámaras de cinematógrafo que le inmortalizaron al frente de sus infantes de marina a los que conducía «como

---

[6] Se trataba del uniforme de gala de Hermano Mayor de la Trinity House, la organización histórica tradicionalmente responsable de los puertos británicos. «Je suis un frère aîné de la Trinité», dijo Churchill en cierta ocasión a un francés, que le felicitó por tener parientes tan distinguidos.

si él fuese Napoleón y los fusileros su Vieja Guardia». Tan identificado llegó a sentirse con su tarea que decidió enviar un telegrama al primer ministro proponiéndole dejar el Almirantazgo a cambio de ser nombrado general al frente de la defensa de Amberes. Tan extraordinaria propuesta no pudo menos que ser recibida en el seno del Gabinete con «carcajadas homéricas». El propio Churchill, que casi nunca acostumbraba a rectificar, reconocería años más tarde que aquello había sido una enorme equivocación fruto de la emoción del momento. Tan extraña iniciativa mostraba el lado más preocupante de su personalidad, un carácter irreflexivo y, sobre todo, una alarmante falta de responsabilidad para un hombre de su cargo. Así lo entendió el Gabinete que ordenó su inmediato regreso a Inglaterra el día 6 de octubre. Cuatro días después se producía la caída de Amberes.

Una vez más, como en el caso de Dunquerque, la prensa arremetió contra Churchill criticando sus extravagantes piruetas. Se le acusaba de haber enviado al combate a tropas sin apenas entrenamiento, lo cual había ocasionado numerosas bajas. Se censuraba su exhibicionismo y, sobre todo, la inutilidad de su acción, pues resultaba evidente que unos pocos miles de soldados eran a todas luces insuficientes para salvar la ciudad. El *Morning Post* calificó la aventura de Amberes como de «costoso patinazo» y en general empezó a calar la idea de que Winston Churchill constituía un peligro nacional ya que con su vehemencia podía arrastrar al Gobierno a las empresas más temerarias. En aquel momento pocos se dieron cuenta de que, si bien Churchill no había conseguido evitar la caída de Amberes, su iniciativa sirvió para prolongar la resistencia de los belgas durante cinco preciosos días que permitieron a los aliados tomar posiciones ventajosas frente a los alemanes. Cuando en noviembre se estabilizaron los frentes, las costas del Canal y sus puertos más importantes continuaban en manos aliadas y así seguirían durante toda la guerra. Que ello ocurriera así se debió en buena medida a las operaciones de Dunquerque y Amberes, aunque Churchill debiera pagar un gravoso precio por ello ante la opinión pública.

De regreso a Londres el Primer Lord volvió a centrarse en los asuntos de su Ministerio. Ante la oleada de patriotismo que recorría por entonces el país, la prensa empezó a clamar contra Luis de Battemberg, Primer Lord del Mar, es decir, el máximo responsable de la flota desde el punto de vista técnico. Se aducía que, dado su origen germano, no era en absoluto de fiar en aquellas circunstancias[7]. Muy a su pesar Churchill aceptó su dimisión designando en su lugar a su viejo amigo y colaborador lord Fisher. La decisión en principio tuvo consecuencias positivas pero en breve se iba a revelar desastrosa para el futuro de la carrera de Churchill. Fisher y Winston establecieron en el Almirantazgo un «reloj perpetuo». El primero se levantaba a las cuatro de la mañana y terminaba su tarea a principios de la tarde, el segundo tomaba el relevo entonces hasta bien entrada la madrugada. De este modo el control sobre las operaciones era total, sin tiempos muertos. El primer fruto de la buena sintonía de los dos hombres fue la victoriosa batalla de las Malvinas (o Falklands) en diciembre de 1914. Este éxito indudable se vio empañado por el hecho de que varios buques germanos bombardearan algunas ciudades inglesas de Yorkshire, lo que provocó una viva indignación. La prensa estaba comenzando a utilizar un doble rasero para medir las acciones del Almirantazgo. Los éxitos eran atribuidos a

---

[7] De hecho, poco después la familia Battemberg cambiaría su nombre por el más británico de Mountbatten. En 1917 incluso la familia real, cuyos orígenes dinásticos eran igualmente germánicos, decidió cambiar su apellido alemán Sajonia Coburgo Gotha, sustituyéndolo por el de Windsor, nombre que mantienen hasta la fecha.

la competencia de los mandos militares, pero los fracasos eran achacados directamente a la incompetencia de la máxima autoridad civil. Se estaban sembrando vientos muy peligrosos para el Primer Lord.

Churchill y el káiser Guillermo II en unas maniobras militares celebradas en Alemania en 1906. En 1918, el emperador abdicaría y terminaría sus días en el exilio en Holanda.

A finales del año 1914 los contendientes estaban exhaustos. El frío, la lluvia, el barro, las bajas, el agotamiento de las tropas y la escasez de municiones produjeron un estancamiento casi total de las operaciones en el Frente Occidental. Ambos bandos comenzaron a excavar trincheras para asegurar sus posiciones. La guerra iba a ser larga y exigiría el esfuerzo total y completo de cada nación. Los jefes militares estaban desorientados. En más de una ocasión Kitchener afirmaría a sus colegas de Gabinete: «No sé qué hacer. Esto no es una guerra». El empantanamiento de las operaciones hizo que los contendientes reconsideraran sus estrategias. Ya que, de momento, parecía imposible la victoria atacando en el punto donde el adversario se mostraba más fuerte, podía ser buena idea intentar golpear en el punto más débil. Los alemanes, fracasado el Plan Schlieffen, decidieron transportar numerosos refuerzos al Frente Oriental para, con la ayuda de sus aliados austriacos, aplastar a Rusia, el eslabón débil de los aliados. En enero de 1915 el zar solicitaba ayuda urgente ante la inminencia de un colapso.

Entre los aliados occidentales nadie estaba más frustrado por la situación que Winston Churchill. A su juicio tenía que haber «otras alternativas al envío de nuestros ejércitos a mascar alambre de espino en Flandes». Su obsesión era buscar el modo de romper la línea de trincheras alemana. Buen conocedor de la historia de la guerra, Churchill no podía dejar de pensar en la forma en que los ejércitos cartagineses de Aníbal habían arrollado a los de Roma utilizando elefantes a modo de ariete contra las legiones. Llevado por su espíritu inquieto dio órdenes a los técnicos del Almirantazgo para que diseñaran un nuevo instrumento de hacer la guerra. Sin contar con el Gobierno destinó una cuantiosa partida presupuestaria a la construcción de un prototipo de lo que a veces llamaba «elefante mecánico» y otras, para levantar menos sospechas, «acorazado de tierra». Pronto, las investigaciones giraron sobre algún tipo de tractor oruga al que se pudiera dotar de blindaje y ametralladoras. Se encargaron dieciocho unidades de este prototipo, pero sucesivos recortes de presupuesto y la salida de Churchill del Almirantazgo los redujeron a uno solo. Las pruebas, sin embargo, fueron satisfactorias. De la mano de Winston Churchill estaba naciendo el tanque, destinado a revolucionar la guerra moderna.

Pero todavía tendrían que pasar muchos meses antes de que las nuevas armas estuvieran a punto. Mientras tanto Churchill disponía de la mayor flota de guerra de la historia y su obsesión era descubrir cómo podía utilizarla del modo más decisivo posible. La victoria pertenecería a los más osados, a los que llevaran la iniciativa. Y con el triunfo también la gloria. Porque, como decía Lloyd George, Churchill «sería capaz de fabricar un tambor con el pellejo de su propia madre para acompañar su autoelogio con los redobles». Así las cosas, la demanda de auxilio emitida por Rusia a comienzos de 1915 fue la excusa perfecta para lanzarse a la acción.

Los rusos necesitaban desesperadamente fusiles, cañones y municiones, mientras que para los aliados occidentales el cereal ucraniano era vital en un momento en que las movilizaciones masivas estaban despoblando de brazos los campos ingleses y franceses. Las dos posibles rutas de auxilio a Moscú eran problemáticas. Por un lado, el mar Báltico, donde campeaba la escuadra alemana. Por otro, los estrechos del Bósforo y los Dardanelos, la vía de comunicación natural entre el mar Mediterráneo y el mar Negro, bloqueados por el Imperio otomano, aliado de Alemania desde octubre de 1914. En el Almirantazgo, Fisher era partidario de la primera opción, deseoso de buscar la batalla decisiva contra la flota germana. Sin embargo, en el Ministerio de la Guerra Kitchener pensaba que la mejor opción era forzar el estrecho de los Dardanelos. Tras superar algunas dudas Churchill se mostró de acuerdo. Con su arrebatada elocuencia se dedicó a explicar a sus compañeros de Gabinete cómo, una vez que la flota forzara los estrechos, Constantinopla caería en manos aliadas y con ella se hundiría la resistencia turca. Finalmente el Gobierno británico dio su visto bueno a la operación. Pronto se planteó la primera dificultad ya que el Ejército se negaba a desprenderse de un solo soldado aduciendo que todos eran necesarios en el frente francés de cara a la ofensiva de primavera. La operación debería correr enteramente a cuenta de la Armada, lo que suscitó la primera disensión seria entre Churchill y Fisher, que consideraba suicida enviar la flota sin contar con el auxilio de un contingente terrestre. Churchill argumentó que sólo se utilizarían barcos antiguos para las operaciones más arriesgadas y que, en cualquier caso, siempre se podría abandonar la misión en cualquier momento.

El 19 de enero de 1915 una poderosa escuadra franco-británica abría fuego contra los fuertes turcos situados en la entrada del estrecho de los Dardanelos. El dragado de las minas fue más lento de lo que se esperaba y hubo que suspender el ataque que tardó un mes en reanudarse. Para entonces los turcos, alertados, habían reforzado sus posiciones artilleras y contaban además con el auxilio de instructores alemanes. A pesar de todo la flota avanzaba y casi estaban destruidas las defensas exteriores cuando los barcos se internaron en un campo minado que no había sido detectado. Se perdieron tres naves sobre un total de dieciocho, lo que determinó que se detuviera el asalto. Nunca se reanudó. En Londres Churchill se desesperaba. Estaba seguro de que los aliados se encontraban a un paso de la victoria y que con sólo insistir un poco más la resistencia enemiga se habría roto. No importaba perder algunos barcos si a cambio se conseguía acortar la guerra. Sin embargo, nadie le escuchaba ya. La decisión que se tomó fue enviar unidades terrestres para que limpiaran las defensas costeras con lo cual se había invertido completamente el sentido de la operación. Churchill había perdido el control de la situación. Lo que ocurriera en adelante ya no dependería de él, sino del Ministerio de la Guerra.

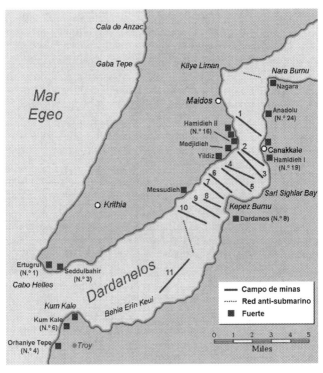

Defensas turcas en el estrecho de los Dardanelos.
Además de campos de minas, existían numerosos fuertes artillados en ambas costas.

El 25 de abril de 1915, cinco semanas después de la suspensión del ataque naval, comenzaba el segundo episodio de la batalla de los Dardanelos, el más sangriento. Ese día desembarcaban en la montañosa península de Gallipoli, al lado de la entrada de los estrechos, ochenta mil soldados, en su mayoría australianos y neozelandeses. Comenzaba un calvario que se prolongaría durante ocho largos meses. La resistencia turca fue encarnizada y, a pesar de los sucesivos envíos de refuerzos, los británicos se vieron impotentes para abrirse paso. Víctima de las fiebres, la disentería, las ametralladoras y los bombardeos, doscientos cincuenta mil hombres caerían en lo que puede considerarse una de las batallas más inútiles de toda la guerra. Los informes posteriores revelaron que, justo antes de suspenderse los bombardeos navales, las fortificaciones turcas estaban deshechas, que faltaban municiones, que el desánimo era generalizado y que el sultán se preparaba para abandonar Constantinopla. El éxito había estado al alcance de la mano.

Las consecuencias más dramáticas del doloroso fracaso en los Dardanelos se verían pronto en Rusia. Aislado y cada vez más debilitado, el imperio zarista quedaba condenado a la derrota o la revolución. Para Churchill el asunto también tendría consecuencias nefastas. Se creó una Comisión Real encargada de investigar las responsabilidades del desastre. La prensa clamó de nuevo contra el Primer Lord. Los conservadores, que no ocultaban su rencor acumulado durante años, cargaron contra él. En mayo de 1915 se producía la dimisión del almirante Fisher, por discrepancias sobre la dirección de las operaciones navales. Churchill estaba quedándose sólo.

Sus problemas coincidieron con una crisis general en el Gobierno liberal al que se acusaba de incapacidad en la conducción de la guerra. Una noticia publicada por la prensa relativa a la escasez de cañones y fusiles provocó la indignación nacional. Desde numerosos sectores comenzó a reclamarse la formación de un Gobierno de concentración nacional. El 26 de mayo de 1915 se daba a conocer la composición del nuevo Gabinete que seguía estando presidido por Asquith pero en el que entraba a formar parte la oposición: doce liberales, ocho conservadores y un laborista. En la lista presentada al Rey para su refrendo no estaba el nombre de Winston Churchill. Era parte del precio que habían puesto los conservadores para entrar en el gobierno. Como compensación se le ofrecía el cargo honorífico de canciller del ducado de Lancaster, un puesto que como observó Lloyd George «se reservaba para los principiantes en las tareas gubernamentales o para los políticos distinguidos en la primera fase de una decrepitud manifiesta». La salida del Almirantazgo fue para Churchill la más grave caída de su carrera hasta el punto de pensar que su trayectoria política estaba acabada para siempre. Él mismo definió muy gráficamente su estado de ánimo: «Como un animal marino arrebatado de las profundidades, o como un buceador súbitamente izado, mis venas amenazaban con estallar por la descompresión».

Fuera de escena (1915-1916)

Los veinte meses que siguieron a su abandono del Almirantazgo fueron los más duros de la carrera de Churchill. Un sentimiento de impotencia y frustración le embargaba. La mayor conflagración bélica de la historia estaba en marcha y él había sido «definitivamente barrido del escenario». Después de casi una década consecutiva en el poder, el alejamiento del Gobierno produjo en Winston un devastador efecto. Durante el verano y otoño de 1915 atravesó una etapa de profundo abatimiento que provocó la reaparición del «perro negro» de la depresión que ya conociera durante su juventud. Sus amigos y, sobre todo su esposa Clementine, fueron el principal apoyo en aquellos duros momentos. Al parecer fue su cuñada, muy aficionada al arte, la que le sugirió la posibilidad de utilizar la pintura como forma de entretener sus largos períodos de inactividad. Unas acuarelas de sus hijos le sirvieron para esbozar un paisaje, su primera obra. Había nacido su segunda gran pasión después de la política. La pintura se convertiría en su terapia de relajación preferida, la principal distracción de sus preocupaciones... y la única cosa en el mundo que era capaz de mantenerle en silencio. Hasta sus críticos debieron reconocer que tenía un espectacular sentido del color y la luminosidad. Los Churchill decidieron alquilar una casa en Surrey, en las afueras de Londres. Cada día Churchill salía al jardín ataviado con un delantal color crema que le llegaba hasta la rodilla. Colocaba su caballete y al lado una sombrilla cuando hacía mucho calor. Pintando el tiempo parecía transcurrir más deprisa.

A pesar de su ostracismo, Churchill seguía con atención los acontecimientos políticos y militares. Por su hermano Jack, destinado precisamente en Gallipoli, tenía información de primera mano de lo que estaba ocurriendo. Incluso intentó ir allí personalmente pero no se lo permitieron. A finales de 1915 trató de oponerse a la evacuación de la península, que finalmente se llevó a cabo en el mes de diciembre, lo que dio a entender que su única preocupación visible parecía ser la salvación de su propia carrera, a despecho del sufrimiento que pudiera causar en los demás.

Las cosas no sólo iban mal en Gallipoli. El año 1915 representó para los aliados una sucesión de dolorosos fracasos, apenas paliados por la entrada en guerra de Italia en su bando. Fue entonces cuando Churchill decidió dar un giro inesperado a su vida. El 11 de noviembre

The taking of Lone Pine (1921) de Fred Leist, que refleja el ataque australiano contra las trincheras turcas en Gallipoli. Al frente del Ejército otomano estaba Mustafá Kemal (Ataturk), futuro padre de la moderna Turquía.

de ese año presentaba su dimisión como canciller del ducado de Lancaster. Dos días después pronunciaba un discurso en los Comunes en el que justificaba paso por paso su actuación en el Almirantazgo, insistiendo en los capítulos de Amberes y los Dardanelos. Como cierre inesperado de su intervención anunciaba su intención de «servir ahora al país en tal forma que no pueda hacer sombra a nadie». El honorable diputado y ex ministro había decidido cambiar los salones del Parlamento por el barro de las trincheras. Churchill se iba al frente. La Cámara acogió su discurso fríamente, quizá pensando que estaba ante otro de los teatrales golpes de efecto del antiguo Primer Lord. No resulta difícil comprender lo que pretendía Churchill con esta sorprendente decisión. Su intención al salir del país no era en absoluto abandonar la política, sino precisamente abonar de alguna manera el camino de regreso.

El 20 de noviembre de 1915 Churchill hizo su aparición en Francia. Vestía uniforme caqui, ceñía correa oscura y calzaba pesadas botas. En el costado izquierdo la espada, en el cinturón el revólver; en la charretera del hombro una insignia en forma de pequeña corona indicaba su grado de mayor. Sir John French, el comandante en jefe de las Fuerzas británicas en Francia y viejo conocido de Winston, le propuso asumir el mando de una brigada completa, pero Churchill prefirió ser asignado primero a un batallón de Granaderos de la Guardia, como forma de irse familiarizando con la guerra de trincheras. Tras un mes de prueba Winston volvió al cuartel general en busca de la brigada prometida. Pero, para entonces, French había sido sustituido como consecuencia del desastre británico en Artois y en su lugar se hallaba sir Douglas Haig, quien, a instancias del propio primer ministro Asquith, se mostró bastante menos receptivo y complaciente. Así a comienzos de enero de 1916 Churchill, con el grado de teniente coronel, se hacía cargo del 6.º Batallón de Fusileros Reales Escoceses ubicado en la localidad flamenca de Ploesgteert.

No tuvo que ser fácil para una persona de cuarenta años, acostumbrada desde hacía veinte a la vida sedentaria y cómoda de los despachos, adaptarse a la miseria, lluvia, frío y lodo de las trincheras. La recepción que le ofrecieron sus nuevos subordinados tampoco fue buena, sin embargo Churchill fue capaz de superar, una vez más, todas las adversidades. Bien abastecido por su esposa de puros y *brandy,* y contando incluso con una bañera portátil, las incomodidades se hicieron más llevaderas. Por otro lado, su carácter abierto y un indudable magnetismo personal le hicieron ganarse en poco tiempo la confianza y el aprecio de sus hombres. Su dinamismo resultó contagioso. Anunció su intención de convertir el batallón en el mejor del Ejército británico en Francia. Su primera operación a gran escala no fue contra los

Placa conmemorativa en Ploegsteert (Bélgica) de la etapa de Churchill en las trincheras. Curiosamente se le representa con su característica imagen de la Segunda Guerra Mundial, y no como combatiente.

alemanes, sino contra un enemigo no por más pequeño menos insidioso: el piojo. Tras reunir a sus oficiales, Winston les obsequió con una auténtica conferencia «sobre el piojo, su crecimiento y naturaleza, su hábitat y su importancia, tanto en las guerras antiguas como en las modernas, que le dejaba a uno boquiabierto y asombrado ante la erudición y la fuerza del conferenciante». Churchill inspeccionaba sus mil metros de frente tres veces al día. Mantenía alerta a sus hombres con continuos ejercicios y no dejaba de planear y ejecutar pequeños golpes de mano contra las trincheras adversarias. A veces despertaba a los soldados en medio de la noche para prevenirles de que el viento era el adecuado para un ataque alemán con gases. Se decía con sorna que los alemanes debían saber que Churchill estaba allí puesto que desde el momento de su llegada los bombardeos se habían intensificado. En más de una ocasión su vida corrió auténtico peligro pero, como en sus tiempos juveniles, parecía estar rodeado de un halo de invulnerabilidad, como si el destino le estuviera preservando para el futuro.

Durante los meses que estuvo en las trincheras Churchill y su unidad no tuvieron ocasión de participar en ninguna operación importante. El frente principal de operaciones estuvo más al sur. En febrero de 1916 los alemanes desencadenaban una gigantesca ofensiva en Verdún que sólo pudo ser contenida por los franceses mediante enormes pérdidas. En Inglaterra el cansancio por la guerra se hacía evidente, a comienzos de año el Parlamento votaba una ley que establecía el servicio militar obligatorio. La gran oleada de voluntarios (cerca de dos millones) que se alistaron desde el verano de 1914 se había terminado. En Irlanda, en el mes de marzo estallaba una insurrección, conocida como la Pascua Sangrienta de 1916, fomentada y armada por Alemania, que mostraba cómo el viejo problema irlandés seguía esperando una solución. Alentado por sus amigos Churchill comenzó a pensar que su puesto estaba en Londres y no en Francia. También se acercaba el momento en que tendría que defender su gestión sobre el asunto de los Dardanelos ante la Comisión. Todo ello, unido a la insistencia de su atribulada esposa, aconsejaba el regreso a casa. A finales de mayo de 1916, después de casi seis meses de experiencia guerrera, Churchill reaparecía en los Comunes. Su llegada a Londres prácticamente coincidió con la batalla de Jutlandia. Durante dos días (31 de mayo y 1 de junio) la flota británica y la alemana midieron por fin sus fuerzas. Los resultados del choque (la mayor batalla naval de la historia hasta ese momento) fueron inciertos. Ambos bandos se atribuyeron la victoria. Si bien las pérdidas británicas en barcos y hombres fueron superiores a las alemanas, lo cierto es que la flota germana no volvió a presentar combate pasando el resto de la guerra en el puerto. En medio de la batalla la flotilla de acorazados rápidos diseñada en los tiempos de Churchill desempeñó un papel destacado.

Durante el año siguiente a su regreso el antiguo Primer Lord continuaría en desgracia. Cada vez que se levantaba para hablar ante la Cámara, un desagradable murmullo se elevaba a su alrededor y las alusiones a Amberes y los Dardanelos terminaban por ser inevitables. Necesitado de dinero, Winston se dedicó a escribir sobre todo artículos de prensa. También siguió pintando, intentando encontrar en los pinceles el bálsamo a sus problemas. En julio de 1916 el Ejército británico lanzaba en el Somme una ofensiva con el fin de aliviar la presión alemana sobre Verdún.

Flandes, 1916. La fusión de su unidad con otro batallón proporcionó a Churchill la excusa perfecta para dejar el ejército ya que momentáneamente se quedaba sin mando.

Las bajas ascendieron a un cuarto de millón, sesenta mil sólo el primer día, pero el frente enemigo continuó intacto. La indignación de Churchill no conocía límites. Horrorizado por el desgaste al que se estaba sometiendo a la nación dirigió un memorándum al Gobierno afirmando que la estrategia seguida era completamente equivocada y rozaba lo criminal. Churchill reclamaba máquinas para sustituir a los hombres y cerebros para ahorrar sangre.

La catástrofe colocó al Gobierno británico en el ojo del huracán. Según Churchill el Gabinete estaba «podrido hasta la médula». Acosado por el líder de la oposición Bonar Law y con buena parte de sus propios ministros en contra, Asquith presentaba la dimisión en diciembre de 1916. Para sustituirle se designaba a David Lloyd George, el antiguo pacifista. La salida de Asquith dividía al partido entre sus seguidores y los del nuevo primer ministro y auguraba un incierto futuro para los liberales. Para Churchill la crisis era una buena noticia ya que dada su relación con Lloyd George, pensaba que su vuelta al Gobierno sería inminente. Sin embargo, la oposición de los conservadores (todavía aquellos viejos rencores) le cerró de nuevo el paso. Con todo, el *brujo galés* no había olvidado su vieja amistad. Si el informe de la Real Comisión de los Dardanelos le era favorable, Winston volvería al Gabinete. Todavía tendrían que pasar siete largos meses, pero la suerte de Churchill había cambiado.

DE VUELTA A LA GUERRA (1917-1918)

A comienzos de 1917 los aliados estaban desconcertados y al borde del agotamiento moral y material. El enorme sacrificio del año 1916 había sido completamente inútil. Ya nadie se atrevía a pronosticar cómo terminaría la guerra, ni cuándo. Las intentonas de los ingleses en el Artois y los franceses en el Chemin des Dames se saldaron con nuevos fracasos. Tras las derrotas estallaron peligrosos motines en ambos ejércitos. En Rusia la revolución de febrero obligaba al zar a abdicar y en octubre Lenin tomaba el poder y anunciaba su intención de salir de la guerra.

Afortunadamente para ingleses y franceses la pérdida del frente del Este se vio compensada por la adición de un nuevo y muy poderoso aliado. En enero de 1917 los alemanes habían declarado la guerra submarina total lo que acabó provocando la entrada en el conflicto del principal perjudicado por esa decisión, los Estados Unidos. En un discurso a los Comunes a principios de 1917 Churchill aconsejaba que lo más prudente sería mantenerse a la defensiva en el Frente Occidental y, sobre todo, esperar la llegada de los refuerzos americanos. En los últimos meses las opiniones de Churchill eran tomadas cada vez más en serio por la clase política y la opinión pública. No en vano hacía tiempo que venía denunciando las torpezas de los generales en la conducción de la guerra. En mayo de 1917 se hizo público, por fin, el Informe sobre los Dardanelos. El documento establecía que la responsabilidad sobre lo ocurrido recaía, sobre todo, en el primer ministro que era quien autorizó toda la operación. El Primer Lord del Almirantazgo no era culpable de negligencia puesto que sus órdenes fueron siempre refrendadas por las autoridades militares de su departamento. No era una exculpación total, pero resultaba suficiente. Conocidos los resultados de la investigación llegaba el momento de que Lloyd George cumpliera su palabra. El 16 de julio de 1917, a pesar de la cerrada oposición conservadora, Winston Churchill se convertía en el nuevo ministro de Municiones, dentro de un Gabinete remodelado.

Durante su etapa fuera del poder el caricaturista de *Punch* imagina a Churchill inmerso en sus escritos. En el texto se leía: «Después de todo, algunos dicen que la pluma es más poderosa que la espada».

A pesar de que quedaba fuera del llamado Gabinete de Guerra —un Comité exclusivo de tan sólo cinco hombres presidido por el primer ministro y encargado de tomar las decisiones estratégicas— su nuevo puesto revestía una importancia indudable. Como Churchill diría: «Si bien no estaba autorizado a trazar los planes, estaba en cambio encargado de forjar las armas». Pronto saldrían de las fábricas inglesas «una enorme masa de cañones, montañas de proyectiles y nubes de aeroplanos». Empezó por reducir la burocracia de su departamento, acortó los plazos de entrega del nuevo material e incluso se comprometió a fabricar miles de cañones para equipar a las nuevas divisiones de soldados norteamericanos. Cuando en 1917 y 1918 tuvo que hacer frente a la amenaza de huelga por parte de los sindicatos, sus métodos fueron expeditivos. Amenazó con acabar con la exención para el servicio militar de los trabajadores cualificados y con enviar a los huelguistas al frente. Pero, si en algo puso empeño el flamante ministro de Municiones fue en dotar al Ejército británico de la nueva arma en la que se habían depositado enormes esperanzas. Por una extraña pirueta del destino Churchill, el hombre que en 1914 desde el Almirantazgo impulsara el diseño y construcción de aquellos primitivos «acorazados de tierra», era el ministro que en 1917 podía ordenar su construcción masiva. Para su transporte al frente se los camufló como tanques de agua, de ahí la denominación con la que se haría popular en todo el mundo. En noviembre de 1917 los «tanques» hicieron su aparición en la batalla de Cambrai con un resultado espectacular. Los alemanes, sorprendidos, se retiraron varios kilómetros dejando diez mil prisioneros, pero los ingleses no estaban preparados para aprovechar este éxito.

A mediados del verano de 1917 los británicos desencadenaron la que iba a ser su última gran ofensiva en el

Frente Occidental. El lugar elegido fue Paschendaele en Flandes y el resultado un nuevo y sangriento fracaso. Pese a la oposición de Churchill y de buena parte del Gabinete, *sir* Douglas Haig se había obstinado en el ataque. El desastre puso en evidencia las serias discrepancias y tensiones existentes en Inglaterra entre el poder civil y el militar en relación con la dirección de la guerra, una lección de la que Churchill extraería provechosas enseñanzas para el futuro: un gobierno democrático nunca debía dejar la conducción estratégica de la contienda en manos de los generales.

En noviembre de 1917, la Rusia bolchevique firmaba la paz por separado. A partir de este momento comenzaba una carrera contra reloj. Los alemanes podrían ganar la guerra si eran capaces de transportar su ejército desde el este al oeste y desencadenar una ofensiva decisiva antes de la llegada masiva de los americanos. Ingleses y franceses debían resistir hasta entonces y mientras tanto derrotar de forma definitiva a los submarinos alemanes, puesto que si estos prevalecían sería imposible que las tropas de refuerzo cruzaran el Atlántico. Entre diciembre de 1917 y marzo de 1918 los alemanes transportaron a Francia un millón de hombres y tres mil cañones procedentes del este. Se preparaban para el asalto final.

En su calidad de ministro de Municiones Churchill viajaba con frecuencia a Francia para conferenciar con las autoridades galas y, de paso, darse una vuelta por las trincheras recordando viejos tiempos. Incluso se había puesto a su disposición un castillo para que pudiera pernoctar en suelo francés. El 21 de marzo de 1918 Churchill se encontraba precisamente en las cercanías del frente cuando miles de cañones alemanes abrieron fuego simultáneamente. Inmediatamente después del bombardeo decenas de curtidas divisiones al mando del mariscal Ludendorff se lanzaron al asalto de las líneas aliadas intentando abrir brecha entre el Ejército inglés y el francés. Ante la gravedad de la situación el mariscal Foch asumía el puesto de generalísimo de todas las fuerzas aliadas hasta entonces con mandos independientes. Por un momento pareció que las embestidas germanas no podrían ser detenidas y que el final estaba cerca. Sin embargo, a pesar de los tres ataques sucesivos lanzados por el Ejército imperial, los aliados fueron capaces de mantener la cohesión y la serenidad. En una repetición de lo ocurrido en 1914 el avance alemán fue detenido de nuevo cerca de París, y de nuevo a orillas del río Marne. El «segundo milagro del Marne» salvó otra vez a Francia. En los momentos críticos que se vivieron durante aquellos días amargos, Churchill sostuvo la moral de su Gabinete, en el que por un momento flaquearon los ánimos y también visitó asiduamente a los líderes franceses reafirmando la voluntad de resistencia británica.

El fracaso de la ofensiva alemana marcó el principio del fin. Dentro de Alemania la oposición a la guerra era cada vez mayor. El bloqueo naval inglés había hecho mucho daño a la economía nacional. La contraofensiva aliada en Francia, basada en la utilización a gran escala de los tanques fabricados por Churchill, empezó a dar sus frutos. Cundía la desmoralización entre los combatientes y, sobre todo, en la retaguardia. En Kiel se produjeron sublevaciones de marinos. En otros escenarios los aliados de Alemania se enfrentaban también a la derrota. El agotamiento era generalizado. Los turcos, los austriacos o los búlgaros fueron capitulando uno tras otro. El 10 de noviembre de 1918 el káiser Guillermo II abdicaba huyendo a Holanda. En esa fecha todavía ni un solo soldado aliado había penetrado en suelo alemán. El 11 de noviembre de 1918 a las once de la mañana entraba en vigor el armisticio. Después de cuatro largos y dramáticos años cesaban las hostilidades en Europa. Desde su despacho en el Ministerio de Municiones

Churchill pudo oír las campanadas del Big Ben señalando el esperado momento. Su pensamiento voló en aquel instante retrocediendo en el tiempo hasta aquella trágica noche de 1914 cuando en el Almirantazgo esperaba que esas mismas campanadas dieran la señal del inicio de la guerra. Ahora todo había concluido. De repente, de aquí y de allá, hombres y mujeres, torrentes de personas, ocuparon las calles en medio de un intenso estruendo. Las campanas de Londres empezaron a repiquetear al unísono. Cantando himnos patrióticos la multitud comenzó a dirigirse hacia el Palacio de Buckingham para aclamar a su Rey. La dura prueba había terminado.

La noche del armisticio Winston Churchill y su esposa fueron invitados a cenar con el primer ministro en Downing Street. En la sobremesa y entre el humo de los cigarros los dos hombres sobre cuyas espaldas había recaído, en buena medida, el peso brutal de la guerra se interrogaban acerca del mundo nuevo que estaba naciendo. Lloyd George afirmó que, de buena gana, haría fusilar al káiser. Churchill, por su parte, abogaba por la «pacífica reconstrucción» de Alemania, algo similar a lo que se había hecho con tanto éxito en Sudáfrica tras la guerra de los bóers. Cuando ambos se asomaron a la ventana para contemplar la algarabía con la que los londinenses celebraban la victoria, probablemente intuyeron que el mundo que se abría ante sus ojos no tenía nada que ver con el que dejaron atrás en 1914.

5

Después del fin del mundo (1918-1929)

> *¿Hubo jamás un espectáculo más horrible en toda la historia del mundo que este de la agonía de Rusia? [...] ¡Y esto es progreso, esto es libertad, esto es utopía! Qué monstruoso absurdo y perversión de la verdad es el representar la teoría comunista como una forma de progreso, cuando simplemente es un retroceso a las épocas oscuras.*
>
> Winston Churchill, 1919

EN LA PAZ COMO EN LA GUERRA (1918-1922)

A medida que fueron apagándose los ecos de las celebraciones por la victoria, los ingleses comenzaron a comprender el alcance de lo que había ocurrido en aquellos cuatro dramáticos años de guerra sin cuartel. Setecientos cincuenta mil compatriotas habían muerto en las trincheras, la libra esterlina había perdido un tercio de su valor, el comercio exterior estaba seriamente dañado y se debían cuatro mil millones de dólares a los

Estados Unidos. También el alma inglesa, su carácter como pueblo, quedaba modificado por la contienda. Se afirmaba la independencia femenina, ya que la mujer, después de haberse sacrificado en retaguardia supliendo a los combatientes de las trincheras, demandaba ahora los mismos derechos que los hombres. El viejo puritanismo victoriano entraba en crisis, la sociedad se sentía más madura y quería ser más libre. Por último, la guerra también había producido serios cambios en la rígida estructura social británica. Después de tanto sacrificio, el obrero exigía un trato más igualitario y el burgués carecía de fuerza moral para negárselo. La vieja Inglaterra comenzaba a extinguirse.

Durante los duros años del conflicto Lloyd George no había dejado de prometer a sus compatriotas «un mundo mejor» para después de la guerra. Lo que entonces no era más que un estímulo para el esfuerzo y el sacrificio, terminadas las hostilidades se convertía en un ambicioso programa político de difícil cumplimiento. Apenas un mes después del armisticio, en diciembre de 1918, el primer ministro convocaba elecciones generales. Como anticipo de ese «mundo mejor» prometido, se otorgaba el sufragio a la mujer, con lo que el Reino Unido culminaba su proceso democratizador. Los resultados en las urnas avalaron la continuidad de la coalición nacional de tiempo de guerra, pero los conservadores obtenían 334 escaños por tan solo 133 de los liberales de Lloyd George que, no obstante, se mantenía en el puesto. La oposición no llegaba al centenar, incluyendo al lado de los laboristas a una treintena de seguidores de Asquith. Otra consecuencia de las elecciones de 1918 fue que la composición social de la Cámara de los Comunes varió considerablemente. La aristocracia iba dejando paso a los representantes de la burguesía y, sobre todo, de las clases medias.

Junto a Lloyd George en la bancada gubernamental se sentaba otro viejo veterano de las lides parlamentarias.

Winston Churchill, tras revalidar sin problemas su escaño por el distrito escocés de Dundee, esperaba impaciente la composición del nuevo Gabinete. En enero de 1919 Churchill cambiaba su puesto en el Ministerio de Municiones por un nuevo despacho como ministro de la Guerra. La responsabilidad recién adquirida producía en Churchill sentimientos encontrados. Personalmente él hubiera preferido volver a su antiguo cargo como Primer Lord del Almirantazgo, lo cual habría significado su completa rehabilitación y el olvido total del fiasco de los Dardanelos. Pero los conservadores, aliados de Lloyd George y principal sustento de su Gobierno, se habían opuesto con vehemencia. Evidentemente su puesto encerraba una visible paradoja: ¿De qué sirve un ministro de la Guerra si ya no hay guerra? La respuesta que Bonar Law, el líder de los conservadores, ofrecía al interrogante era demoledora: «Si supiéramos que iba a haber una guerra, no le nombraríamos ministro de Guerra». Por entonces no cesaba de repetirse que la de 1914 había sido la guerra que pondría fin a todas las guerras y que Europa se encaminaba hacia una era de paz y prosperidad.

Durante los primeros meses en su nuevo cargo Churchill llevó a cabo una rápida desmovilización del ejército. En seis meses tres millones de soldados estaban en sus casas y el ministro se había anotado un sobresaliente éxito ante la sociedad. Después de solucionar este problema doméstico Churchill volvió sus ojos con preocupación a lo que parecía ser la liquidación de la Europa que él conociera durante su juventud. En Alemania la anarquía parecía inminente, el centenario Imperio austro-húngaro estaba al borde de la liquidación y el futuro del despedazado Imperio otomano no era menos inquietante. Pero la principal preocupación de Churchill era la suerte del cuarto imperio existente en la Europa de preguerrra, el ruso. Tras el triunfo de la Revolución bolchevique en 1917 había estallado la guerra civil entre los «rojos» seguidores de Lenin y sus adversarios, los llamados «blancos». Churchill pensaba que el enemigo más peligroso de los nuevos tiempos era el comunismo: «El bolchevismo no es una doctrina política, es una enfermedad. No es una creación, es una infección». Estaba en juego la defensa de la civilización occidental amenazada por el regreso a una edad oscura poblada por bárbaros. A Churchill le repugnaba la concepción totalitaria de la política, la economía y el Estado que el comunismo defendía. También la subordinación del hombre a la masa y la ausencia de libertades individuales que suponía, además, por supuesto, la utilización de la violencia como arma política para la intimidación o eliminación del adversario. Para un viejo liberal como él, en un país con una conflictividad social limitada y con un Parlamento representativo del sentir nacional, el comunismo no podía ser otra cosa sino una aberración de la historia. La aversión de Churchill por los sóviets sólo puede ser comparada con la que sintió hacia el otro gran enemigo de la democracia en el siglo xx: el nacionalsocialismo, una variante del totalitarismo salida también de la Gran Guerra.

Si Lenin triunfaba, el virus de la revolución se extendería por toda Europa. Por eso, cuando los rusos blancos pidieron ayuda militar a Gran Bretaña, Churchill decidió que había llegado el momento de pasar a la acción. Según sus propias palabras: «Si no aplastamos el huevo con el pie, tendremos que perseguir a los pollos por todo el criadero mundial». Así pues, en mayo de 1919 comenzó a enviar suministros y dinero a los antibolcheviques. Su fogosidad le incitaba, sin embargo, a ir más allá, hasta la guerra si era preciso. Se daba la circunstancia de que ya había en Rusia un contingente militar británico de doce mil hombres, enviados allí en su momento para ayudar a los rusos en su lucha contra los alemanes. Ahora Churchill pensaba que esas tropas podían convertirse en la punta de lanza de una

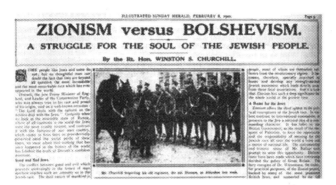

Churchill prodigaba su firma en la prensa, incluso cuando estaba en el poder. En este artículo aparecido en 1920 contrapone al sionismo con el bolchevismo, su auténtica bestia negra en estos años.

cruzada europea contra el bolchevismo. Al conocerse sus planes la alarma cundió en Inglaterra ante la posibilidad del estallido de una nueva guerra. La última palabra en este asunto era, lógicamente, la del primer ministro quien, maliciosamente atribuía la aversión antibolchevique de su subordinado a su «sangre ducal». El ministro de la Guerra fue reconvenido con severidad y las tropas británicas fueron retiradas de Rusia en el otoño de 1919. Todavía un año después, Churchill volvería a las andadas apoyando a Polonia cuando este país se vio envuelto en un conflicto con la Unión Soviética. Pero ya era demasiado tarde. El comunismo se asentaba sólidamente en el poder.

Mientras tanto se había firmado la Paz de Versalles con los derrotados en la Gran Guerra. La fuente inspiradora de aquellos tratados habían sido los famosos «Catorce puntos» del presidente norteamericano Wilson, una serie de principios bienintencionados pero mal definidos y en buena medida contradictorios, cuyas devastadoras consecuencias prácticas no tardarían en revelarse. Sumándose a la opinión del mariscal francés Foch, Churchill opinaba que aquello no era en realidad una paz sino más bien «un armisticio de veinte años». Lo peor, a su juicio, eran las condiciones impuestas a Alemania. Las amputaciones territoriales que sufría el país, sobre todo en su frontera oriental, no harían sino estimular su deseo de revancha. Por otro lado, las reparaciones de guerra que Alemania debería pagar eran sencillamente «malignas y absurdas», ya que pondrían en peligro la recuperación económica germana y con ello arriesgarían la de toda Europa. En último término, el desarme impuesto a Berlín podía ser suicida, ya que Alemania era históricamente el baluarte natural en la defensa de Europa frente al expansionismo ruso. Churchill insistió ante Lloyd George en que el verdadero peligro estaba ahora en Moscú y no en Berlín. Sus planteamientos los resumía en una gráfica frase: «Mata al bolchevique y besa al huno». No obstante, el astuto Lloyd George interpretaba mucho mejor que Churchill los sentimientos del pueblo británico. Después de cuatro años de lucha contra Alemania era imposible convertirla en aliada en cuestión de meses y, desde luego, entrar en guerra contra la Unión Soviética era sencillamente situarse fuera de la realidad.

Los desvaríos belicistas del ministro de la Guerra, al parecer empeñado en provocar un conflicto que diese pleno sentido a su cargo, movieron a Lloyd George a buscarle un acomodo más tranquilo. En enero de 1921 Churchill se convertía en flamante ministro de Colonias. Era la sexta cartera ministerial que ocupaba desde 1908. Contaba tan sólo cuarenta y siete años. En su nuevo puesto iba a dar pruebas, una vez más, de su extraordinaria ductilidad y de su capacidad para sorprender a propios y extraños. Paradójicamente el hombre que era alejado del Ministerio de la Guerra por su imprudente agresividad, iba a dar muestras ahora de una increíble

Churchill se prueba su nuevo sombrero como ministro de Colonias en 1921, ante la mirada complacida de Lloyd George. Puede observarse que su colección ya es amplia.

capacidad como negociador imaginativo y pacificador convencido. Dos graves problemas se hallaban sobre la mesa: Oriente Medio e Irlanda.

El fin de la guerra trajo consigo la desaparición del Imperio turco. Sin embargo, mientras que en el viejo continente la aplicación del principio de las nacionalidades defendido por el presidente norteamericano Wilson había supuesto el desmantelamiento del Imperio austro-húngaro y el nacimiento de nuevos estados, en Asia los aliados se negaban a aplicar el mismo rasero. Un reconocimiento de la capacidad de autogobierno de los pueblos de Arabia, Palestina y Mesopotamia provocaría un indeseable efecto dominó en todo el mundo colonial. No obstante, durante la guerra, el mítico coronel Lawrence de Arabia había prometido la independencia a todos aquellos que lucharan contra el enemigo otomano. Como los británicos no parecían ahora muy dispuestos a hacerlo, la zona se había convertido en un polvorín. Sólo en Irak era necesaria la presencia de cuarenta mil soldados. En un momento de crisis financiera y recortes presupuestarios tras la guerra, Inglaterra no podía mantener de forma indefinida ese esfuerzo. Se hacía preciso un acuerdo.

Así lo entendió Churchill que se dispuso a la tarea. Con prontitud inusual convocó una Conferencia en El Cairo a la que llevó como asesor personal al propio Lawrence. Allí se procedió a un diseño de fronteras que fue admitido por todas las partes. Palestina adquiría el estatus de Mandato que la Sociedad de Naciones (SDN) entregaba a los británicos para su administración. Se creaban tres nuevos Estados semiindependientes: Irak, Transjordania y Arabia Saudí, que gozarían de un gobierno propio pero que estarían sometidos a la estrecha vigilancia británica. Las tropas encargadas del control del territorio eran sustituidas por unidades de la Real Fuerza Aérea, con el consiguiente ahorro para las arcas británicas. La satisfacción por el acuerdo fue unánime, la opinión pública reconoció a Churchill su nueva faceta de hombre de paz. El propio Lawrence en su obra *Siete pilares de la sabiduría* reconocería que «Churchill en pocas semanas resolvió todo el problema, encontrando soluciones, cumpliendo, creo, nuestras promesas». En realidad, esto no era del todo cierto ya que el compromiso británico consistía en apadrinar una nación árabe unida y no fragmentar el territorio (y sus reservas de petróleo) en una serie de reinos con fronteras artificiales, mucho más fáciles de manejar. Por otro lado, la solución de la cuestión palestina encerraba una gravísima amenaza para el futuro. Durante la guerra, los británicos, mediante la Declaración Balfour, se habían comprometido también a patrocinar la creación de un Hogar Judío en Palestina. Ahora los sionistas presionaban para que esa promesa se cumpliera. Se había sembrado la semilla del conflicto palestino-israelí cuyas consecuencias podemos ver todavía hoy. A pesar de estas sombras, el éxito alcanzado por Churchill era indudable. Con la solución del problema de Oriente Medio y la incorporación, también bajo el sistema de Mandatos, de las antiguas colonias alemanas en África (Tanzania, Namibia y parte de Camerún) y de algunas islas en el Pacífico, puede decirse que el Imperio británico, en la época en la que Winston Churchill ocupó el cargo de ministro de Colonias, alcanzó la máxima extensión territorial de toda su historia. Esa apariencia de grandeza enmascaraba por el momento el hecho de que la Gran Guerra había puesto en marcha un proceso que sólo podría terminar con la independencia del mundo colonial, algo que el propio Churchill tardaría en comprender. De momento, ya en 1917, los Dominios de Canadá, Australia, Nueva Zelanda y la Unión Sudafricana eran reconocidos oficialmente como naciones autónomas dentro de la ahora llamada Comunidad Británica de Naciones *(Commonwealth)* y en 1919 cada una de ellas estampó su propia firma como signataria del Tratado de Versalles.

Había, sin embargo, una dolorosa excepción a este proceso de reformas progresivas dentro del Imperio: el problema de Irlanda. La Pascua Sangrienta de 1916 había avivado los odios. Ya no se hablaba de autonomía sino directamente de independencia. Se fundó un partido político, el *Sinn Fein* (en gaélico, 'nosotros solos'), que se convirtió en la punta de lanza de la lucha. Su líder, Eamon de Valera (hijo de español e irlandesa y nacido en Nueva York), proclamó en Dublín en enero de 1919 la República de Irlanda. Una ola de violencia sacudió la isla de sur a norte. Los independentistas,

El matrimonio Churchill en Jerusalén en 1921 con el emir Abdullah de Transjordania. A su izquierda vemos a Herbert Samuel, Alto Comisionado del Mandato Británico de Palestina (1920-1925).

«republicanos» como les gustaba ser llamados, luchaban tanto contra las tropas inglesas de ocupación como contra los unionistas, los protestantes que querían seguir vinculados al Reino Unido. La represión británica no mejoró las cosas. Cuando Churchill llegó al Ministerio de Colonias, bajo cuya autoridad estaba Irlanda, el estado de la isla era de abierta rebelión.

Tras comprobar que la política de dureza seguida desde 1918 —que, todo hay que decirlo, había contado con su decidido apoyo— no daba resultados, Churchill decidió cambiar de táctica de manera espectacular. De acuerdo con el primer ministro lanzó la idea de otorgar al Sur el Estatuto de Dominio, similar al de Canadá o Australia, mientras que el Norte, si así lo decidía, podría permanecer directamente dependiente de Londres. Para conseguir tal fin no dudó en entablar negociaciones con el conocido terrorista y líder del *Sinn Fein,* Michael Collins. Las reuniones entre ambos hombres se prolongaron durante seis meses. En un momento particularmente acalorado del debate, parece ser que Collins se levantó de la mesa afirmando que el acuerdo era imposible mientras los británicos continuaran ofreciendo precio por su cabeza. Entonces Churchill salió de la habitación y volvió con algo entre sus manos. Era un viejo pasquín en el que se podía leer la oferta de veinticinco libras hecha por los bóers a quien diera noticia del joven Winston, evadido de la cárcel de Pretoria en 1899. Churchill bromeó sobre la generosidad británica que ofrecía cinco mil libras por Collins en vez de las miserables veinticinco que los bóers daban por él. Su interlocutor sonrió y las conversaciones pudieron continuar en un ambiente más favorable.

Tras el acuerdo Michael Collins afrontaba la dura tarea de hacer comprender a sus seguidores, defraudados en sus expectativas independentistas, que sin Churchill «jamás habríamos conseguido nada». Las posturas estaban tan divididas que acabó por estallar una corta guerra civil, una de cuyas víctimas fue el propio Collins, caído a manos de sus antiguos compañeros. Al fin, en diciembre de 1921 nacía el Estado Libre de Irlanda, vinculado a la corona británica mediante el Estatuto de Dominio. Los seis condados protestantes del Ulster continuaban perteneciendo al ahora denominado Reino Unido de Gran Bretaña e Irlanda del Norte. La solución no era perfecta, ya que consagraba la división de la isla, pero se conseguía al menos una paz relativa durante las siguientes décadas.

El año y medio largo que Churchill ocupó la cartera de Colonias presentaba un balance impresionante. Sus adversarios estaban desorientados con la nueva imagen de Churchill, pacifista, negociador y con visión de hombre de Estado. En realidad sus grandes éxitos se debieron sobre todo a su capacidad de combinar la dureza con la flexibilidad, porque siempre creyó que una paz honorable nunca podría ser fruto de la debilidad. Una inesperada crisis internacional a finales del año 1922 le dio ocasión para demostrar que su nueva faceta pacificadora no había desterrado al guerrero que seguía llevando dentro.

Las secuelas del desmembramiento del Imperio otomano no habían concluido todavía. El nuevo gobierno turco, dirigido por Mustafá Kemal, llamado *Ataturk* ('padre de los turcos'), se negaba a aceptar los términos de los acuerdos de paz dando comienzo a una guerra contra los griegos para recuperar algunos de los territorios perdidos. La tensión fue en aumento cuando los turcos anunciaron su intención de ocupar la zona del estrecho de los Dardanelos, que había sido internacionalizada y cuya custodia estaba a cargo de guarniciones de varios países, entre ellos un contingente de soldados británicos situados en la localidad de Chanak. Mientras que París optaba por el abandono, en Londres Churchill y Lloyd George decidieron que había que resistir a la presión turca, pues de otro modo todos los tratados de paz con las potencias derrotadas en la guerra quedarían en entredicho y susceptibles de ser alterados mediante el uso de la fuerza. En septiembre de 1922 una nota del Gobierno británico, redactada por Churchill, anunciaba el envío de refuerzos terrestres y navales a Chanak y lanzaba un ultimátum a Mustafá Kemal. Si los Dardanelos eran atacados, sería la guerra. El mensaje obtuvo el efecto deseado y los turcos se detuvieron. Sin embargo, la conmoción en Gran Bretaña fue enorme. El Gobierno tuvo que hacer frente a un aluvión de críticas. Los laboristas lo acusaban de belicista, pero incluso para los propios conservadores, miembros de la coalición que sostenía a Lloyd George, se había ido demasiado lejos.

Gran Bretaña, argumentaban, no podía convertirse en el policía del mundo. Que el conflicto se hubiera desencadenado precisamente por los Dardanelos hacía reaparecer el espectro de viejos fantasmas del pasado. Para Churchill llegaba un nuevo momento crucial de su carrera política.

CAMBIO DE PAREJA (1922-1924)

Desde 1916 David Lloyd George había gobernado Gran Bretaña al frente de una coalición con los conservadores, pero los tormentosos años de posguerra fueron debilitando progresivamente el prestigio del «brujo galés». La economía no terminaba de funcionar, las tensiones sociales se agudizaban y el escenario internacional se ensombrecía. En este contexto la «crisis de Chanak» fue la gota que colmó el vaso. Tras una sonada reunión en el Club Carlton, a finales de 1922 los conservadores británicos decidieron retirar su apoyo al Gabinete. La carrera del hijo del maestro de escuela galés que llegó a dirigir un Imperio tocaba a su fin. En su lugar formó gobierno el líder *tory* Bonar Law, quien convocó elecciones para el mes de noviembre.

Churchill presentó su candidatura por sexta vez en el distrito escocés de Dundee bajo la etiqueta de liberal. La campaña electoral le dio la oportunidad de comprobar hasta qué punto el país había cambiado en los últimos años. El ambiente se había crispado y los ánimos estaban caldeados. Como más tarde reconocería, le asombraron las amenazadoras miradas de odio de los jóvenes obreros que le rodeaban entonando canciones revolucionarias. Un incidente inesperado vino a frustrar su campaña, un agudo ataque de apendicitis obligó a su hospitalización urgente. Clementine intentó suplir su ausencia con varias giras por el distrito en las que la acogida no fue mejor que la dispensada a su marido. Todavía convaleciente, Churchill haría una última y espectacular aparición en público para intentar ganarse al electorado en vísperas de la votación. Los resultados fueron inapelables. Más de diez mil votos de diferencia sentenciaron su derrota. A nivel nacional los conservadores obtenían mayoría absoluta. Los liberales, divididos en seguidores de Asquith y de Lloyd George, eran los grandes derrotados. Ni siquiera sumados sus diputados eran ya el principal partido de la oposición. Los laboristas se habían convertido en la segunda fuerza parlamentaria. Por lo que se refiere a Churchill, por primera vez desde 1900 se quedaba sin asiento en los Comunes. La rapidez de los acontecimientos le había sorprendido. Como escribió más tarde: «En un abrir y cerrar de ojos me encontré sin cartera ministerial, sin escaño parlamentario, sin partido y hasta sin apéndice».

Al contrario de lo que temían sus más allegados, la respuesta de Winston a este notable fracaso no fue el regreso del «perro negro». En realidad era consciente de que necesitaba un descanso, hacer un alto en una vida llena de tensión y trabajo. Los últimos tiempos también se habían visto acompañados por una serie de desgracias personales y familiares. El año 1921 fue particularmente oscuro. En abril se conoció la noticia del suicidio del hermano de su mujer, lo que hizo que Clementine se sumiera en una etapa de desánimo. En julio se produjo el fallecimiento de lady Randolph Churchill. A pesar de sus dos bodas posteriores a la desaparición de su marido, Churchill había continuado idolatrando a su madre. Sus restos fueron enterrados junto a los de lord Randolph en el cementerio de Bladon, cerca de Blenheim. Por último, en agosto fallecía de septicemia Marigold, la hija menor del matrimonio Churchill. Esta dolorosa ausencia fue compensada el año siguiente por el nacimiento de Mary, la que sería última hija del matrimonio.

El lugar elegido para el reposo del guerrero fue la Costa Azul. Durante seis meses (hasta mayo de

1923) la familia Churchill fijaría en Cannes su residencia. A Winston siempre le había fascinado la luz del Mediterráneo. Al igual que hiciera entre 1915 y 1917, cuando el asunto de Gallipoli le apartó momentáneamente del poder, los pinceles volverían a ser su refugio y su consuelo. Todas las tardes, armado de caballete y óleos, Churchill se dedicaba durante largo rato a la pintura. Incluso se animó a exponer (bajo seudónimo) parte de su obra en París. Se cuenta que Picasso dijo de él: «Ese inglés gordo del puro podría vivir de su pintura. Es comercial». El tren de vida de Churchill, sin embargo, exigía unas fuentes de ingresos más saneados que lo que la venta esporádica de unos cuantos cuadros podría proporcionarle. Desde su juventud se había acostumbrado a la buena vida, a los mejores vinos y licores, a los cigarros de calidad. Sin contar ya con el sueldo de ministro, ni siquiera con el de diputado, incluso Churchill debía trabajar para ganarse el sustento. Ese fue el acicate que le impulsó a volver a su antigua pasión por la escritura. Pronto decidió el tema de su nueva obra. Se trataría de un libro que recogiera sus recuerdos de guerra. Así podría revivir aquellos años y de paso ajustar algunas cuentas pendientes. Llevaría por título *La crisis mundial (1911-1918)*. Si las tardes estaban dedicadas a la pintura, las mañanas lo estarían a la escritura. Tras el desayuno, comenzaba el trabajo. Desde su cama, con un enorme cigarro humeante entre los labios, su boca se transformaba en un torrente de palabras (cuatro o cinco mil diarias) que su secretario se esforzaba en capturar. Basándose en su prodigiosa memoria Churchill hacía un repaso por la historia desde su llegada al Almirantazgo en 1911 hasta el fin victorioso de la guerra. Desde el punto de vista histórico la obra presentaba algunas limitaciones, y, por supuesto, dedicaba un considerable espacio al asunto de los Dardanelos con fines autoexculpatorios. No se recataba en criticar la dirección militar y política de la guerra señalando cómo, a su juicio, la falta de un liderazgo claro en el país había permitido a los generales empecinarse en sangrías humanas inútiles. El primer tomo de los cuatro que componían la obra se publicó en 1923 y constituyó un gran éxito de ventas. Sus adversarios, sin embargo, criticaron el desmesurado papel que Churchill se atribuía a sí mismo en los acontecimientos aduciendo que había «escrito una obra sobre él mismo que ha titulado *La crisis mundial*».

Los meses transcurridos en Francia, descansando bajo el sol, pintando y escribiendo proporcionaron a Churchill renovadas energías. Por entonces tenía ya casi cincuenta años, había engordado y calveaba. Con el puro siempre en la boca, la espalda arqueada hacia adelante y una tez sonrosada estaba adquiriendo ya el aspecto físico con el que la historia le inmortalizaría. El propio Winston era consciente de los cambios operados en su aspecto. En una ocasión una mujer le dijo que su bebé se parecía mucho a él, con la cara tan redonda, escaso de pelo y color en las mejillas. «Señora —contestó Churchill sonriente— todos los bebés se me parecen». Sus excesos en la comida, en la bebida y en el tabaco continuaban, pero nada de ello afectaba a su salud de roble. Una vez repuesto de su operación de apéndice, se dispuso a volver a la batalla política.

En Inglaterra todo parecía indicar que la victoria conservadora en las elecciones de 1922 auguraba una larga etapa de estabilidad política. Sin embargo, en mayo de 1923 Bonar Law presentó inesperadamente la dimisión por graves problemas de salud, que de hecho le conducirían a la tumba en pocos meses. Para sustituirle el partido designaba a Stanley Baldwin que decidió buscar el respaldo popular convocando nuevas elecciones en diciembre de 1923, apenas trece meses después de las últimas. Para Churchill el golpe de fortuna era inesperado y prometedor. Era la oportunidad perfecta

Caricatura de Churchill en 1923, obra de Matt, en la época en la que se preparaba para su sorprendente regreso al Partido Conservador. La apuesta figura del húsar hace tiempo que desapareció.

para el regreso a los Comunes. Ahora bien, la pregunta era ¿en qué partido? El liberal en el que había militado durante dos décadas estaba profundamente dividido y era claramente una fuerza en declive. Churchill sabía que ese era un camino sin salida. La otra opción era volver con los conservadores, que no estaban dispuestos a permitir tan fácilmente el regreso del hijo pródigo, considerado un traidor y un oportunista. En sentido estricto no les faltaba razón, si bien no es menos cierto que el panorama político había cambiado notablemente en Gran Bretaña. Tras el hundimiento liberal, en el nuevo bipartidismo que se anunciaba entre socialistas y *tories,* Churchill sabía cuál era su sitio.

La meditada decisión de Churchill consistió en volver a presentarse dentro de las filas del Partido Liberal, si bien eligiendo una circunscripción, la de Leicester-Oeste, en la que su rival no era un conservador sino un laborista. Churchill desarrolló dos de sus temas favoritos: la defensa del librecambio (como hiciera ya a principios de siglo) y los ataques a los laboristas por su cercanía al bolchevismo. Sus mítines eran auténticos espectáculos en los que se hizo frecuente que el público arrojara objetos al orador (en una ocasión ladrillos). Las inevitables alusiones a Amberes y los Dardanelos caldeaban el ambiente. Una noche la policía tuvo que intervenir para evitar que las turbas le linchasen, lo que reafirmó a Churchill en sus convicciones de que los laboristas defendían métodos trotskistas, es decir «asesinar a los que no podían convencer».

Al igual que en 1922, Churchill resultó derrotado por un amplio margen de más de cuatro mil votos. Los resultados en el resto del país fueron bastante más inesperados. Los conservadores obtenían la victoria, si bien quedaban en minoría ante la suma de los laboristas y los liberales (258 frente a 191 más 159). Baldwin anunció entonces su intención de formar gobierno en minoría lo que desencadenó los acontecimientos. A comienzos de 1924 los liberales, en una decisión que sellaría su destino, decidían apoyar la moción de censura presentada por los laboristas en los Comunes. Poco después, el rey Jorge V, entregaba el poder a Ramsay MacDonald, quien de este modo se convertía en el primer jefe de gobierno socialista elegido democráticamente en Europa Occidental.

Para Churchill la formación del gobierno laborista era poco menos que una catástrofe nacional. La prueba de que el virus del bolchevismo que había traído la Gran Guerra a Europa se estaba extendiendo desde las lejanas estepas rusas. Tal y como pronosticara, el huevo se había roto y los polluelos bolcheviques habían atravesado el Canal de la Mancha. Por supuesto, la opinión que le merecían los liberales, que con sus votos habían permitido el ascenso laborista, no podía ser peor. Según sus propias palabras era algo tan antinatural como si los misioneros ayudaran a los caníbales.

Sin duda alguna Churchill exageraba prediciendo todo tipo de desastres con los laboristas en el poder. MacDonald no era Lenin y no traía la revolución. Representaba a un socialismo de base sindicalista (las *Trade Unions*) que ante todo pretendía mejorar la situación material de los trabajadores, muy deteriorada por la crisis económica de posguerra. Además, los laboristas estaban en minoría en los Comunes y su acción de gobierno dependía de los votos liberales que, para reforzar su imagen de independencia, se habían negado a formar parte del ejecutivo. En realidad, era la excusa perfecta que Churchill andaba buscando para abandonar la nave liberal. La situación le ofrecía la posibilidad de hacer un discurso catastrofista que le fuera acercando paulatinamente al Partido Conservador. En efecto, Baldwin, que no profesaba tanta inquina personal hacia Winston porque pertenecía ya a otra generación de dirigentes conservadores, empezaba a ver con buenos ojos su acercamiento al partido en un momento en que este se hallaba necesitado de toda la ayuda posible para derrotar a los laboristas.

El regreso del hijo pródigo se produjo paulatinamente a lo largo de 1924. Al quedar vacante por defunción el distrito londinense de Westminster, Churchill decidió presentarse buscando la cobertura del Partido Conservador. En el seno de la organización se desarrolló entonces una pugna algo embarazosa. Los conservadores locales tenían su propio candidato mientras tanto a nivel nacional, la cúpula del partido apoyaba indirectamente a Churchill, que al final optó por presentarse bajo la ambigua etiqueta de «constitucionalista». La campaña fue mucho menos dura que las anteriores, ya que Westminster era una circunscripción habitada por lo mejor de la sociedad londinense. Churchill se dedicó a pasearse por el distrito en un carruaje tirado por cuatro caballos haciendo propaganda con su sola presencia, si bien el resultado fue una nueva derrota, aunque por tan sólo cuarenta y tres votos de un total de 22.000. Lo importante, no obstante, no era el resultado sino que Winston Churchill había consumado una nueva pirueta política regresando al partido conservador, el mismo que había abandonado en 1904. Como un periódico publicó en aquellos días:

> Si bien cambia de partido con la misma facilidad con que se cambia de pareja en un baile, Churchill siempre ha sido fiel al único partido en el cual realmente tiene fe, el que se encuentra bajo el sombrero del señor W. Churchill.

En octubre de 1924 los liberales retiraron su apoyo al gobierno laborista después de tan sólo nueve meses de colaboración. El país se vio abocado a la tercera elección en dos años. En esta ocasión Churchill—que afrontaba nada menos que su cuarta campaña desde 1922— ya pudo presentarse con todos los parabienes oficiales del partido conservador por el distrito rural de Epping, en el condado de Essex, al que representaría durante los siguientes cuarenta años. La campaña estuvo hecha a su medida. El debate giró en torno a la influencia que Moscú ejercía sobre el laborismo inglés. La campaña se caldeó cuando se filtró la noticia de que Zinoviev, presidente de la III Internacional Comunista *(Komintern)*, había mandado una carta (la famosa Carta roja) a los comunistas ingleses incitándoles a la sublevación. En este ambiente Churchill se movió a sus anchas. Su prestigio como antisocialista convencido le hizo ser aclamado en su distrito. Su victoria por más de seis mil votos fue rotunda. La de su nuevo partido también: 419 actas frente a 151 de los laboristas y tan sólo cuarenta de los liberales a quienes el electorado pasaba factura por su errática política.

Una vez más Churchill había sabido elegir a tiempo intuyendo las preferencias del electorado. El Partido Conservador, de la mano de Baldwin, se había convertido en el baluarte frente al socialismo. En ese proyecto evidentemente debía haber un lugar para un anticomunista convencido como él. Sus méritos no pasaron inadvertidos para el nuevo primer ministro.

LA TOGA DE LORD RANDOLPH (1924-1929)

El nombramiento de Churchill como canciller del Exchequer fue una sorpresa para casi todos, incluido el propio interesado. En Gran Bretaña este cargo es el siguiente en importancia al de primer ministro y habitualmente se piensa que quien ocupa esta cartera será el encargado de sucederle al frente del gobierno. Para muchos conservadores el ascenso del renegado Churchill a las más altas cumbres del poder era algo inexplicable. Más aún teniendo en cuenta que la personalidad de Baldwin —un acaudalado hombre de negocios, tranquilo y campechano fumador de pipa que intentaba imprimir a la política altas dosis de sosiego y moderación— era en todo opuesta a la suya. En realidad Baldwin, a pesar de su bonachona apariencia externa, era un hombre frío y pragmático al que inquietaba la posibilidad de un nuevo entendimiento entre Winston y Lloyd George que pudiera desestabilizar a

La revista norteamericana *Time* se hace eco del nombramiento de Churchill como canciller del Exchequer. Su trayectoria política siempre fue seguida con interés del otro lado del Atlántico.

su ejecutivo. Además, el nuevo jefe de Gobierno no se caracterizaba precisamente por sus brillantes dotes oratorias y el apoyo parlamentario del viejo y avezado Churchill podía resultarle de gran ayuda.

El cargo de canciller del Exchequer encerraba una honda carga emocional para Churchill. Se trataba de ocupar el mismo honor que en su día desempeñara lord Randolph, su padre. Durante años su difunta madre había estado guardando con mimo y cuidado la vieja toga de ceremonias negra y oro que el ministro de Hacienda debía lucir en las grandes ocasiones. Ataviado con ella pronunció Churchill su primer discurso en los Comunes presentando la política económica del gobierno. Con doce años, él había asistido a un acto similar protagonizado por su padre en 1886. Ahora su hijo, bautizado precisamente también como Randolph, estaba escuchándole desde la tribuna de invitados. Aquel fue quizá uno de los momentos más emotivos de su larga carrera parlamentaria. No obstante, es probable que algo más cruzara por el pensamiento de Winston Churchill: a despecho de las críticas de lord Randolph había sido capaz de llegar tan alto como él. Sin duda, una pequeña e íntima revancha por sus sufrimientos en los años escolares.

No puede decirse que Churchill fuese precisamente un experto en economía, pero durante los cinco años siguientes el flamante canciller guiaría sin complejos las finanzas británicas por las procelosas aguas de la economía mundial. La retórica de Churchill era capaz de embellecer el más árido discurso sobre los presupuestos y proporcionó un poco de colorido y cierta animación a un Gabinete como el de Baldwin en el que la mediocridad y la atonía eran las notas dominantes. En líneas generales Churchill intentó siempre mantener el equilibrio presupuestario recurriendo si era preciso a expedientes ingeniosos, como el establecimiento de un impuesto (que luego se vio obligado a eliminar) sobre la popular tradición británica de las apuestas en las carreras de caballos, que sirviera para compensar el aumento de gastos sociales que la mala situación económica demandaba. También durante estos años forzó algunos recortes en los presupuestos de defensa, aprovechando el ambiente general a favor del desarme.

Fue una suerte que Churchill abandonara el puesto poco antes del estallido de la crisis mundial de 1929, porque ello le permitió mostrar un balance moderadamente favorable de su gestión. Su política económica se caracterizó por la ortodoxia financiera y, aunque se le criticó *a posteriori* aduciendo que sus planteamientos estaban anticuados y fueron negativos para el país, lo cierto es que Churchill siempre buscó el apoyo y asesoramiento técnico y que nunca adoptó una determinación importante sin contar con este aval. La decisión más polémica y trascendente de su mandato fue, sin duda, el retorno en abril de 1925 al patrón oro. La libra se había devaluado en un diez por ciento desde 1914 y devolverla a su antiguo valor en oro por decreto podría tener consecuencias económicas negativas a corto plazo reduciendo la competitividad de los productos ingleses en el extranjero. Así lo sostenía el famoso economista John Maynard Keynes quien, tras conseguir reputación mundial con su libro *Las consecuencias económicas de la paz,* lanzó al mercado un opúsculo sobre la cuestión con el expresivo título de *Las consecuencias económicas del señor Churchill.* Churchill, que dudó mucho antes de adoptar esta medida, emplearía los cinco años de su mandato luchando contra las consecuencias negativas desencadenadas por su propia política.

El primer sector de la economía británica que experimentó los efectos de la decisión del ministro de Hacienda fue la minería. El carbón, que había sido en tiempos el pilar de la revolución industrial de las islas británicas, en los años veinte se había convertido en una rémora para el país. Durante la Gran Guerra el Gobierno, necesitado del carbón para alimentar la industria bélica, adoptó una política de subvenciones que contribuyeron a mantener artificialmente al sector. La paz trajo consigo la desaparición de las ayudas oficiales. En 1926 las compañías propietarias decretaron una baja de los salarios y un aumento de las jornadas de trabajo. Los sindicatos mineros respondieron con la huelga. El 3 de mayo las *Trade Unions* proclamaron la huelga general en toda la nación, en solidaridad con los trabajadores del carbón. Pararon los tranvías, autobuses, el metro, los puertos, las empresas del gas, la electricidad y las imprentas. Gran Bretaña quedó sumida en la parálisis. El Gobierno declaró el estado de emergencia.

A pesar de la tensa situación y el ambiente de guerra de clases, el pueblo británico reaccionó con el civismo que le caracterizaba. No se registraron apenas incidentes violentos. Las clases medias y altas se movilizaron de forma sorprendente. Ya que el transporte público estaba paralizado, los propietarios de vehículos

los pusieron a disposición del gobierno para trasladar a sus puestos de trabajo al que lo deseara. Multitud de voluntarios se ofrecieron para conducir las locomotoras, los camiones o para poner en marcha las centrales eléctricas. En cuanto al máximo responsable de la economía británica, Winston Churchill reaccionó con energía y prontitud. Probablemente pensó que aquello era lo más parecido a la revolución y que era preciso actuar con contundencia. A pesar de la huelga de tipógrafos, logró hacerse con una imprenta desde la que editar una hoja diaria, redactada casi enteramente por él mismo. Esta denominada *British Gazette,* de la que llegaron a tirarse dos millones y medio de ejemplares diarios, fue el único periódico que circuló durante los días de la huelga. Sus páginas estaban llenas de pura y simple propaganda. Churchill presentaba en ellas el conflicto como un asunto «constitucional» en el que la nación, representada en sus instituciones democráticas y parlamentarias, se estaba viendo desafiada por un grupo de revolucionarios que pretendían poner de rodillas por la fuerza al Gobierno de Su Majestad.

Tras nueve intensos días, y ante la hostilidad creciente por parte de la sociedad, las *Trade Unions* cedieron y la huelga fue desconvocada. Cuatro millones de trabajadores volvieron a sus puestos de trabajo, no así los mineros que continuaron en solitario su desesperada lucha. Seis meses más tarde, agotados todos sus recursos y casi hambrientos volverían a la mina, no sin antes verse obligados a aceptar las durísimas condiciones impuestas por la patronal.

La huelga general de 1926 fue una prueba tremenda para la sociedad británica. Por lo demás, el conflicto tuvo unas consecuencias desastrosas desde el punto de vista meramente económico, ya que mientras duró se perdieron mercados exteriores de forma irreversible. El rencor hacia el inflexible ministro de Hacienda que gobernaba sólo para los burgueses, no se olvidaría fácilmente. Churchill parecía haber desterrado definitivamente sus viejos planteamientos reformistas de principios de siglo. Veinte años después, el miedo a la revolución bolchevique había atrofiado su sensibilidad. Interpretó la huelga como un desafío al orden social y no como la reacción de los más humildes frente al sufrimiento provocado por la situación económica de posguerra, que su propia política había acentuado.

Efectivamente, Churchill se hallaba por aquel entonces muy lejos ya de entender el problema diario de la subsistencia humana. Viajaba en Rolls Royce, le gustaba el juego, le encantaban las comilonas en el Ritz (era un tremendo goloso) y pasaba largas temporadas de vacaciones en Francia, tomando el sol en la Costa Azul o dedicándose a la caza del jabalí salvaje en la finca de alguno de sus ricos amigos en Normandía. Cuidaba con mimo su aspecto personal. Empezó a usar la corbata de mariposa que le haría famoso y al parecer se cambiaba hasta tres veces de camisa al día. Tenía a su servicio al típico mayordomo británico, de nombre Inches, que le despertaba por las mañanas, le llevaba el desayuno a la cama con todos los periódicos matutinos, le preparaba el baño y luego le secaba y le ayudaba a vestirse. Incluso le anudaba la corbata y le ataba los cordones de los zapatos. Ciertamente nunca le sobró el dinero, pero también sus gastos suntuarios estaban muy por encima de los de la media de sus conciudadanos. En 1921 recibió una herencia de cuatro mil libras anuales al morir un pariente lejano. Con ellas y con el dinero que le proporcionó la venta de su libro *La crisis mundial* se decidió en 1922 a hacer realidad un viejo proyecto que venía acariciando desde hacía tiempo.

Churchill tenía indudablemente una mentalidad aristocrática reforzada durante sus estancias en el viejo palacio ducal de Blenheim. Seguía visitandolo con frecuencia y pasando allí algunas temporadas gracias a la generosidad de su primo el duque, pero sentía la necesidad de poseer su propio principado. Así nació la idea de adquirir Chartwell, una vieja mansión rural en Kent, a unos cuarenta kilómetros de Londres. La iniciativa de Winston fue aceptada a regañadientes por Clementine, a quien la idea de alejarse del bullicioso Londres para encerrarse en el campo con sus hijos, su marido y los amigos de este no le atraía en absoluto. Fue necesario realizar un enorme desembolso económico para adecentar la casa, un edificio de viejos ladrillos y madera carcomida. En realidad hubo que reconstruirla casi por entero en una tarea que llevó dos años y que fue supervisada personalmente por Churchill ante la irritada impotencia de su arquitecto. En 1924, prácticamente coincidiendo con su nombramiento como canciller del Exchequer, se realizó la mudanza a la nueva residencia, una mansión de tres pisos, diecinueve dormitorios, cinco salas y ocho cuartos de baño.

En Chartwell Churchill se sentía a sus anchas. Llegó a calificarlo como «un paraíso en la tierra». Aquella casa se convirtió en el hogar que toda su vida había estado buscando, desde que su madre le llevara de niño al primer internado. Llevado por una actividad incesante, remodeló todo el entorno de la mansión. Construyó pozos, terrazas, lagos y una piscina con una monumental cascada. A veces se le podía ver sentado delante del lago pertrechado con una gran caja de llena de galletas, migas de pan y gusanos vivos dedicándose a alimentar a los peces. También levantó un invernadero y una casita en el jardín para que los niños pudieran jugar en ella. Él mismo, ataviado con un mono de trabajo, colocaba ladrillos personalmente tal y como quedó reflejado en una famosa fotografía de aquella época. Incluso tuvo la humorada de darse de alta en el Sindicato de Obreros de la Construcción y exhibía con orgullo su carnet sindical. Una lápida colocada en el muro recuerda todavía hoy al curioso visitante que «Entre los años 1925 y 1932, Winston Churchill edificó esta pared con sus propias manos».

El centro neurálgico de la casa era el enorme estudio con su techo de gruesas vigas de roble y sus amplios ventanales con vistas al paisaje circundante. Allí Churchill trabajaba sobre la mesa de despacho que perteneciera a su padre. Los fines de semana la casona se llenaba de invitados que acudían a las espléndidas fiestas del anfitrión. Entre los asiduos estaban algunos de sus amigos personales como el magnate de la prensa lord Beaverbrook, el dirigente conservador conde de Birkenhead o el periodista y financiero Brendan Bracken. Tampoco faltaba Frederik Lindemann, profesor de Filosofía Experimental en la Universidad de Oxford, a quien todos llamaban «el profe» y que actuaba como asesor científico del grupo. Otros egregios invitados fueron su viejo colega Lloyd George, o Lawrence de Arabia, que causó sensación al presentarse ataviado con espectacular túnica y turbante. También frecuentó la mansión Charles Chaplin, quien provocaba las iras de Churchill defendiendo sus ideas socialistas para, a continuación, distender el ambiente regalando a los presentes una escenificación de su personaje de Charlot. En las tertulias que se prolongaban hasta altas horas de la madrugada Churchill tenía a bien incluir a su hijo Randolph en quien ya pensaba como una especie de heredero o sucesor. Este se había ido convirtiendo en un joven peligroso. Ignorado y menospreciado por su propio padre durante su infancia, Winston Churchill prodigó en exceso atenciones a su primogénito hasta convertirle en un chico auténticamente malcriado. Randolph, que idolatraba a su padre, procuraba imitarle en todo lo que podía, pero el resultado fue lamentable. Así, por ejemplo, mientras que Churchill siempre controló su afición a la bebida, Randolph fue cayendo poco a poco en una

Chartwell. Aquí en una memorable tertulia Lindemann, «el profe», respondió al reto de Churchill calculando en unos instantes el champán bebido por este en toda su vida. Era el equivalente al volumen de un vagón de ferrocarril.

progresiva dependencia del alcohol. Su carácter pendenciero y bravucón provocó su expulsión del prestigioso colegio de Eton.

Chartwell y el modo de vida que lo rodeaba conllevaba muchos gastos. Demasiados. Churchill había empleado una fortuna en reconstruir la casa y su mantenimiento, que incluía dieciocho criados, le costaba otra. Sus rentas y el sueldo como miembro del Gobierno no eran suficientes. No dejaba de ser irónico que el ministro de Hacienda del Imperio británico pasase apuros económicos. Para reforzar las finanzas familiares Churchill tenía que trabajar horas extras. Su necesidad de dinero le empujaba, como siempre, a la escritura. Como conocía a casi todo el mundo importante en el país, tenía opinión sobre casi todos los temas imaginables y poseía una innata facilidad para expresarse por escrito. Churchill se dedicó durante estos años a cultivar el género periodístico. Podía dictar un par de miles de palabras sobre cualquier cosa prácticamente sin levantarse de la cama. Como era un personaje célebre, todo lo que él publicaba se vendía y sus opiniones estaban siempre en el centro de la polémica nacional. El contar con amigos influyentes en el mundo de la prensa como Beaverbrook también era, indudablemente, una ayuda. Churchill calculaba sus ingresos por este capítulo en unas no despreciables veinte mil libras al año.

La actividad de Churchill podía resultar agotadora... para los que le rodeaban. A Clementine le agobiaba y sofocaba el ambiente masculino de Chartwell, las largas cenas, las interminables tertulias, así que adoptó la costumbre de tomarse cada año unas vacaciones sin su marido. También sus compañeros de Gabinete pudieron experimentar en carne propia los efectos de la cercanía del incansable ministro de Hacienda, interesado no sólo por los asuntos propios de su cartera, sino por los de otros departamentos, singularmente los relacionados con la política exterior.

Un elemento de preocupación en la Europa de estos años era el régimen fascista de Benito Mussolini, establecido en 1922. Churchill consideraba que los latinos eran una raza difícil de gobernar y que un poco de mano dura no les venía mal. Pero, sobre todo, veía a Mussolini como el hombre que había salvado a Italia de la revolución bolchevique, el auténtico cáncer de Europa. En su opinión «Italia estaba demostrando al mundo que existen medios para persuadir a las masas populares de defender la estabilidad social y conseguir para las naciones civilizadas el antídoto contra el veneno ruso». Aprovechando unas vacaciones en Egipto, en las que se dedicó a pintar las pirámides, Churchill hizo una escala en Roma donde fue recibido por el *Duce*.

Tras la entrevista concedió unas declaraciones a la prensa en las que afirmó con su característica rotundidad que «si fuese italiano, estaría seguramente con él en su lucha triunfante contra los apetitos bestiales del leninismo». Estas palabras causaron enorme revuelo en Gran Bretaña, y suelen ser citadas como muestra de la tendencia autoritaria de Churchill que, una vez más, estaba anteponiendo sus prejuicios antibolcheviques a cualquier otra cosa.

También estaba muy pendiente de lo que ocurría en Alemania. Churchill siempre pensó que debía ser integrada en el concierto de las naciones democráticas con el fin de alejar de Centroeuropa el fantasma del comunismo soviético. Por eso, en 1925, fue uno de los que saludó con optimismo la firma del Tratado de Locarno entre alemanes y franceses por el cual los primeros aceptaban voluntariamente las fronteras occidentales de su país impuestas por Versalles y entraban en la Sociedad de Naciones de la que habían sido excluidos en su fundación. Por su parte, París devolvía la región de Renania a cambio de su desmilitarización. La reconciliación franco-alemana parecía garantizar un horizonte de paz para Europa.

A finales de 1928 la situación interna de Gran Bretaña volvió a concentrar toda la atención de Churchill. La crisis política estaba en el aire. Desde la huelga minera de 1926 el país se había recuperado al menos en apariencia. Se respiraba una cierta tranquilidad y hasta prosperidad, si bien todavía un millón de ingleses estaban en el paro. En mayo de 1929 Baldwin convocó elecciones generales a las que los conservadores concurrieron con un programa articulado bajo la idea de la seguridad y la continuidad *(Safety first)*. Los resultados fueron en buena medida una sorpresa ya que los laboristas se alzaban con el triunfo (287 actas, frente a 260 conservadores y 60 liberales). A pesar de las dificultades propias de quien está en minoría, MacDonald formó gobierno. Volvía a Downing Street después de la efímera experiencia de 1924.

Para Churchill, que había sido reelegido con facilidad por su distrito de Epping, este era un revés inesperado. Su futuro político se presentaba ahora como muy incierto. Sus relaciones con Baldwin habían ido empeorando progresivamente, como no podía ser de otro modo tratándose de dos caracteres tan diferentes. El primer ministro saliente confió a un familiar que, si alguna vez volvía a formar gobierno, jamás contaría de nuevo con él. A finales de los años veinte empezaba a resultar visible que el estilo político de Churchill se estaba quedando anticuado. Las apariciones espectaculares, los gestos teatrales, la retórica de los discursos ensayados y aprendidos de memoria ante el espejo ya no estaban de moda. El momento pertenecía a hombres como Baldwin, prosaicos, concienzudos y más bien grises. Tampoco su línea de actuación política se ajustaba a los tiempos. Tras la victoria electoral de los laboristas, seguir equiparándolos con los bolcheviques de Lenin y Trotsky, empezaba a sonar como fuera de lugar. Los socialistas ingleses habían optado muy claramente por una opción reformista y no revolucionaria y buscaban ampliar su base social entre las clases medias a las que ofrecían un programa tranquilizador. Más política social y un papel más activo del Estado en tiempos de dificultades económicas eran para muchos, a esas alturas del siglo, una cuestión de elemental justicia social, que no hacía peligrar el orden establecido. En fin, con sus adversarios laboristas en el poder y sin gozar de la confianza del jefe conservador, en 1929, una vez más, la carrera de Winston Churchill parecía a punto de concluir.

6

Profeta en el desierto
(1929-1939)

> *Todas esas bandas de jóvenes teutones que recorren*
> *Alemania con el deseo, reflejado en sus ojos, de*
> *sacrificarse por su patria no piensan en la igualdad*
> *de armamentos. Quieren armas, ciertamente, y*
> *cuando las tengan, creedme, pedirán la restitución de*
> *los territorios perdidos, de las colonias perdidas. Mas*
> *debéis pensar en esto: cuando estas exigencias sean*
> *formuladas, no podrán menos de conmover, quizá*
> *hasta sus bases mismas, a todos los países del mundo.*

> Discurso a los Comunes, 1932
> Winston Churchill

Más allá del pasillo (1929-1935)

En el otoño de 1929 la Cámara de los Comunes abría sus puertas para dar comienzo a un nuevo período de sesiones. En la histórica sala rectangular los flamantes ministros del Gobierno laborista de Ramsay MacDonald ocupaban sus asientos de cuero verde situados, según manda la tradición, a la derecha del *Speaker* o presidente.

Detrás de ellos se situaban los diputados de la mayoría. Enfrente, al otro lado del pasillo, los seguidores de Stanley Baldwin se acomodaban en las bancadas reservadas a la oposición. A pesar del alboroto reinante, la entrada en escena de Winston Churchill no pasó desapercibida para casi nadie. Había cierta expectación con respecto a la actitud que decidiría adoptar en el nuevo Parlamento. Serio y con paso firme, el ex ministro de Hacienda fue recorriendo el corredor transversal, que divide en dos mitades la sala, para ir a sentarse al final del mismo, justamente enfrente del *Speaker*. El gesto de Churchill no dejaba lugar a dudas. Cuando en la Cámara de los Comunes un diputado toma asiento «más allá del pasillo», junto a los representantes de los pequeños partidos, sólo cabe una interpretación. Está demostrando su independencia tanto frente al Gobierno como ante la oposición. Aunque formalmente dentro de la obediencia conservadora, Churchill, de este modo, deseaba subrayar su libertad de acción frente al liderazgo de Baldwin con el que se mostraba en creciente desacuerdo. Este día en los Comunes prefiguraba lo que iba a ser el futuro. Durante los diez años siguientes Winston Churchill, alejado del poder, enemistado con todos o casi todos, caminaría en soledad por lo que él mismo denominó «el desierto de la política».

No puede decirse que los laboristas tuvieran mucha fortuna en los comienzos de su mandato. En octubre de 1929 se producía el *crack* de Wall Street. La crisis económica se abatió sobre los Estados Unidos, repercutió luego sobre Europa Central y finalmente afectó a Gran Bretaña. En 1930 los parados eran dos millones. En 1932 eran casi tres. Una sexta parte del presupuesto nacional se destinaba al subsidio de paro, el llamado *dole,* mientras tanto el déficit crecía y la libra se hundía en los mercados internacionales. En 1931 la situación de la economía británica era casi desesperada. Para recuperar la confianza de los inversores MacDonald se mostraba partidario de equilibrar el presupuesto pero, para ello, era preciso reducir las partidas destinadas al *dole*. El ala izquierda del Partido Laborista se negó tajantemente. Ante la crítica situación el primer ministro, tras conferenciar con el Rey, anunciaba la formación de un Gobierno de Coalición Nacional, presidido por MacDonald pero con la presencia de conservadores (Baldwin entre ellos) y liberales. Como consecuencia se producía la ruptura del Partido Laborista entre los partidarios y adversarios del acuerdo.

El nuevo gabinete tomaba medidas drásticas para recortar el gasto y decidía el abandono del patrón oro para la libra esterlina. En un solo día la histórica medida pasó todos los trámites preceptivos: votación en los Comunes, ratificación en los Lores y sanción del Rey. La devaluación fue inmediata, la moneda británica perdía un 30 % de su valor, pero se salvaba la reserva de oro del Banco de Inglaterra y se contenía la inflación. Una vez pasado lo peor, el Gobierno de Coalición convocaba elecciones en octubre de 1931 para que el electorado ratificase las severas medidas adoptadas. El triunfo conservador fue abrumador (472 frente a 65 liberales y tan solo 52 laboristas). A pesar de ello se decidía mantener la fórmula de coalición y MacDonald continuaba como jefe del ejecutivo aunque en realidad el poder residía en Baldwin.

Winston Churchill no fue más que un mero espectador en todos estos acontecimientos. El abandono en 1931 del patrón oro significaba, en realidad, una desautorización total de su política económica como canciller del Exchequer y, sin embargo, Churchill ni siquiera protestó. Su punto de vista sobre el laborismo no había cambiado, aunque se mostró comprensivo ante la formación del Gobierno de concentración dada la situación de emergencia nacional. A pesar de ello, Ramsay MacDonald era frecuente objeto de sus pullas. En una memorable ocasión, Churchill comentó el sospechoso parecido que el primer ministro tenía con la atracción circense del «fenómeno sin huesos», por su capacidad para encajar los golpes y volver a levantarse como si tal cosa. Otra vez se refirió a una notable virtud del jefe de Gobierno: «Tenía la facultad de envolver en un número de palabras máximo una cantidad de pensamiento mínima». Tampoco Baldwin, el líder conservador, escapaba de su ácida ironía. Según Churchill: «Tenía la costumbre de tropezar a veces con la verdad, pero se levantaba y seguía andando como si nada le hubiese ocurrido». Estos efímeros éxitos, fruto de una dialéctica parlamentaria que controlaba a la perfección, no le compensaban la amargura del momento que vivía. Parecía haber envejecido (un fenómeno curioso que le ocurría siempre que no estaba en el poder). Según su amigo lord Beaverbrook, semejaba «un fuego sofocado».

Perdida la condición de ministro, las necesidades económicas volvían a ser un problema para alguien tan acostumbrado a la buena vida. Esa fue una de las razones que impulsaron a Churchill a realizar una gira de conferencias por los Estados Unidos y Canadá en 1929. Fue agradable comprobar como del otro lado del Atlántico era una auténtica celebridad. Churchill pudo percatarse de la enorme extensión de aquellos territorios y de la potencialidad sin límites que encerraban. En California visitó Hollywood, donde le fueron presentadas numerosas estrellas del cine, y se hospedó en San Simeón, el fabuloso rancho propiedad de William Randolph Hearst, el poderoso magnate de la prensa en cuya vida se inspiraría pocos años después Orson Welles para *Ciudadano Kane*. De su encuentro salió un jugoso contrato por el que el político británico se comprometía a colaborar en la cadena de periódicos del multimillonario californiano. Churchill se encontraba en Nueva York

Breve historia de Winston Churchill

En 1929 Churchill visitó Hollywood. El cine siempre le fascinó y contaba entre sus amigos con productores como Alexander Korda y actores como Chaplin (en la foto) o Lawrence Olivier.

cuando se produjo el desplome de Wall Street en octubre de 1929. La crisis bursátil tuvo también negativas consecuencias para su propia economía, ya que había invertido cierto capital en acciones. Decididamente Nueva York no le traía suerte. Menos de dos años después, con ocasión de otra gira de conferencias pagadas, al cruzar la Quinta Avenida, olvidó que el sentido del tráfico en América no era el mismo que en Gran Bretaña, y fue atropellado por un taxi. El resultado fueron varios huesos rotos y una hemorragia interna. Como luego recordaría con humor, el del taxi fue el tercer golpe que sufría en muy poco tiempo. El primero había sido su salida del poder y el segundo, las pérdidas experimentadas en la Bolsa.

La falta de liquidez económica empujó de nuevo a Churchill hacia la literatura. En la década comprendida entre 1929 y 1939, a falta de otra actividad su principal ocupación fue la de escribir a destajo. Seguía colaborando asiduamente en los periódicos. Su tarifa era alta, pero su firma vendía ejemplares. Churchill era un experto en aprovechar sus experiencias personales para, a partir de ellas, alumbrar un artículo. En otras ocasiones se dedicaba a la mera especulación intentando responder a preguntas tan sugerentes como: «¿Nos suicidaremos todos?» o «¿Hay hombres en la Luna?». También afrontó la realización de obras de mayor calado. En 1930 publicó *Los primeros años de mi vida,* según los críticos su mejor y más entretenido trabajo sobre el que en los años setenta Richard Attenborough realizaría una película, *El joven Winston.* Se trataba de un recorrido autobiográfico redactado como una novela de aventuras en el que el autor narraba su infancia con un cierto tono de melancolía y recordaba todas las vibrantes gestas que le hicieron famoso en su juventud. Al año siguiente afrontó el último volumen que quedaba pendiente de *La crisis mundial.* En 1932 se editó *Pensamientos y aventuras,* una recopilación de artículos y ensayos de tema diverso, pero la mayor parte centrados en recuerdos personales. Bastante más tarde, en 1937 vería la luz *Grandes contemporáneos,* una colección de biografías en la que recorría la vida de personajes tan dispares como lord Grey, el que fuera Ministro de Exteriores en 1914, Baden Powell, el creador de los *boy scouts,* o Alfonso XIII, rey de España. También comenzó una *Historia de los pueblos de habla inglesa,* que no concluiría hasta los años cincuenta. Pero, sin duda, el proyecto más ambicioso que abordó Churchill en este período fue *Marlborough, su vida y su tiempo,* la realización de la biografía de su más famoso antepasado, John Churchill, primer duque de Marlborough.

Cartel de la película *El joven Winston* (Richard Attenborough, 1972). Basada en *Los primeros años de mi vida,* incluye algunos elementos que no están en el original, como la relación freudiana de Winston y su madre, y, sobre todo, una irónica mirada muy de los años setenta sobre el pasado imperial.

Hacía largo tiempo que Churchill llevaba acariciando esta idea. Cada vez que visitaba Blenheim y recorría los fríos pasillos del palacio sentía la llamada de la historia. Su primo *Sunny,* el noveno duque, llevaba largo tiempo custodiando para él los papeles personales de Marlborough que se guardaban en el palacio. En 1931, con la ayuda de varios asesores, Churchill se lanzaba con entusiasmo a la tarea. La obra constaría de cuatro volúmenes que se fueron publicando hasta 1938. Enseguida llamó la atención de sus colaboradores el método de trabajo de Churchill, que comenzó a dictar el texto antes de haber completado el proceso de recogida de datos. Y es que, como dijo a su asesor histórico: «Deme los hechos y yo los ordenaré de modo que se adapten a mi argumentación». Al igual que en su otra gran biografía, la que escribió sobre su padre, lo importante de Marlborough no eran los acontecimientos históricos, sino la épica del personaje. Y también en esta, como en todas las obras de Churchill, se detectaban rasgos autobiográficos. El autor añoraba los tiempos heroicos de su antepasado. Una época en la que grandes líderes conducían a la gloria a pueblos valientes y abnegados. A comienzos de los años treinta daba la impresión de que el heroísmo de entonces había desaparecido de Inglaterra. En los gobiernos, sobre todo entre sus miembros laboristas, se respiraba una sensación de resignación y abandono ante un destino de decadencia presumiblemente inevitable. En 1930, por ejemplo, se firmaba en Londres un Tratado Naval, por el que se estipulaba la paridad entre la flota de guerra de los Estados Unidos y la británica. Gran Bretaña abandonaba de un solo golpe la política naval dominante desde Trafalgar, según la cual la *Royal Navy* debería ser siempre superior a la suma de las dos escuadras que la siguieran en importancia. Después de más de un siglo renunciaba voluntariamente al dominio de los mares sobre el que había edificado su imperio.

Un Imperio en el que se estaban registrando cambios de trascendencia histórica. En 1931 se aprobaba el Estatuto de Westminster en función del cual Canadá, Australia, Nueva Zelanda y la Unión Sudafricana rompían sus últimos lazos jurídicos con la metrópoli. A partir de entonces, sólo la Monarquía actuaría como nexo de unión. Al año siguiente, en la Conferencia de Ottawa, la *Commonwealth* abandonaba oficialmente el librecambio para establecer un sistema de preferencia imperial en el comercio. Era una manera de hacer frente a la crisis económica que se abatía sobre el mundo, cerrando filas en torno a la madre patria. En Irlanda, sin embargo, los acontecimientos estaban tomando otro rumbo. Éamon de Valera, el jefe del Gobierno autónomo, estaba recorriendo rápidamente el proceso hacia la independencia plena por la que siempre luchó. En 1937 nacía la República de Eire. Lo que treinta años antes hubiera sido motivo para una guerra civil, ahora era contemplado por muchos ingleses, incluido el mismo Churchill, como algo en el fondo inevitable. No obstante, la herida no se cerraba del todo ya que el futuro del Ulster seguía en el aire.

Un asunto muy diferente era el problema de la India. Durante la Gran Guerra, los ingleses habían hecho ciertas promesas de autonomía para estimular de este modo el apoyo a su causa. Ahora, un líder carismático, mitad santón, mitad revolucionario, de nombre Gandhi, había comenzado a recordar a Londres sus compromisos. Para Churchill conceder el autogobierno a la India —«la más brillante y preciosa joya de la Corona del Rey que, más que ningún otro de nuestros dominios o dependencias, cimenta la gloria y la fortaleza del Imperio británico»— significaría un peligroso precedente. Hasta entonces el Estatuto de Dominio se había reservado para aquellas posesiones pobladas por blancos. Si se extendía ahora a los pueblos de color, sería

En 1931, Gandhi visitó Inglaterra donde fue recibido con todos los honores por parte de la izquierda británica contraria al imperialismo. A pesar de sus diferencias ideológicas, la relación de Chaplin con Churchill fue siempre amistosa.

el principio del fin. Para Churchill, aquel joven oficial de caballería de guarnición en la India a finales del siglo XIX, la lucha revestía un fuerte componente sentimental. El Imperio que él había ayudado a edificar no podía venirse abajo. Churchill combatió contra la autonomía para la India con la pasión con la que siempre luchaba por las causas en las que creía. Su bestia negra era Gandhi, «ese sedicioso abogado de los Supremos Tribunales que ahora se las da de faquir, de una clase que en Oriente se conoce muy bien, subiendo medio desnudo por los escalones del Palacio del Virrey». A su juicio «debería ser acostado, atado de pies y manos a la entrada de Delhi, y después pisoteado por un enorme elefante montado por el nuevo Virrey». Churchill denunciaba la terrible hipocresía de aquellos que, como Gandhi, «predican los principios del liberalismo occidental y presumen de filosofía democrática, pero niegan el derecho a la vida de sesenta millones de compatriotas a los que llaman intocables [...]. Será funesto el día en que el poder británico deje de asegurar la protección legal de estos desdichados».

Durante los cinco años comprendidos entre 1930 y 1935 Winston Churchill batalló en solitario contra las reformas indias. Fueron un tiempo y un esfuerzo derrochados en vano. La Ley de Gobierno para la India que finalmente se aprobó en esa última fecha no la concedía el rango de Dominio, pero aumentaba notablemente sus competencias autonómicas. El consenso entre la clase política inglesa había sido casi completo, incluso los conservadores consideraban reaccionario y pasado de moda oponerse al autogobierno de la colonia. Por otra parte la cuestión india le alejó definitivamente del líder conservador Stanley Baldwin y, de paso, disipó también sus últimas oportunidades de regreso al poder. Aquello vino a demostrar que Churchill, a pesar de los años que llevaba en política, había sido incapaz de crear un movimiento de seguidores organizado. En el fondo, fue una suerte que salieran adelante las reformas indias para que, de este modo, Churchill pudiera volver su atención hacia un personaje mucho más peligroso que Gandhi.

En 1932, en pleno proceso de documentación para su libro sobre Marlborough, Churchill viajó a Alemania con el fin de recorrer personalmente los campos de batalla en los que su antepasado conociera el triunfo y la gloria. Lo que vio le impresionó profundamente. El partido nacionalsocialista estaba a punto de alcanzar el poder. La terrible crisis económica que se había cernido sobre Alemania desde 1929 provocando seis millones de parados, junto a la inestabilidad de las instituciones democráticas de la República de Weimar, habían abierto el camino de la cancillería a Hitler y sus seguidores. Ahora las calles estaban llenas de jóvenes vestidos con camisas pardas que no dejaban de proferir consignas agresivas contra los judíos, contra el Tratado de Versalles, contra los comunistas y los liberales, abogando por una Alemania nueva, un Imperio alemán que durara mil años.

Ese año se celebraban elecciones en Alemania, las que serían las últimas en mucho tiempo, y Randolph, el hijo de Churchill, había conseguido la acreditación de periodista para informar sobre ellas. Pasó en el país varias semanas, incluso se las arregló para subir al avión personal de Hitler y conocer al *Führer* de primera mano. Randolph era todavía un periodista inexperto, pero con tan buen olfato como su padre, así que en sus artículos pudo transmitir el peligro que un triunfo nazi supondría para Europa. Como Churchill se encontraba por entonces también en Alemania trabajando en su libro, Randolph pensó que sería buena idea que el viejo político británico y el nuevo líder nazi se conocieran personalmente. Aprovechando sus contactos con algunos dirigentes del partido, se concertó una cena entre Churchill y Hitler en un hotel de Múnich. Lo que hubiera ocurrido si los dos hombres llegan a encontrarse cara a cara, y si eso habría podido afectar al curso de la historia, es algo que nunca sabremos. Hitler no se presentó a la cita. Esta fue la ocasión en que estuvieron físicamente más cerca los dos hombres que en el futuro estaban destinados a convertirse en acérrimos enemigos. En los años posteriores habría más oportunidades para el encuentro, pero Churchill siempre se negaría a ello. Pocos meses después de la frustrada entrevista, el 30 de enero de 1933, Adolf Hitler se convertía en canciller del Reich.

De su viaje por tierras germanas Churchill extrajo varias consecuencias. Se dio perfecta cuenta de que Alemania «había abandonado sus libertades para acrecentar su poder». También se apercibió de los tintes racistas del nuevo régimen que se incubaba y, ya en 1933, advirtió sobre «el despiadado modo de tratar a las minorías» que se estaba imponiendo en el nuevo Reich. Y, por supuesto, vio con claridad las implicaciones para la paz europea que tendría la subida de Hitler al poder ya que los nazis no aceptaban el tratado de Versalles. A partir de 1933 Winston Churchill elevará su voz, con preocupación creciente, intentando convencer a sus compatriotas del peligro alemán. Sin embargo, los ingleses no deseaban oír hablar de nuevas guerras. Los laboristas eran pacifistas por convicción, los conservadores para no perder votos. El Union Club de Oxford, integrado por universitarios que constituían la élite de Inglaterra, votaba en 1934 una resolución por la que sus miembros anunciaban su intención de negarse a combatir «por el Rey y por la patria». Dos ideas dominaban en aquella época. Una era el concepto de seguridad colectiva asociado a la existencia de la Sociedad de Naciones. Se partía de la premisa de que la seguridad de cada país era responsabilidad de toda la comunidad internacional, de tal modo que si una nación era atacada, el resto de los pueblos del mundo se encargaría de su defensa. La segunda idea clave era el desarme. Pero, como afirmaba Churchill, el desarme no iba a hacer más por la paz que lo que puede hacer un paraguas para evitar la lluvia. Una política tradicional de alianzas que buscara conseguir el equilibrio de poder en Europa, combinada con un vigoroso rearme, sería una garantía mucho más tranquilizadora que las etéreas promesas de seguridad colectiva basadas en la eliminación de armamentos. Durante casi una década Churchill sería un profeta clamando en el desierto.

La primera mitad de los años treinta fue un tiempo triste y deprimente para Winston Churchill. Sentía que la decadencia británica se acentuaba, lo mismo en la debilidad con que se afrontaba la autonomía para la

India que en la incapacidad para detener a Hitler. Su propio estado de ánimo, alejado del poder y escaso de dinero, era propenso como siempre al «perro negro». Se sentía mayor, ya comenzando la sesentena y cada vez más solo. En 1930 moría su amigo Birkenhead y en 1934 su primo *Sunny* Marlborough, el noveno duque que no pudo ver finalizada la biografía sobre su antepasado. Sus largas temporadas en Cannes o en Marrakech pintando o escribiendo, gracias a la generosidad de alguno de sus ricos amigos, no le reconfortaban lo suficiente. Su familia tampoco le proporcionó muchas alegrías durante este sombrío período. Puede que Churchill no fuera consciente de ello, pero lo cierto es que en los que le rodeaban comenzaba a pasar factura el hecho de contar como cabeza de familia con alguien tan excepcional como él. Su mujer, Clementine sabía cómo defenderse de la abrumadora personalidad de su marido y por ello alargaba cada vez más sus vacaciones fuera del hogar. En quienes se mostraban ahora los efectos devastadores de tener cerca a Churchill era en sus hijos.

Randolph era ya ingobernable y las riñas con su padre, por quien sentía verdadera devoción, se hacían cada vez más frecuentes debido a que los dos eran muy parecidos, dos egos muy poderosos y prepotentes. Oficialmente había comenzado a dedicarse al periodismo, como hizo Winston en sus primeros tiempos, pero en realidad su ocupación fundamental consistía en cortejar a mujeres, casadas o no, beber, jugar y provocar riñas en las reuniones de la alta sociedad. En 1935, Randolph decidió dar los primeros pasos en política y se presentó bajo la etiqueta conservadora por Liverpool, donde ya existía otro candidato del mismo partido. El resultado fue la división del voto y que el distrito, por primera vez en su historia, fuera representado en los Comunes por un diputado laborista. Su perspectiva vital parecía ser única y desgraciadamente convertirse en mera caricatura de su padre. En cuanto a sus dos hijas mayores, el panorama no era mucho mejor. Diana, que empezaba a exhibir unos rasgos neuróticos cada vez más acusados, se casó en 1932 con un miembro de la aristocracia, de quien se divorció en 1935 debido a la afición de su marido a la bebida. Ese mismo año contraía matrimonio con Duncan Sandys, un joven y prometedor diputado conservador, más tarde ministro con Churchill, que pareció encarrilar la vida desorientada de la joven. En cuanto a Sarah, decidió que su vocación era el teatro y comenzó a trabajar como corista. En 1936 se escapó de casa para irse a Nueva York para casarse con un conocido actor de vodevil de la época, dieciocho años mayor que ella. La reconciliación entre padre e hija fue lenta y penosa. En cuanto a Mary, la menor, todavía estaba bajo los cuidados de una eficiente institutriz y la lejanía de su padre la convertiría en el miembro de la familia con mayor estabilidad emocional.

Es posible que su situación personal y familiar influyeran en Churchill para presentar la realidad con unos tintes exageradamente sombríos. También es verdad que en su denuncia del peligro alemán había un componente egoísta ya que sabía que la guerra, o su riesgo inminente, era lo único que podría devolverle un día al anhelado poder. Pero no es menos cierto que a sus sesenta años cumplidos desbordaba energía y probablemente intuía que todavía podía hacer algo grande por su patria.

SE APROXIMA LA TORMENTA (1935-1939)

En 1935 se convocaban en Inglaterra elecciones generales. MacDonald había dimitido del cargo de primer ministro por razones de salud y Stanley Baldwin se aprestaba a sustituirle. Los conservadores y sus aliados, los llamados laboristas y liberales «nacionales» (las facciones disidentes de sus respectivos partidos), obtuvieron una holgada mayoría de casi doscientas cincuenta actas. El Gobierno de coalición se mantenía aunque era evidente que los conservadores, como grupo abrumadoramente mayoritario, llevarían las riendas del poder. A pesar de una furiosa oposición en su distrito Churchill renovaba también su escaño. Nadie podía imaginar la duración excepcional que este Parlamento iba a tener. El estallido de la Segunda Guerra Mundial retrasaría la siguiente consulta electoral nada menos que hasta 1945. El Gabinete presidido por Baldwin continuó con una política de recuperación económica y de reformas sociales, aspectos ambos en los que tuvo un peso capital el nuevo ministro de Hacienda, Neville Chamberlain. En 1936 el número de desempleados había descendido a un millón.

A comienzos de ese año un suceso inesperado desplazó por unos meses a las preocupaciones sociales o económicas e incluso a la política internacional que muy pronto se convertiría en acuciante. En enero de 1936, después de veinticinco años en el trono, fallecía Jorge V. Su largo reinado, si bien no había tenido el esplendor de su antepasada Victoria, había resultado decisivo de cara a la configuración de una nueva manera de entender la Corona como doble símbolo de unidad, tanto entre las naciones como entre los individuos del Imperio. En 1932 había sido el primer rey en dirigirse a su pueblo por radio para felicitarle la Navidad, una costumbre que pronto se haría popular en todas las monarquías del mundo. El heredero, que reinaría con el nombre de Eduardo VIII, gozaba, gracias a los medios de comunicación, de una enorme popularidad sólo comparable a las estrellas de Hollywood. La crisis comenzó a incubarse el día en que los periódicos norteamericanos difundieron la noticia de que el nuevo Rey planeaba casarse con una compatriota, la hasta entonces desconocida señora Wallis Simpson. La opinión pública británica fue cogida por sorpresa cuando la nación se estaba preparando para celebrar la coronación, que habitualmente tiene lugar casi un año después del acceso al trono, con el fin de que la compleja ceremonia pueda ser ensayada a conciencia. El matrimonio real planteaba serios inconvenientes, derivados del hecho de que la candidata fuera plebeya y divorciada (estaba esperando en esos momentos el divorcio de su segundo marido) y de que el Rey de Inglaterra fuera la máxima autoridad de la Iglesia anglicana. Aunque constitucionalmente posible, políticamente tal matrimonio deterioraría inevitablemente la imagen de la familia real convirtiendo al nuevo Rey y a su cónyuge en objeto de polémica nacional e imperial. Así las cosas el primer ministro Baldwin, tras consultar con los Dominios, planteó al Rey la cuestión con toda crudeza: debía elegir entre la señora Simpson y el trono.

Las relación de amistad existente entre Eduardo y Winston Churchill no era un secreto para nadie, por eso a nadie extrañó que Churchill interviniera en la cuestión del lado de su soberano. Quizá fuera, porque como dijo su esposa Clementine, Winston era «el último creyente en el derecho divino de los reyes». Lo cierto fue que, mientras Baldwin urgía al soberano a la abdicación la única voz que se alzó en los Comunes pidiendo «tiempo y paciencia» fue la de Churchill. El resultado fue el abucheo más sonoro que el veterano diputado había de cosechar jamás en su larga carrera parlamentaria. La Cámara estaba deseosa por zanjar aquella enojosa cuestión, ante lo que consideraba la indignidad de un rey que prefería pasear de la mano de su amante por la Costa Azul antes que ocupar el sagrado trono de Inglaterra. Si se exceptúa la voz de Churchill, y la opinión de ciertos periódicos populares (en manos de algunos de sus amigos como Beaverbrook) que le hicieron coro, el país vivió con notable indiferencia la crisis que condujo a la abdicación. Acosado y sólo, tras una cena privada con Churchill en busca de un último consejo, el Rey decidía renunciar al trono que había ocupado tan sólo durante trescientos días. Los hechos se habían desarrollado con una inaudita rapidez. El día 1 de diciembre de 1936 la prensa británica publicó la primera noticia sobre el asunto. El día 11, Eduardo, convertido ya en duque de Windsor, un título de cortesía que le daba derecho al tratamiento de Alteza Real (no así a su esposa), se dirigía a la nación por medio de un discurso radiado, redactado por Churchill, para anunciar su dramática decisión. El 17 de mayo de 1937 tenía lugar en Londres la anunciada ceremonia de coronación. En lugar de Eduardo subía al trono su hermano, el duque de York, un tipo tímido, retraído, con serios problemas de tartamudez, casado y padre de dos hijas (Isabel y Margarita), que reinaría con el nombre de Jorge VI. Una nueva familia modelo habitaba en Buckingham.

Algunos dijeron que Churchill había pretendido aprovechar la crisis de la abdicación para liderar un partido «del rey» y desbancar a Baldwin del liderazgo conservador. Parece poco probable pero, en cualquier caso, Churchill se equivocó de causa ya que su actitud le acarreó una notable impopularidad. Lo peor fue que Winston dilapidó el caudal político que había atesorado en los últimos dos o tres años con su campaña de denuncia del rearme alemán y, desde luego, liquidó totalmente sus posibilidades de haber sucedido a Baldwin. Porque, ante la sorpresa general, pocos días después de la coronación de Jorge VI, el primer ministro, cansado y envejecido, renunciaba a su cargo, siendo sustituido por Neville Chamberlain, hasta ese momento canciller del Exchequer. En un medido discurso Churchill intentó recuperar el crédito perdido al pedir la unidad de todos los británicos bajo el nuevo rey para afrontar juntos las

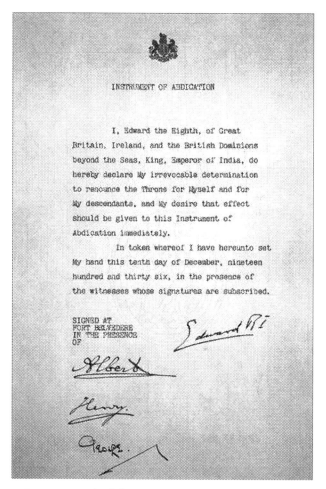

Documento de abdicación de Eduardo VIII. El ex rey nunca ocultó sus simpatías por la Alemania nazi, la cual visitó en 1937. Durante la guerra, Churchill lo alejó de Europa nombrándole gobernador de Bahamas.

terribles pruebas que les aguardaban. Tal y como dijo «los peligros se acumulan en nuestro camino. No podemos permitirnos, no tenemos derecho, a mirar atrás».

En efecto, desde comienzos de los años treinta el panorama internacional se había ido ensombreciendo paulatinamente. Las sucesivas iniciativas de Japón en Oriente y, sobre todo, de Hitler en Europa amenazaban con liquidar los restos de la Paz de Versalles abriendo paso a una nueva época en la que el chantaje y el uso de la fuerza se iban a convertir en las únicas reglas imperantes en la sociedad internacional. En 1933, Hitler denunciaba las limitaciones que el Tratado de Versalles imponía a Alemania en materia de armamento y se retiraba de la SDN. En 1934 un plebiscito devolvía la soberanía de la región del Sarre al Tercer Reich. Al año siguiente Berlín imponía el servicio militar obligatorio. En abril de 1935, Francia y Gran Bretaña se movieron conjuntamente en un intento por apuntalar el orden internacional asociando a su causa a la Italia fascista. Por entonces las relaciones entre Mussolini y Hitler no eran buenas debido a que ambos ambicionaban el control de la pequeña Austria. Reunidos en la localidad suiza de Stressa, los representantes de Francia, Italia y Gran Bretaña se comprometieron formalmente a mantener los tratados y las fronteras vigentes. Desgraciadamente Mussolini era un socio poco de fiar y antes de que acabara el año se lanzaba a una guerra de conquista contra Etiopía, el único país africano (junto con Liberia) independiente.

La agresión contra Etiopía era un hecho de una gravedad sin precedentes ya que, aunque se trataba de un país atrasado y semifeudal, era miembro de pleno derecho de la Sociedad de Naciones. Llegaba el momento de comprobar si la famosa «seguridad colectiva» tenía alguna utilidad. El resultado no pudo ser más decepcionante. Aunque se condenó la agresión y se impusieron a Italia sanciones económicas, se evitó cuidadosamente incluir entre ellas el embargo de petróleo, la única medida que podría haber detenido la maquinaria bélica italiana. En mayo de 1936 las tropas del *Duce* entraban en Adis Abeba. Etiopía había dejado de existir como Estado independiente. El Frente de Stressa quedaba hecho añicos y los dos dictadores fascistas estrecharon sus lazos.

Animado por el éxito de su colega italiano, Hitler planteó en 1936 una nueva prueba de fuerza: la remilitarización de Renania, una región fronteriza vital para la seguridad de Francia. Los franceses se volvieron hacia Inglaterra en busca de apoyo, para encontrar allí la más absoluta indiferencia. En realidad, tanto franceses como británicos sobrestimaban entonces el potencial militar alemán y desconocían que las tropas germanas tenían orden de retirarse sin combatir ante la primera señal de resistencia. No se hizo nada y Hitler pudo anotarse un gran éxito sin un solo disparo. A Churchill la concesión en el asunto renano le pareció auténticamente suicida, como tuvo ocasión de denunciar ante los Comunes en un duro discurso. También se oyó al viejo Winston clamar contra el acuerdo naval que Inglaterra suscribió con Alemania en 1935 según el cual la flota germana sólo podría llegar al 35 % de los efectivos de la británica. Para algunos era una garantía de seguridad, pero para Churchill era una peligrosa concesión que de hecho autorizaba legalmente el rearme alemán. No obstante, lo que realmente alarmaba a Churchill eran los progresos de la aviación germana. El desarrollo de la aeronáutica desde 1914 había sido intenso y se especulaba mucho acerca de los efectos que un bombardeo masivo sobre las ciudades, en particular sobre Londres, podría tener en la voluntad de resistencia de la nación. Por otro lado, una hipotética flota de invasión apoyada por una poderosa aviación, bien podría alcanzar las playas británicas a despecho de la *Royal Navy*.

Dirigida por Herman Goering, la *Luftwaffe* aspiraba a convertirse en la más poderosa fuerza aérea de Europa. Ya en 1934 Churchill había dado el primer toque de alarma. En su intervención de entonces ante los Comunes comenzó diciendo que «hemos vivido hasta ahora sólo bajo el abrigo de Marina. Tener una fuerza aérea tan fuerte como la de Francia o de Alemania, sea cualquiera la mayor, debería ahora ser una decisión a adoptar por este Parlamento». A continuación afirmó, ante la estupefacción general, que en dos años la *Luftwaffe* doblaría a la *Royal Air Force* (RAF). La conmoción fue tremenda en la sala de sesiones. El primer ministro tuvo que salir a la palestra desmintiendo los datos de Churchill, a quien tildó de irreflexivo alarmista. Este contestó que: «Creo que es mejor asustar ahora que dejarse matar después. Es mucho mejor asustarse antes de que el peligro se eche encima, que dejarse matar cuando el peligro ya no tenga remedio». Un año después, en 1935, Hitler anunciaba oficialmente que la aviación alemana era ya tan poderosa como la RAF. Poco después Baldwin se veía obligado a incluir a Churchill en un comité secreto encargado de estudiar el estado de las defensas aéreas de Gran Bretaña, y de poner en marcha un programa de rearme en este terreno. Ello le permitió acceder a información reservada sobre el estado de las defensas británicas y a los informes del servicio secreto, lo cual sólo contribuyó a acrecentar su ansiedad.

Para Winston Churchill esta concatenación de hechos desastrosos no tenía más que una conclusión posible: el mundo se encaminaba hacia una nueva guerra, todavía peor que la anterior. Para evitar el conflicto sólo cabía oponer una política de firmeza frente al expansionismo nazi. Churchill pensaba que el verdadero y único enemigo era Alemania y ello le llevó a mostrarse más condescendiente frente a Italia y Japón. En el primer caso porque creía preferible salvar a toda costa los acuerdos de Stressa antes que enemistarse con el *Duce* y arrojarle a los brazos de Hitler por salvar a un insignificante país africano como Etiopía. En el segundo, porque estaba seguro de que, antes o después, la agresividad nipona en el Pacífico chocaría con los intereses de los Estados Unidos. Tampoco mostró Churchill demasiado interés por la Guerra Civil española, que estalló en 1936, mostrándose partidario de la llamada «política de no intervención», un desafortunado invento de la diplomacia británica para intentar aislar el conflicto hispano. Para Churchill:

> Ni una ni en otra de las dos facciones representa, en modo alguno, el punto de vista británico. La victoria de uno de esos adversarios significaría, ocurra lo que ocurra, una espantosa matanza de los vencidos... Los españoles son vengativos y el odio les envenena.

Con esa óptica insular tan británica, Churchill en un principio consideró que la guerra española era simplemente un conflicto civil y no un integrante más de la gran partida que se desarrollaba en toda Europa entre las democracias y los totalitarismos. Pronto se daría cuenta de su error. Ni alemanes, ni italianos, ni rusos siguieron los consejos de la «no intervención» y los campos de España se convirtieron en terreno de experimentación para las armas que poco después asolarían el continente.

El nombramiento de Neville Chamberlain como primer ministro en sustitución de Baldwin en 1937 fue una mala noticia para los partidarios de la mano dura contra Alemania. Siempre con paraguas, con su cuello alto y sus dientes de conejo, hacía las delicias de los caricaturistas. Churchill opinaba de él que era «atento, metódico, obstinado, extremadamente seguro de sí mismo» y que «se creía capaz de comprender a toda Europa, o quizás a todo el mundo». Lo peor de todo era que, siendo un profundo desconocedor de los asuntos internacionales, quería «pasar a la historia como el gran impulsor de la paz». La llegada de Chamberlain al número 10 de Downing Street coincidió con el momento en que Hitler se hallaba cada vez más desafiante. La combinación de ambas circunstancias terminaría por revelarse desastrosa. Chamberlain llevó a sus más altas cotas la política de *appeasement,* ('apaciguamiento') que ya había ensayado a menor escala Baldwin. En el apaciguamiento, que básicamente consistía en ceder por adelantado a las pretensiones del agresor para evitar la agresión, confluían varios elementos. En primer lugar el horror declarado a la guerra, fruto de la traumática experiencia de 1914, reflejado en el pacifismo imperante en el seno de la sociedad británica. También se alimentaba de una especie de mala conciencia nacida en los vencedores de la Gran Guerra según la cual las condiciones impuestas a Alemania eran, en algunos de sus términos, realmente excesivas. Por último, el *appeasement* se basaba en un lamentable error de cálculo. Los apaciguadores pensaban que Hitler tenía objetivos racionales y limitados cuando en realidad el *Führer* deseaba la guerra como medio para conseguir el sometimiento de toda Europa y poner así en marcha sus demenciales planes racistas que consagrarían el dominio continental de los arios y el exterminio de los pueblos inferiores.

Se ha querido ver el apaciguamiento como una política impuesta por las circunstancias, ya que el rearme alemán estaba mucho más avanzado que el británico y era preciso ganar tiempo. Pero la verdad es que el *appeasement* no nacía tanto de una fría consideración geoestratégica, sino, sobre todo, de un estado de ánimo moral

Hitler representado como Gulliver en Lilliput.
Los gobernantes europeos aparecen como hombrecillos
serviles deseosos de complacer al gigante nazi.
En primer término, a la derecha, aparece Chamberlain.

y de la consideración de que el objetivo fundamental de cualquier político decente era hacer todo lo posible por evitar a su pueblo los terribles sacrificios de una guerra. Evidentemente el *Führer* no pensaba así.

Winston Churchill fue uno de los pocos políticos ingleses que captó de inmediato ese instinto perverso de Hitler. Quizá fuera su propia fascinación por la guerra, que le había acompañado desde sus tiempos de húsar, la que le ayudó a comprender mejor la mentalidad del líder nazi. Desde un principio, Churchill plantearía la lucha contra el nazismo, no sólo en términos geopolíticos sino, directamente como un enfrentamiento entre la libertad y la tiranía o, si se quiere, entre el bien y el mal. En una entrevista concedida a una emisora de radio norteamericana en 1938, Churchill explicaba que en el Tercer Reich el individuo carecía de todo derecho frente al Estado, que se adoraba la guerra, que existía una persecución racial y religiosa y que la dictadura necesitaba de continuas victorias en el exterior para legitimarse internamente, lo cual la obligaba a una política de agresión continua. Estas palabras fueron replicadas personalmente por Hitler que las calificó de locas y estúpidas. Joseph Goebbels, el ministro de Propaganda del Reich, afirmó que «Churchill es el jefe de los enemigos implacables que Alemania tiene en Inglaterra». En un encuentro con Von Ribbentrop, el embajador alemán en Londres, en la época en que este escandalizó a la Corte británica haciendo el saludo nazi brazo en alto frente al Rey de Inglaterra, Churchill le habló con una claridad meridiana: «Si ustedes nos meten en una segunda gran guerra, levantaremos a todo el mundo en su contra, como hicimos cuando la primera». Estas palabras deberían haber hecho reflexionar a más de uno en Berlín.

En 1937, los Comunes votaron un tímido programa de rearme a desarrollar en cinco años. Gracias a la insistencia de Churchill se concedía prioridad a las construcciones aeronáuticas y se dedicaba una buena parte de los fondos a poner a punto un nuevo sistema defensivo en las costas británicas, el radar. Por esas mismas fechas el presupuesto militar alemán era ya cinco veces mayor que el inglés, las fábricas germanas funcionaban día y noche, y los ejércitos de tierra, mar y aire se adiestraban a marchas forzadas. Alemania entera estaba movilizada, «no sólo en las fábricas, también en los cuarteles, en los colegios y casi en las escuelas de párvulos, por todos los resortes oficiales del Estado y de la propaganda moderna».

El año 1938 comenzó bajo los más negros presagios. Fiel a sus postulados de que todos los alemanes deberían vivir bajo la sombra del águila del Reich, Hitler puso sus ojos en Austria, su tierra natal a pesar de que el Tratado de Versalles prohibía expresamente su incorporación a Alemania. Tras una ruidosa campaña de presiones, combinada con la acción del poderoso partido nazi local, la resistencia era vencida. El 13 de marzo de 1938 Adolf Hitler entraba en la capital vienesa entre incesantes aclamaciones de la multitud. El *Anschluss* ('anexión') se había consumado. La actitud franco-británica fue de total pasividad.

A la semana siguiente del *Anschluss,* Churchill viajaba a Francia para entrevistarse, a título privado, con el jefe del Gobierno y varios ministros. Su objetivo era infundirles confianza y prometerles, en la medida de sus posibilidades, el apoyo inglés. Si la actitud apaciguadora del gobierno británico le parecía a Churchill insensata, la del Gabinete francés era, a sus ojos, directamente suicida. Si el pacifismo había calado en la sociedad inglesa, la francesa estaba minada por el derrotismo. Parapetados tras la monumental serie de fortificaciones conocida como Línea Maginot que protegía su frontera con Alemania, los franceses tenían una falsa sensación de seguridad que había de resultarles fatal.

Poco después de que los ecos de la crisis austriaca se hubieran apagado, Hitler volvía a poner a Europa en tensión. Ahora reivindicaba una región de Checoslovaquia, los Sudetes, donde habitaban tres millones de alemanes, que según los nazis, estaban siendo objeto de persecución y discriminación. Pero, además, Checoslovaquia poseía uno de los mayores complejos de fabricación de armamentos de Europa (las fábricas Skoda), lo cual la convertía en una presa apetitosa. El gobierno checo optó por la resistencia, pero necesitaba el apoyo de Francia y Gran Bretaña con quienes había suscrito un tratado de asistencia. La petición de ayuda por parte de Praga colocó a Londres y París en una situación dramática. Si decidían cumplir con sus compromisos sería la guerra. La actitud de Chamberlain fue descorazonadora. Según él Checoslovaquia era «un país lejano del que apenas sabemos nada». En una iniciativa sin precedentes anunció su voluntad de

Las hienas fascistas campan por Europa, mientras los líderes británicos se refugian en la copa de un árbol. De fondo aparece Churchill como posible alternativa a Chamberlain.

entrevistarse personalmente con Hitler para encontrar una solución al problema. El 15 de septiembre de 1938 Chamberlain, que nunca antes había montado en avión, volaba hasta Berchtesgaden, la residencia alpina del *Führer*. Tres horas de reunión infructuosa se saldaron con un aplazamiento de las conversaciones. El día 22 el primer ministro inglés volaba de nuevo a suelo alemán, en esta ocasión a Godesberg, para continuar la negociación. A pesar de que los ingleses cedieron en lo fundamental, esto es que los Sudetes se incorporaran al Reich, Hitler obstaculizó el acuerdo sobre los detalles del procedimiento. Cuando Europa se preparaba para lo peor, Mussolini propuso una reunión en la cumbre para salvar la paz. Los días 29 y 30 de septiembre de 1939 los primeros ministros de Inglaterra y Francia, Chamberlain y Daladier, y los dictadores alemán e italiano, Hitler y

Mussolini, se reunieron en la ciudad de Múnich. El futuro de la República checoslovaca fue decidido por aquellos cuatro hombres mientras los representantes checos, alojados en una sala contigua, esperaban infructuosamente ser consultados. La Conferencia de Múnich evitó la guerra, pero a costa de ceder ante las pretensiones nazis. A cambio Hitler se comprometía a respetar la integridad territorial de lo que quedaba de Checoslovaquia. Chamberlain y Daladier fueron recibidos en sus países como auténticos héroes, salvadores de la paz. El primer ministro de su Majestad, blandiendo en su mano el papel del acuerdo firmado por Hitler, declaró solemnemente que se había asegurado «la paz para nuestro tiempo».

La única voz discrepante ante el entusiasmo general fue, naturalmente, la de Churchill. En los Comunes se dirigió al primer ministro para recriminarle que había sufrido «una derrota total y sin paliativos». Múnich quedaría para la historia europea como sinónimo de ignominia. Según Churchill en Múnich se había aceptado el deshonor para salvar la paz, pero al final se tendría el deshonor y además la guerra. La idea de que se podía comprar la seguridad entregando «a un pequeño Estado a los lobos» era «una ilusión fatal». Además predijo que Hitler no se contentaría con los Sudetes sino que terminaría antes o después ocupando toda Checoslovaquia. Y, para concluir, hizo un repaso por los últimos cinco años de política exterior británica, plagados de concesiones, debilidades y descuido de la política de defensa. Sus palabras fueron realmente demoledoras:

> Si una catástrofe mortal descendiera sobre Gran Bretaña y su Imperio, los historiadores, mil años más tarde, aún estarían confundidos por nuestra actitud. Jamás comprenderían el que una nación

victoriosa, con todos los recursos a su mano, sufriera el hecho de ser tan humillada, y dejara a un lado todo lo que había ganado mediante sacrificios inconmensurables y victoria absoluta.

A comienzos de 1939 la última profecía de Churchill se hizo realidad. El 14 de marzo Hitler decretaba la ocupación total de Checoslovaquia. Para la opinión pública inglesa y para el propio Chamberlain aquello era una afrenta directa. Hitler vulneraba lo acordado en Múnich apenas medio año antes. Ahora no había justificaciones, Renania, Austria o los Sudetes estaban pobladas por alemanes, pero en los nuevos territorios incorporados al Reich no habitaba ningún germano. El apaciguamiento había sido un completo fracaso.

La actividad política y diplomática se hizo entonces frenética. Chamberlain, burlado por Hitler, pareció dispuesto a corregir su línea de actuación. El Gobierno decidía incrementar el ritmo del rearme, pasando de fabricar ciento cincuenta aviones al mes a quinientos, la mayor parte modernos *Spitfire,* la columna dorsal de la renovada RAF. Se aumentó el ritmo de trabajo en los astilleros, se aceleraron las pruebas con el radar. En abril se aprobaba el servicio militar obligatorio. Los ingleses parecían despertar de un largo letargo. La pregunta era si todavía estarían a tiempo de evitar el desastre. Chamberlain modificó dramáticamente su política exterior, dispuesto a evitar que se pudiera acusar a Inglaterra de ambigüedad, como ocurrió en el verano de 1914. El Gobierno de Su Majestad declaró solemnemente que si Francia era atacada Gran Bretaña correría en su ayuda. También se ofreció una firme garantía a Polonia, Rumanía y Grecia, e incluso a Holanda, Suiza y Dinamarca que no la habían pedido. Para Churchill, si el aislamiento anterior había sido malo, esta febril política de alianzas era también muy imprudente, puesto que limitaría la capacidad de movimientos de Inglaterra, que ya no podría elegir ni el momento ni el país más adecuado para resistirse a Hitler.

A nadie se le ocultaba, sin embargo, que sólo se podría contener a Alemania si Francia e Inglaterra conseguían asociar a la coalición antinazi a los Estados Unidos o a la Unión Soviética. Pero Norteamérica debía ser descartada, ya que la neutralidad adoptada por ese país desde el final de la Gran Guerra era un hecho tan asentado en la opinión pública que, ni siquiera toda la capacidad dialéctica del presidente Roosevelt podía, por el momento, cambiarla. Quedaba Stalin. Para los soviéticos, tanto las decadentes democracias capitalistas como las dictaduras fascistas eran enemigos declarados de la Revolución. Se trataba tan solo de ver quién ofrecía mejores condiciones. Los gobiernos francés e inglés despacharon sendas embajadas a Moscú.

Mientras tanto Hitler decidía tensar de nuevo la cuerda. Como decía Churchill, existía un plan preconcebido para llevar a Europa a la guerra o a la sumisión. Alemania presentó oficialmente su reclamación sobre el corredor de Danzig, la franja de territorio polaco que, por decisión del Tratado de Versalles, separaba la Prusia Oriental del resto del Reich para que Polonia pudiera gozar de una salida al mar. Lo paradójico del asunto era que para muchos ingleses, incluido Churchill, la creación en su momento del pasillo polaco había sido un absurdo, y que esta reivindicación de Hitler era mucho más aceptable que la de Austria o los Sudetes. Sin embargo, dadas las circunstancias, la defensa de la integridad territorial de Polonia se convertía ya en una cuestión indiscutible.

Según la crisis polaca empeoraba, la urgencia de un acuerdo con la URSS se hizo angustiosa para los gobiernos occidentales. Los polacos no ponían las cosas fáciles, ya que se negaban a permitir que las

Durante mucho tiempo los políticos europeos adoptaron la estrategia del avestruz frente a Hitler, tal y como refleja la viñeta de Dr. Seuss. Las consecuencias serían dramáticas.

tropas soviéticas circulasen por su territorio para atacar Alemania. Para los polacos, sometidos durante siglos a la dominación de Moscú, Stalin no era mejor que Hitler. La lentitud y dificultad de las negociaciones no hizo sospechar a los aliados de que Stalin estaba desarrollando un doble juego. El 23 de agosto de 1939 Von Ribbentrop, convertido ya en ministro alemán de Asuntos Exteriores, volaba a Moscú para firmar con Stalin un pacto de amistad y no agresión entre la Unión Soviética y el Tercer Reich. La alianza entre comunistas y nazis resultaba tan inverosímil que la noticia fue desechada por las redacciones de algunos periódicos. La conmoción en Occidente fue enorme. Hitler había superado el único obstáculo que podía haberle atemorizado: el de una guerra en dos frentes. Pronto se sabrían las razones de Stalin. Por un protocolo secreto los dos Estados totalitarios se repartían Polonia, mientras que los países bálticos y Finlandia quedaban bajo la órbita soviética. Un elemento más explica la opción de Stalin. Un conflicto largo y sangriento en la Europa Occidental que desgastara a franceses, británicos y alemanes durante años como había ocurrido en 1914, habría colocado a la Unión Soviética como el árbitro de Europa.

En la madrugada del día 1 de septiembre de 1939 las tropas alemanas comenzaban la invasión de Polonia. En las cancillerías occidentales se vivieron momentos de indecisión, los franceses todavía se resistían a lo inevitable. La insistencia de Inglaterra resultó decisiva a la hora de enviar un ultimátum a Alemania. A las once de la mañana del 3 de septiembre (hora de Londres) expiraba el plazo, sin que de Berlín llegara respuesta alguna. Desde ese mismo momento el Reino Unido de la Gran Bretaña e Irlanda del Norte, así como los Dominios y el resto del Imperio, se encontraban en guerra con el Tercer Reich. Poco después, siempre a remolque, París seguía los pasos de Londres. Comenzaba la Segunda Guerra Mundial.

Ese día se celebraba sesión extraordinaria en los Comunes, la primera en domingo desde hacía décadas. Una falsa alarma aérea acrecentó súbitamente la tensión. Ante los diputados comparecía el primer ministro. Su rostro era grave. Tras hacer pública la declaración de guerra, anunciaba la formación de un nuevo Gobierno en el que Churchill ocuparía el cargo de Primer Lord del Almirantazgo. Después de Chamberlain habló Winston. Inglaterra, dijo, había hecho todo lo posible por salvar la paz, sin que ello fuera posible. Todos los esfuerzos en ese sentido fueron leales y sinceros. Llegada la hora de la suprema decisión se sentía reconfortado al ver que sus compatriotas se mostraban dignos sucesores de sus antepasados. Los británicos entraban en guerra, no solo para defender Polonia sino «para salvar al mundo entero de la epidemia pestilencial de la tiranía nazi, y para defender cuanto el hombre considera como sagrado».

Tras diez años de travesía del desierto, Churchill volvía a las más altas responsabilidades del poder. Su autoridad moral ante el Parlamento y la nación eran en ese momento enormes. Sus avisos no habían sido meras excentricidades de un viejo político agorero que se resistía a salir de escena, sino las previsoras llamadas de atención de un profundo conocedor de la naturaleza humana y de las relaciones internacionales. No hacía falta mucha perspicacia para comprender quién, entre aquellos centenares de diputados que se agolpaban nerviosos en los Comunes aquel día aciago, estaba mejor preparado para conducir a Inglaterra a través de la más difícil prueba que habría de pasar a lo largo de su milenaria historia.

7

Sangre, sudor, fatiga y lágrimas (1939-1941)

Diré a la Cámara lo que ya he dicho a los hombres que han aceptado venir conmigo al Gobierno: no puedo ofrecer sino sangre, sudor, fatiga y lágrimas. [...] Me preguntaréis: ¿cuál es tu política? Os contestaré: hacer la guerra en el mar, en la tierra, en el aire, hacerla con todas nuestras fuerzas, con toda nuestra energía, que Dios nos aumentará. Hacerla contra una monstruosa tiranía nunca antes superada en el sombrío y lamentable catálogo de los crímenes humanos. Esa es mi política. Me preguntaréis también cuál es mi objetivo. Os responderé con una sola palabra: Victoria. La victoria a toda costa, la victoria por largo y duro que sea el camino que conduzca a ella. Porque sin la victoria no hay para nosotros la menor esperanza. El Imperio británico y todo lo que representa no sobrevivirían. [...] Emprendo mi tarea con optimismo y esperanza.

Winston Churchill a los Comunes
13 de mayo de 1940

Winston ha vuelto (1939-1940)

Un cuarto de siglo después del inicio de la Primera Guerra Mundial Winston Churchill se encontraba exactamente en el mismo puesto que ocupara entonces. En 1939, como en 1914, los destinos del Almirantazgo estaban en sus manos. Él mismo escribiría después que «fue una experiencia extraña, como si de pronto me viese reencarnado». A sus casi sesenta y cinco años la vida de Churchill había descrito una nueva y extraordinaria pirueta. Al parecer un breve mensaje fue enviado desde el Almirantazgo a todos los navíos de guerra y a cada una de las instalaciones de la Marina Real dispersas por el mundo: *Winston is back* (Winston ha vuelto)[8].

El ambiente en Inglaterra en septiembre de 1939 era, sin embargo, muy diferente de aquel de 1914. Entonces el entusiasmo había recorrido la nación, veinticinco años más tarde los británicos aceptaron la guerra con callada resignación. Sentían que aquella era una guerra impuesta, pero también sabían que su causa era justa. A los que se preguntaban las razones por las cuales había comenzado aquella lucha, Churchill les ofrecía una respuesta contundente: «Si dejamos de luchar ustedes pronto lo sabrán».

Enseguida se vio que, como en 1914, Churchill se convertía en el alma del Gobierno a pesar de ser, por edad, «casi el único antediluviano del Gabinete». Su experiencia como dirigente de guerra, de la que carecía el resto de sus colegas, le convertía en una pieza insustituible. Como Chamberlain no parecía dispuesto (o

---

[8] El envío de este mensaje, que forma parte indudable de la leyenda churchilliana, ha sido puesto en cuestión por el biógrafo oficial de Churchill, Martin Gilbert, quien afirma no haber encontrado constancia del mismo en los archivos del Almirantazgo.

capacitado) para ejercer el papel de líder de la nación en armas, Churchill fue poco a poco ocupando ese lugar, sin que ello significase cuestionar su lealtad hacia el primer ministro, del que llegó a afirmar: «Puedo asegurar que va a luchar tan obstinadamente por alcanzar la victoria como luchó antes en favor de la paz». Palabras generosas, pero también poco convincentes.

    Los alemanes imprimieron a la guerra un comienzo trepidante. En las tres primeras semanas de septiembre de 1939 Polonia fue puesta fuera de combate por la *Blitzkrieg,* o 'guerra relámpago'. Los ejércitos acorazados de Hitler apoyados por una poderosa aviación avanzaron incontenibles. Antes de que los polacos capitularan, los soviéticos, en cumplimiento del pacto suscrito entre Hitler y Stalin, invadían a su vez la mitad oriental del país. Poco después Stalin se anexionaba también los países bálticos. La actitud de ingleses y franceses fue, una vez más, decepcionante. Mientras el grueso del ejército alemán se encontraba en el este, los aliados habrían debido atacar al Reich en Occidente para obligarle a dividir sus fuerzas. Pero, en vez de esto, los franceses y el Cuerpo Expedicionario Británico, compuesto por unos cuatrocientos mil hombres, decidieron atrincherarse detrás de la Línea Maginot y esperar. Entonces se vio con claridad la importancia que tuvo la remilitarización de Renania en 1936. Allí los alemanes habían construido unas poderosas fortificaciones, la llamada Línea Sigfrido, que disuadieron a los aliados de cualquier veleidad ofensiva. Una vez aniquilado el Ejército polaco, la fugaz oportunidad de poner en aprietos a la *Werhmacht* había pasado.

    Durante los meses siguientes la guerra adoptó un aspecto extraño. Los aliados no pensaban tomar la iniciativa, mientras que los alemanes estaban esperando la llegada de la primavera para desencadenar su temible *Blitzkrieg.* En estas circunstancias la prensa hablaba de «guerra de confeti» o *phoney war* ('guerra falsa'). Hitler intentaba desconcertar un poco más a París y Londres lanzando una oferta de paz. Y en el este, Stalin atacaba Finlandia, a la que obligaría a capitular meses después, a pesar de una heroica defensa.

La inactividad en el frente confirió durante aquellos meses un inusitado protagonismo a las operaciones navales, y con ellas a Churchill. Su llegada al Almirantazgo fue tan espectacular como su primera aparición en 1911. Enseguida instaló su domicilio en el propio edificio oficial e hizo trasladar a la sala de operaciones el mismo mapa en el que entonces señalaba los movimientos de la flota germana. Como siempre, se inmiscuía en todo y quería controlar cada detalle de las operaciones. Instaba continuamente a los oficiales a la ofensiva, lo cual provocaba no pocos roces con el Estado Mayor. Winston seguía siendo un incansable polemista que nunca se daba por vencido. Su idea de un debate era típicamente churchilliana: «Todo lo que yo pedía era que se aviniesen a mis deseos después de una discusión razonada».

La flota británica ya no era en 1939 tan numerosa como lo fuera en 1914, pero gozaba ahora de mayor superioridad sobre la armada germana que la que tuviera entonces, ya que los esfuerzos del rearme en Alemania se habían centrado en los ejércitos de tierra y del aire. La primera tarea de la *Royal Navy* consistió, al igual que en 1914, en transportar al continente la Fuerza Expedicionaria Británica compuesta por cuatro divisiones (que llegarían a incrementarse hasta diez en vísperas de la ofensiva alemana). Cumplida esta tarea, los esfuerzos del Almirantazgo debían centrarse en asegurar las rutas comerciales. Conscientes de su inferioridad naval los alemanes intentaron entorpecer el tráfico mercante aliado aprovechando al máximo sus escasos recursos. Una de sus armas secretas fue la mina magnética, pero la

Característica imagen de Churchill haciendo el signo de la victoria. El suyo fue un liderazgo carismático, forjado en un momento de crisis (1940) y ritualizado mediante señales visibles tales como discursos, gestos o indumentaria.

fortuna hizo que uno de estos artilugios quedara varado accidentalmente en las costas inglesas, lo que permitió al Almirantazgo, espoleado por Churchill, encontrar un sistema, la «desmagnetización», para contrarrestar su eficacia. Otra seria amenaza fue la aparición de barcos corsarios nazis, pero en tres meses los británicos dotaron de artillería a más de mil mercantes y organizaron un sistema de convoyes, que tan buenos resultados diera durante la Gran Guerra. El más famoso de esos corsarios fue el «acorazado de bolsillo» *Graf Spee* el cual, tras unos meses de correrías oceánicas, fue a toparse con una pequeña escuadra en aguas del Atlántico Sur que lo acorraló en el puerto de Montevideo, donde poco después era hundido por sus propios tripulantes. El éxito contribuyó a aumentar la popularidad de Churchill.

Con todo, el peligro más grave en el mar lo constituían los submarinos, los llamados *U-Boot*. Los alemanes empezaron la guerra con un resonante éxito propagandístico. El *U-42* penetraba en la bahía de Scapa Flow, base principal de la Flota británica del mar del Norte, y torpedeaba un buque de guerra allí anclado. Churchill sabía que el peligro real de los submarinos no estaba en estos hechos aislados sino en que los *U-Boot* fueran capaces de interrumpir las líneas de abastecimiento británicas, como casi habían estado a punto de lograr en 1917. La «batalla del Atlántico» estaba comenzando.

A principios de 1940 la inactividad en el Frente Occidental amenazaba con desmoralizar a los aliados. Durante aquella enervante espera Churchill no dejaba de espolear al Gabinete, sugiriendo algún tipo de operación anfibia en el Báltico o en el mar del Norte, lo que alguno de sus colegas denominó burlonamente como «un Gallipoli ártico». Lentamente la necesidad de actuar terminó por ganar el espíritu de los aliados. Tras muchas vacilaciones se acordó interceptar los envíos de mineral de hierro sueco que, a través de Noruega, llegaban a Alemania. Ello requería el minado de las costas noruegas y el envío de una fuerza expedicionaria. La idea originaria era del propio Churchill, quien la había propuesto siete meses antes siendo rechazada debido a que implicaba violar la neutralidad de Oslo. Lo malo fue que durante ese largo intervalo de tiempo los alemanes también habían hecho sus planes.

El 8 de abril de 1940 los buques ingleses comenzaban a minar la entrada del puerto noruego de Narvik. Al día siguiente, Alemania desencadenaba una rápida ofensiva por tierra, mar y aire que conducía a la ocupación de Dinamarca y Noruega en un brevísimo plazo de tiempo. Los aliados habían sido cogidos por sorpresa. Inmediatamente despacharon tropas a Narvik y a otras localidades costeras noruegas, pero era ya un combate sin demasiadas esperanzas. La decisión alemana de utilizar la flota de superficie en la campaña dio la oportunidad a Churchill de emplear a fondo a la *Royal Navy*. Hubo varios encuentros que se saldaron con un balance global favorable a los británicos, aunque quedó de manifiesto la vulnerabilidad de los grandes buques frente a la *Luftwaffe* con base en tierra, lo cual venía a demostrar las tesis de Churchill de que en la moderna guerra naval el papel de la aviación iba a ser capital.

La «malhadada campaña noruega» desencadenó una auténtica tormenta política en Inglaterra. Después de tantos meses de inactividad se había escogido el peor momento y el peor escenario para intentar la ofensiva. El primer ministro quedó en el ojo del huracán. Cuatro días antes del ataque alemán había pronunciado un entusiasta discurso en el que dijo literalmente que Hitler había «perdido el autobús». Aunque el principal responsable del caos organizativo y de la dirección de las operaciones había sido el Primer Lord del Almirantazgo, la opinión pública consideraba que Churchill había hecho todo lo posible y que estaba preso de las circunstancias. Los reproches recayeron sobre el vacilante y desafortunado Chamberlain. Los días 7 y 8 de mayo tuvo lugar un acalorado debate en los Comunes. Las críticas llovieron desde los escaños de la oposición laborista, pero también desde las bancadas conservadoras. El último en tomar la palabra fue Churchill, que se lanzó a una encendida defensa del primer ministro, sin ocultar su propia responsabilidad en lo ocurrido. Acto seguido se procedió a votar una moción de confianza sobre el Gobierno. El resultado fue favorable al Ejecutivo, pero casi un centenar de diputados conservadores votaron en contra o prefirieron la abstención. En esas condiciones Chamberlain decidió que había llegado la hora de promover un Gobierno de unidad nacional en el que también estuvieran presentes los laboristas, pero estos se negaron a ponerse bajo sus órdenes. La crisis que se abría era mucho más amplia.

En la mañana del viernes 10 de mayo de 1940 empezaron a llegar alarmantes noticias del continente. Los alemanes habían comenzado su ofensiva en el Frente Occidental. Holanda y Bélgica habían sido atacadas violando su neutralidad. La guerra llegaba a su punto decisivo. Sobre las once Churchill dejó el Almirantazgo para dirigirse a la residencia del primer ministro que le había convocado con urgencia. En el numero 10 de Downing Street le esperaban Chamberlain y lord Halifax, el secretario del Foreign Office, otro de los más destacados apaciguadores. Reunidos los tres hombres, Neville Chamberlain anunció su dimisión irrevocable y expresó la necesidad de sugerir al Rey el nombre de su sucesor. Se hizo el silencio en la sala. Todos comprendían perfectamente la enorme carga que esperaba al elegido. Tras unos instantes habló lord Halifax. Dijo que su condición de miembro de la Cámara de los Lores dificultaría notablemente su liderazgo político sobre la nación, ya que este debía ejercerse desde los Comunes. Churchill comprendió al instante. El destino del país iba a descansar sobre sus hombros.

Poco antes de las seis de aquella tarde Churchill cruzaba el Mall londinense en dirección al Palacio de

Buckingham. Eran apenas dos minutos de marcha desde el Almirantazgo. Los periódicos vespertinos venían llenos de informaciones sobre la brutal ofensiva alemana, pero nada decían aún acerca de la crisis de Gobierno. Jorge VI le recibió con amabilidad. Incluso se permitió una ligera chanza: «Presumo que ignora usted por qué le llamo», dijo. A lo que Churchill, siguiendo la broma contestó: «Señor, no acierto a imaginarlo». A continuación el rey le pidió oficialmente que formara gobierno. Antes de que terminara el día el nuevo primer ministro había esbozado ya su Gabinete. Los laboristas, con su líder Clement Attlee a la cabeza, aceptaron integrarse en él. También los liberales de Archibald Sinclair. Churchill se reservaba la suprema dirección de la guerra asumiendo la cartera de Defensa. Habría un Gabinete de Guerra de cinco miembros (tres conservadores y dos laboristas) encargado de llevar la dirección político-militar de las operaciones. Uno de sus integrantes sería Chamberlain quien conservaba además la jefatura del Partido Conservador.

Pocas veces a lo largo de la historia alguien se ha hecho cargo del poder en circunstancias tan dramáticas. Y, sin embargo, Churchill estaba tranquilo. A las tres de la mañana de aquella histórica jornada, cuando finalmente se retiró a descansar, su ánimo estaba sereno: «Parecíame llevado de la mano del destino, como si toda mi vida anterior no hubiese sido más que una preparación para aquella hora de prueba».

El día 13, el flamante primer ministro presentaba el nuevo Gobierno en los Comunes a los que solicitaba un voto de confianza. En un intenso e inolvidable discurso ante la Cámara, Churchill explicó cual era su programa. Se resumía en cuatro palabras: «sangre, sudor, fatiga y lágrimas». El único objetivo posible era alcanzar la victoria frente a la tiranía nazi, porque sin victoria «no hay para nosotros la menor esperanza. El Imperio británico y todo lo que representa no sobrevivirían». El país había encontrado al fin el liderazgo que necesitaba.

La noche del 15 de mayo el primer ministro británico recibía una inesperada llamada de su homólogo francés. En un tono abatido, Paul Reynaud le hacía saber que las defensas francesas habían sido completamente desbordadas y que todo estaba perdido. Ese mismo día Holanda había capitulado ya. Churchill no daba crédito a lo que oía. ¿Cómo era posible que el gran Ejército francés hubiera sido derrotado en menos de una semana? Al día siguiente el estupefacto primer ministro volaba hacia París donde el ambiente era de pleno desconcierto. Se preparaba la evacuación de la ciudad mientras enormes piras consumían los documentos oficiales que no podían ser trasladados. En una deprimente reunión el general Gamelin explicó lo que había ocurrido.

A pesar de haberla visto en acción en Polonia, los aliados no habían hecho nada para prevenirse contra la *Blitzkrieg*. El ataque masivo de grandes formaciones de blindados, seguidas de divisiones de infantería motorizada, bajo el paraguas protector de los famosos *Stukas* (bombarderos en picado), había resultado imparable. Por si esto fuera poco al dar la orden a sus tropas de entrar en Bélgica cuando los alemanes atacaron, los aliados se habían metido ellos solos en una ratonera. Tras la irrupción de la *Werhmacht* por las Ardenas en dirección al Canal de la Mancha, en una maniobra denominada de «golpe de hoz», lo mejor del ejército anglofrancés quedaba copado con su espalda contra el mar. En resumen, mientras las mejores divisiones aliadas estaban cercadas en el Norte, una enorme brecha se había abierto en las líneas francesas. El frente se venía abajo. En medio de esta sobrecogedora descripción Churchill no pudo por menos que interrumpir a Gamelin, preguntando por el estado de las reservas.

La respuesta que recibió constituyó, según él mismo confesó después, «una de las mayores sorpresas que yo había recibido en mi vida». Sencillamente no había tropas disponibles. En las jornadas siguientes Churchill volaría en otras tres ocasiones a Francia, dos más a París y una a Tours donde el Gobierno se había refugiado, intentando infundir ánimo a los abatidos aliados. El panorama que encontró en estas ocasiones fue empeorando cada vez. Para complicar la situación el día 27 de mayo el Ejército belga capitulaba sin previo aviso.

Así las cosas, la atención de Churchill se centró en la suerte del Ejército inglés, unos cuatrocientos mil soldados atrapados en la tenaza alemana, que iban replegándose hacia el puerto de Dunquerque en la costa del Canal. Aquellos hombres constituían la columna vertebral de la defensa británica, sin ellos la continuación de la guerra sería imposible. Centenares de barcas particulares, yates de recreo y botes de todo tipo se unieron a las fuerzas de la *Royal Navy* formando la más variopinta y extraordinaria escuadra que jamás cruzara el Canal. Su misión consistía en llevar al ejército sano y salvo de vuelta a casa. Simultáneamente se hizo perceptible que la ofensiva alemana perdía empuje. Hitler había ordenado detenerse a sus divisiones acorazadas y confiado a la *Luftwaffe* de Goering la tarea de rematar a las Fuerzas Expedicionarias británicas. En los combates que siguieron la RAF se llevó la mejor parte a pesar de su inferioridad numérica. Por cada aparato derribado los alemanes perdieron cuatro. Cuando se cerró la operación, las cifras resultaron sorprendentes hasta para los británicos. Entre los días 27 de mayo y 4 de junio, 335.000 combatientes habían sido transportados a Inglaterra. En su discurso ante los Comunes Churchill hablaría del «bendito milagro de Dunquerque», sin ocultar a continuación la gravedad de lo sucedido: se habían salvado los hombres pero todo el material militar, artillería, miles de camiones, ametralladoras, etc., había quedado en Francia. Aunque, como él mismo dijo: «Las guerras no se ganan con evacuaciones», el éxito de Dunquerque tuvo unas consecuencias decisivas ya que reforzó la postura de Churchill, partidario de continuar la lucha incluso si Francia caía, frente a la de antiguos apaciguadores como Halifax que pusieron sobre la mesa la posibilidad de llegar a un acuerdo con Hitler. Durante los días 26 a 28 de mayo, la tensión política en el Gabinete (que llegó a reunirse hasta en nueve ocasiones) fue extrema. Con el Ejército de nuevo en casa y, a pesar del «colosal desastre militar» que suponía el hundimiento francés, Churchill pudo anunciar al mundo que la determinación de Gran Bretaña continuaba incólume.

El 10 de junio Mussolini declaraba también la guerra a Inglaterra y a una Francia tambaleante, emprendiendo acto seguido una ofensiva en la zona de los Alpes, calificada por los franceses como «puñalada por la espalda». Al día siguiente, Churchill realizó su último vuelo a Francia. El panorama era sombrío. Algunos ministros hablaban de continuar la resistencia en las colonias del Norte de África, pero la mayoría parecía más inclinada hacia la rendición. En su desesperación los franceses pidieron el envío a suelo francés de toda la aviación británica para intentar frenar a los alemanes. La respuesta de Churchill fue que la RAF era la Línea Maginot que protegía las islas británicas y que los aviones ingleses debían reservarse en espera de la decisiva batalla que les aguardaba. En estas condiciones poco más tenían que decirse ya los antiguos aliados.

El 14 de junio los alemanes entraban en París y el propio Hitler se dejaba filmar por los noticiarios ante la emblemática Torre Eiffel. El 16 caía el Gobierno Reynaud siendo sustituido por el mariscal Pétain, el héroe de Verdún. Ese mismo día los franceses recibían un insólito mensaje de Londres. Churchill proponía que, mientras durara la guerra, Francia y Gran Bretaña pasasen a constituir un sólo Estado, con un único Gabinete de Guerra y un Parlamento. La propuesta, difícil sino imposible de llevar a cabo en la práctica, era el último y desesperado intento por evitar lo inevitable. La iniciativa ni siquiera llegó a ser discutida en serio por los franceses. Aquella misma tarde Pétain solicitaba el armisticio. El día 22 de junio de 1940 en el bosque de Compiègne, en el mismo vagón de ferrocarril donde los alemanes habían firmado la rendición en 1918, Francia capitulaba. El territorio galo quedaba dividido en dos zonas: el Norte y la fachada atlántica quedaban bajo la autoridad de los alemanes, el resto con capital en Vichy, conservaba una apariencia de independencia. No todos los franceses aceptaron aquella situación. Un grupo, capitaneado por el general Charles de Gaulle, había partido para Inglaterra donde fundaría, bajo los auspicios de Churchill, el movimiento de la Francia Libre.

La situación en la que quedaba Gran Bretaña era absolutamente desesperada. Austria, Checoslovaquia, Polonia, Dinamarca, Noruega, Luxemburgo, Bélgica, Holanda y ahora Francia habían sido conquistadas por el Ejército nazi. Otros muchos países aceptaban en silencio la hegemonía de Berlín. Italia era aliada de Alemania y la Unión Soviética había pactado con Hitler el reparto de Europa Oriental. Más allá del Atlántico, los Estados Unidos, a pesar de los esfuerzos del presidente Roosevelt, mantenían su obstinada política de neutralidad. Ciertamente el Imperio británico y los Dominios se habían movilizado en ayuda de la madre patria, pero la descompensación de fuerzas a favor de los nazis era demasiado evidente. La propaganda alemana ironizaba con la idea de que Inglaterra lucharía en aquella guerra sólo «hasta el último francés». Incluso dentro de las

En el verano de 1940 parecía que la única arma de la que disponían los ingleses para impedir la invasión germana era el propio Churchill.

islas algunos dudaban. Pero la voluntad de resistencia de Winston Churchill era inquebrantable, Inglaterra lucharía. Todos debían ser conscientes de lo que estaba en juego ya que «si fracasamos, todo el mundo, incluso los Estados Unidos, todo lo que hemos conocido y a lo que hemos dado valor, se hundirá en los abismos de una nueva Edad de Tinieblas».

En aquellos momentos, Inglaterra disponía de poco más que las retadoras palabras del primer ministro para hacer frente a la invasión. Sin aliados, casi sin ejército y sin armas, los ingleses comprendieron que había llegado el momento supremo. Como dijo Churchill: «si el Imperio y la comunidad británica de naciones duran mil años, pueden aún entonces los hombres seguir diciendo: Aquella fue su mejor hora».

Su mejor hora (1940)

Si los alemanes pretendían la invasión de las islas era probable que intentaran hacerse con el control de la flota francesa a pesar de haberse comprometido en el armisticio a no hacerlo. Churchill decidió que aquel era un riesgo demasiado grave y actuó en consecuencia. El día 3 de julio tropas inglesas asaltaban los barcos de guerra franceses anclados en puertos británicos. La tragedia estalló en el puerto argelino de Mazalquivir donde fondeaba una poderosa escuadra gala que se negó a rendirse ante la flota inglesa desplazada desde Gibraltar. Churchill ordenó el ataque. Tras un intenso cañoneo que duró varias horas, todos los buques franceses estaban fuera de servicio y mil trescientos de sus marinos habían sido muertos o heridos. Los británicos apenas sufrieron desperfectos ni bajas. Aquella violencia sin piedad contra los que hasta hacía unos días eran sus aliados fue todo un mensaje al mundo, Inglaterra no se detendría ante nada. A mediados de mes un ofrecimiento de paz de Hitler, lanzado en un discurso al *Reichstag,* fue prácticamente ignorado por el Gobierno inglés. Las utopías pacifistas de los años veinte se habían hundido ante el paso de los *panzers.*

Durante el mes de julio la actividad en las islas británicas fue frenética. La movilización de la población fue total, se excavaban zanjas anticarro, se preparaban refugios antiaéreos, los jóvenes recibían entrenamiento militar, mientras que los mayores se encuadraban en la *Home Guard,* una idea de Churchill consistente en crear una fuerza de reserva en retaguardia que pudiera combatir a posibles quintacolumnistas o incluso paracaidistas alemanes. Ante la ofensiva submarina en el Atlántico hubo que imponer el racionamiento de los productos de primera necesidad. Faltaban armas. Una modificación parcial de las leyes de neutralidad americanas obtenida por el presidente Roosevelt hizo posible la venta a Gran Bretaña de miles de fusiles de la Primera Guerra Mundial. La artillería era escasa y los vehículos acorazados prácticamente inexistentes. Se hicieron planes para arrojar combustible sobre las costas y prenderle fuego cuando los alemanes intentaran desembarcar. También se barajó la idea de arrojar gas mostaza sobre el invasor. Los ingleses estaban decididos a luchar hasta el final. En el caso de que los nazis ocuparan Londres, estaba preparada la evacuación del Gobierno y de la Familia Real a Canadá escoltados por toda la Flota británica superviviente, para desde allí continuar la lucha.

El alma y motor de aquel gigantesco esfuerzo colectivo fue sin duda Winston Churchill. El hombre cuya retórica resultaba anticuada y anacrónica ya en los años veinte parecía sintonizar ahora con el espíritu colectivo de los británicos estimulando a cada hombre y mujer a dar lo mejor de sí mismos. En la era de la radio sus discursos se convirtieron en un punto de referencia obligado en aquellos instantes. Unas veces jocoso, ridiculizando la pronunciación germana de los nombres de sus enemigos, en otras serio, apelando a la historia y a la gloria de los antepasados. Por momentos solemne creando frases inolvidables, a ratos coloquial utilizando pintorescas y coloristas expresiones de la calle. El gran mérito de Churchill consistió en lograr que el mayor desastre nacional pareciese uno de los momentos más heroicos en la historia británica. Cuando en una ocasión le preguntaron al líder laborista Attlee qué era lo que el primer ministro había hecho para ganar la guerra, contestó: «Hablar de ella».

Fue entonces cuando se universalizó su imagen característica: rechoncho, sonriente, con un sombrero hongo algo ajustado, corbata de mariposa, un puro en los labios y en su mano los dedos índice y anular haciendo la «V» de la victoria. En medio de la crisis

Durante una de sus giras de inspección un artillero le preguntó a Churchill con sorna si podía disparar el cañón una vez para ver si funcionaba. Dada la escasez de municiones, Churchill respondió que sería mejor que esperara al momento oportuno.

Winston se convirtió en el político popular que hasta entonces nunca había sido. Aquel encuentro entre el pueblo y el viejo aristócrata no dejaba de ser extraño. Por supuesto, el Churchill de 1940 continuaba siendo el mismo sibarita de siempre, que comía y bebía opíparamente despreciando olímpicamente el racionamiento que su Gobierno imponía a la población. Se cambiaba de camisa tres veces al día y siempre encontraba la pasta de dientes sobre su cepillo a la hora de acostarse. Paradójicamente ese carácter aristocrático fue lo que hizo de él una especie de encarnación de la historia británica a los ojos de sus conciudadanos y por eso se apiñaron a su alrededor. Quizá pensaran como el primer ministro sudafricano Smuts, cuando decía que

Churchill tenía escaso talento para las cosas pequeñas, pero que era un gran hombre cuando trataba de resolver grandes problemas.

Churchill parecía estar hecho a medida para aquella dramática situación. Su actividad era incansable. Se despertaba sobre las ocho de la mañana, sintiéndose «como si tuviera una botella de champán en mi interior y alegre de ver un nuevo día». Trabajaba casi toda la mañana en la cama. Allí desayunaba, leía telegramas, dictaba memorándums y recibía algunas visitas. Su *valet* le ayudaba a bañarse y vestirse. A última hora de la mañana tomaba un copioso almuerzo regado con champán y brandy, y seguía con las reuniones. Después se acostaba una siesta de hora y media. Se levantaba para el té, tomaba también un *whisky* y seguía con la tarea. Al caer la noche se daba su segundo baño bien caliente y cenaba, siempre con abundancia de licores. Después de la cena, en algunas ocasiones jugaba a las cartas o veía una película. Le gustaban los *films a*mericanos de aventuras y en especial los *westerns*. Entre las dos y las cuatro de la mañana leía la prensa del día siguiente y aún tenía tiempo para una animada tertulia. Luego se acostaba y dormía de un tirón. Este ritmo de trabajo, con sólo cinco o seis horas de sueño al día, le permitía desplegar una actividad intensa. Viajó por todo el país pasando revista a las defensas y entrevistándose con cientos de personas. No descansaba los fines de semana. Tenía tiempo incluso para hacer prácticas de tiro, por si llegaba a toparse con algún paracaidista alemán.

En mayo de 1940 el Parlamento votó una ley concediendo al Gabinete poderes extraordinarios mientras durase la guerra. Ello permitió a Churchill gozar de unas prerrogativas como ningún otro primer ministro había tenido nunca. A pesar de ello, siempre fue muy respetuoso con los Comunes, porque sabía que, del mismo modo que le habían concedido su confianza, podían,

El viejo húsar no dudó en hacer pruebas de tiro con una Thompson por si era preciso repeler personalmente el ataque alemán. Esta imagen fue utilizada por la propaganda nazi para presentarle como un gánster.

llegado el momento, retirársela. No hay que olvidar que Chamberlain seguía siendo el líder del partido conservador y que Churchill continuaba inspirando desconfianza a muchos tories. A pesar de las quejas sobre su autoritario estilo de mando —incluso Clementine en una ocasión llegó a reprochárselo—, sus colaboradores admiraban su energía sin límites y la nobleza de su carácter. Una vez más, sus virtudes superaron a sus numerosos defectos. Churchill decidió aplicar las lecciones que sobre el poder había aprendido a lo largo de su dilatada carrera pero, sobre todo, aquellas que le proporcionó su experiencia durante la Gran Guerra. En demasiadas ocasiones tuvo que ver entonces como los militares imponían su criterio a los Gobiernos enviando al matadero a centenares de miles de hombres. Ahora Churchill estaba decidido a participar en cada plan y en cada debate. Como ministro de Defensa que era, trabajaba directamente con los jefes del Estado Mayor Imperial en la planificación de las operaciones, y como primer ministro lideraba el Gabinete de Guerra que se encargaba de trazar las grandes orientaciones estratégicas. Churchill pensaba que debía haber un criterio político a la hora de dirigir la guerra, que esta era algo demasiado serio como para dejarla en manos sólo de los militares.

A finales de julio Inglaterra permanecía expectante. Todas las medidas defensivas que podían tomarse habían sido ya adoptadas. El país entero contenía el aliento. Hasta los peces esperaban la invasión, decía la voz popular. ¿Atacarían los alemanes? Lo que nadie sabía era que Hitler y sus generales se habían visto sorprendidos por la rapidez del desplome francés, y aunque pueda parecer increíble, no habían preparado ningún plan para seguir la lucha contra Inglaterra, probablemente porque Hitler creyera hasta el último instante que los ingleses, durante tanto tiempo adalides del apaciguamiento, buscarían algún tipo de arreglo una vez caída Francia.

Hasta finales de junio el *Führer* no dio orden al Estado Mayor de preparar el desembarco en Inglaterra, la operación León Marino. El problema esencial para Alemania consistía en cruzar el Canal de la Mancha teniendo una flota muy inferior a la británica. Pero en 1940 los alemanes contaban con una ventaja que no poseían ni Felipe II en 1588 ni Napoléon en 1805: el poder aéreo. Si la *Luftwaffe* conseguía el dominio sobre el Canal durante tan sólo tres días, preconizaban los expertos, el desembarco sería posible. Una vez más se comprobaba que los esfuerzos de Churchill en pro del rearme aéreo estaban plenamente justificados. En buena medida gracias a ellos Inglaterra tenía en su poder un escudo defensivo nada desdeñable. La *Royal Air Force,* aunque dos o tres veces inferior en número a la *Luftwaffe* alemana, poseía, sin embargo, aparatos que individualmente superaban en calidad a los germanos. Las fábricas británicas, puestas bajo el mando de lord Beaverbrook, amigo personal de Churchill, trabajaban a todo ritmo produciendo nuevos aviones, principalmente *Hurricanes* y los modernos *Spitfires.* Las instalaciones de radar se multiplicaban en las costas británicas. La victoria o la derrota en la batalla de Inglaterra se decidiría en el aire.

El 8 de agosto por fin comenzó la ofensiva alemana. Grandes oleadas de bombarderos escoltados por cazas se lanzaron sobre el sur de Inglaterra. Su objetivo, destruir las instalaciones portuarias, dañar los nudos de comunicaciones, hundir cuantos navíos encontraran a su paso, y, sobre todo, inutilizar los aeropuertos y aniquilar a la RAF. Pese a las seguridades que Goering había dado al *Führer,* los progresos realizados por los alemanes en las semanas siguientes fueron muy lentos. Sus pérdidas duplicaban o triplicaban a las británicas con lo que la inicial desproporción numérica favorable a la *Luftwaffe* se iba desvaneciendo. Los sistemas de alerta previa desarrollados por los ingleses estaban funcionando con una tremenda eficacia. La red de radares instalados en la costa y un servicio de vigilancia que llegó a contar con cincuenta mil personas, casi todos jóvenes o ancianos, permitía a los aviones británicos establecer cuáles eran las rutas de los atacantes y esperarlos en vuelo antes de que llegaran a sus objetivos. Por si esto fuera poco, los *Spitfires* británicos eran un rival formidable para los *ME-109* alemanes. Los jóvenes pilotos británicos, muchos pertenecientes a aquella generación pacifista que se había manifestado en su día opuesta a combatir por el Rey y la patria, peleaban ahora con coraje y determinación.

Churchill visita las ruinas de la catedral de Coventry.
La ciudad fue arrasada por un terrible bombardeo alemán
en noviembre de 1940. Los ingleses acuñaron
entonces un nuevo verbo para definir ese tipo
de ataques: «to coventry», 'coventrizar'.

Un mes después de iniciada la batalla el alto mando alemán se desesperaba. El ritmo de sus pérdidas era demasiado elevado y se acercaba el fin del verano y con él desaparecerían las condiciones meteorológicas favorables al desembarco. Estas y otras consideraciones llevaron a Goering a cambiar radicalmente de estrategia, cometiendo con ello uno de los errores más decisivos de toda la Segunda Guerra Mundial. El día 7 de septiembre el grueso del ataque alemán se concentraba por primera vez sobre la ciudad de Londres. Los bombardeos terroristas e indiscriminados sobre la capital británica deberían doblegar la voluntad de resistencia de la nación. Sin embargo, los ataques provocaron sobre los londinenses un efecto totalmente opuesto fortaleciendo la determinación del pueblo de seguir en la lucha hasta el final. El *Blitz* sobre Londres, como lo llamaron popularmente los ingleses, no era sino la prueba de la frustración alemana. Los daños sobre la ciudad fueron espectaculares pero la RAF, por entonces prácticamente exhausta, pudo recuperar fuerzas y afrontar la batalla decisiva. La presencia de Churchill por las arrasadas calles londinenses contribuyó a levantar la moral de la población y también a convertir su figura en el símbolo de la resistencia nacional.

El 15 de septiembre los alemanes decidieron lanzar su ataque más devastador y decisivo contra Londres con casi ochocientos aparatos. Ese día Churchill decidió seguir personalmente el curso de la batalla en el Cuartel General de Cazas de Uxbridge, al sur de Londres. Aquel fue un momento de suprema emoción. Sobre un tablero situado en la pared, luces rojas, que representaban cada una de las escuadrillas de cazas en servicio, se iban encendiendo según las unidades iban entrando en la batalla. En un momento dado el tablero estaba completamente iluminado. Todos y cada uno de los aparatos disponibles estaban en el aire. No había más reservas. Después paulatinamente las luces se fueron apagando, los atacantes se retiraban. Londres y la RAF habían aguantado.

A comienzos de octubre los alemanes habían perdido más de dos mil quinientos aparatos sin conseguir sus objetivos. Con la llegada del otoño el tiempo sobre el Canal empeoraba. No había más remedio que aplazar el desembarco para el año siguiente. Nunca se realizaría. A pesar de su fracaso, los nazis decidieron mantener la presión sobre Inglaterra. Ya que las bajas de la *Luftwaffe* eran cada vez mas elevadas en los ataques diurnos, se recurrió a los bombardeos nocturnos. Más de cien mil bombas incendiarias fueron arrojadas entonces provocando pavorosos fuegos. Pero los londinenses sabían que la batalla estaba ganada. Acurrucados en los refugios antiaéreos o en el metro, que fue habilitado a tal fin, pasaban la noche como mejor podían y al día siguiente se acercaban a sus casas con la esperanza de que aún estuvieran en pie. Lo excepcional terminó por hacerse rutinario. Algunas noches el propio Churchill, enfundado en un atrabiliario mono subía a la azotea de Downing Street y contemplaba los incendios que arrasaban su amada ciudad. Hasta la primavera de 1941 duraron los ataques sistemáticos sobre Londres causando miles de muertos y heridos. Una de las últimas víctimas de los bombardeos fue la Cámara de los Comunes. Sobre sus ruinas Churchill lloró de rabia y prometió reconstruirla piedra a piedra. Durante el tiempo que duró la guerra las sesiones del Parlamento debieron trasladarse de escenario, pero no por ello aquel templo de la democracia dejaría de funcionar. Los indiscriminados y salvajes ataques alemanes convencieron a Churchill de que Inglaterra debería pagar al enemigo con su misma moneda. En cuanto fue posible los bombarderos pesados de la RAF comenzaron su campaña sobre los centros industriales alemanes y sobre algunas ciudades como la propia Berlín. Al principio fueron sólo alfilerazos, pero con el tiempo llegarían a devolver con creces el daño que la *Luftwaffe* les infringió.

La «Batalla de Inglaterra» había concluido. Los británicos habían sido capaces de resistir a un enemigo que tenía hasta entonces la vitola de invencible. La deuda que la nación tenía con sus pilotos era enorme. Como siempre Churchill supo resumir mejor que nadie aquel sentimiento cuando afirmó que: «Nunca en la larga historia de los conflictos humanos, tantos debieron tanto a tan pocos». Sin embargo, también Churchill era consciente de que la situación de su país continuaba siendo desesperada. Una cosa era rechazar un intento de invasión sobre las islas y otra muy distinta ganar la guerra, pero lo peor había pasado ya.

Solos (1940-1941)

Afortunadamente, los ingleses tenían enfrente otros enemigos bastante menos peligrosos que los alemanes. La precipitada entrada en guerra de Italia, arrastrada por un Mussolini temeroso de perder el tren (alemán) de la victoria, ofrecía nuevos escenarios donde combatir, principalmente el Mediterráneo. En septiembre de 1940 los italianos partiendo de sus bases en Libia comenzaron una ofensiva sobre Egipto, controlado por los ingleses, cuyo destino final era el canal de Suez. Mussolini pensaba que aquel era un objetivo factible teniendo en cuenta que los británicos estaban atareados defendiendo su propia isla. Sin embargo, Churchill consideró que la mejor defensa de Gran Bretaña pasaba por Egipto, así que decidió privar a Inglaterra de algunos de sus contados recursos militares para enviarlos al desierto. Era una opción muy arriesgada que no fue bien comprendida por todos, pero que estaba llamada a producir sus frutos. En diciembre de 1940 la ofensiva italiana se agotaba y, poco después, eran los británicos los que contraatacaban de manera tan vigorosa que conseguían una resonante victoria. Los italianos debían retroceder apresuradamente por la Cirenaica dejando más de cien mil prisioneros. Se trataba del primer triunfo militar que Churchill podía ofrecer a su país desde que se convirtiera en primer ministro. Antes de que finalizara el año, la *Mediterranean Fleet* realizaba un espectacular ataque con aviones torpederos sobre el puerto italiano de Tarento, hundiendo a la mitad de los acorazados de Mussolini. El dominio inglés sobre el *mare nostrum* se afianzaba.

El teatro de operaciones mediterráneo se complicó un poco más con la decisión del *Duce* de lanzarse a la conquista de Grecia en octubre de 1940. Se trató de otro fatal error de cálculo, ya que los griegos resistieron heroicamente rechazando a los italianos más allá de sus bases de partida en territorio albanés (Albania había sido ocupada a su vez por Italia sin disparar un tiro en 1939). El ataque a Grecia colocó a Inglaterra en una difícil posición, ya que Londres estaba ligado con Atenas por un tratado de asistencia. Algunos pensaban que sería un despilfarro inadmisible de hombres y medios acudir en socorro de los griegos, pero Churchill sostuvo que los ingleses debían hacer honor a sus pactos o de otro modo su credibilidad en lo que quedaba de la Europa libre se derrumbaría. Así pues, ordenó al mando británico en Egipto que retirara unos sesenta mil hombres del desierto para mandarlos a suelo heleno.

A comienzos de 1941 hacía su aparición en Libia el *Afrika Korps,* una unidad alemana de élite enviada en auxilio de los desdichados italianos, comandada por el general Erwin Rommel, cuyo núcleo lo constituían varios centenares de *panzers*. Su llegada, unida al debilitamiento del Ejército inglés en Egipto, debido a los refuerzos enviados a Grecia, produjo efectos fulminantes. En pocas fechas los ingleses, cuyos tanques eran muy inferiores a los del enemigo, debían batirse en retirada. Por si fuera poco, a principios de abril comenzaba una fulgurante campaña alemana sobre los Balcanes. El objetivo era aplastar a Yugoslavia, que había osado desafiar la voluntad del *Führer* y, de paso, terminar con el desafortunado asunto griego que tantos quebraderos de cabeza seguía dando a Mussolini. En pocas semanas los gobiernos de Belgrado y de Atenas debían capitular. La formidable maquinaria de guerra del Reich había vuelto a funcionar con absoluta precisión. En medio de este desastre general, las tropas británicas en Grecia debieron ser evacuadas. Un ataque

El primer ministro deja a un lado su bombín para ponerse el casco durante un ataque aéreo. A pesar de la insistencia de sus allegados en que buscara refugio en el búnker, Churchill se resistía siempre a abandonar Downing Street.

de los paracaidistas alemanes sobre la isla de Creta, convertida en el último reducto británico, se saldó, como dijo la prensa británica, con un nuevo Dunquerque.

La sucesión de catástrofes que tuvo lugar durante la primavera de 1941 provocó en Gran Bretaña las primeras dudas acerca de la conducción de la guerra por parte de Winston Churchill. En una tormentosa sesión parlamentaria el primer ministro tuvo que hacer frente a numerosas críticas. Era evidente que los hombres de Mussolini habían proporcionado la posibilidad de obtener victorias fáciles, pero el enemigo de verdad era Alemania y su potencia permanecía intacta. También se reprochó a Churchill su estilo demasiado personal de guiar al país, el poco caso que hacía de sus asesores militares, y su tendencia a ignorar a sus colegas de Gabinete. Incluso hubo alusiones a un supuesto nepotismo. Su yerno Duncan Sandys había sido nombrado subsecretario de guerra y su hijo Randolph, convertido en diputado gracias a una oportuna elección parcial, era apartado prudentemente de cualquier frente peligroso a pesar de haberse alistado como voluntario en el mismo regimiento de húsares de su padre. No obstante, la votación de la moción de confianza demostró que el liderazgo de Churchill era sólido. Tras la muerte de Chamberlain a finales de 1940 se había convertido finalmente en el jefe de filas del Partido Conservador, un hecho notable teniendo en cuenta su larga trayectoria de «lobo solitario». Todos tuvieron que convenir que fue la fe de Churchill la que mantuvo al país durante la batalla de Inglaterra, y que a él se debían los pocos éxitos conseguidos hasta entonces. Hasta sus críticos reconocían que, frente al omnímodo poder alemán, poco se podía hacer por entonces como no fuera esperar, apoyar la resistencia de la Europa ocupada («Incendiad Europa», ordenó Churchill a sus fuerzas de operaciones especiales) e intensificar todo lo posible los bombardeos sobre los centros neurálgicos del enemigo. Como dijo un diputado: «No veo cómo podemos ganar la guerra con Winston, pero, por otro lado, tampoco veo cómo podremos ganarla sin él». A mediados de 1941 ese era el dilema de Inglaterra.

8

Victoria y derrota (1941-1945)

> *Pienso que el fin de esta guerra podría resultar aún más decepcionante que el de la última.*
>
> Churchill a Roosevelt, 1945

LA GRAN ALIANZA (1941-1942)

El 22 de junio de 1941 Adolf Hitler sellaba su destino. El *Führer* decidía hacer realidad su viejo sueño: la conquista de la Rusia soviética, el exterminio de la raza eslava y la repoblación de tan inmenso espacio con colonos arios. Con esta decisión la guerra daba un vuelco espectacular. Las simpatías de Churchill por el régimen comunista no habían aumentado desde 1917. Stalin no había hecho mucho por mejorar las cosas aliándose con Hitler en 1939 y negociando luego con los alemanes un reparto del presuntamente moribundo Imperio británico. Pero ahora que los rusos se unían a la larga lista de víctimas de Hitler, Churchill no tuvo ninguna duda: Gran Bretaña ofrecería toda la ayuda posible a la Unión Soviética. Porque, como dijo en un discurso radiado por la BBC a las nueve de la noche de aquel mismo día: «Todo individuo y todo Estado que luche contra el nazismo, puede contar con nuestra ayuda». También aclaró cualquier equívoco que su decisión pudiera suscitar: «En los últimos veinticinco años el comunismo no ha tenido enemigo mayor que yo. No me retracto de una sola palabra de lo que yo haya dicho sobre el tema. Pero todo esto desaparece ante el espectáculo que se desarrolla en estos momentos». Como dijo en el Parlamento, resumiendo su postura en un tono ya más desenfadado: «Si Hitler invadiese el infierno, yo haría por lo menos un comentario favorable al demonio en la Cámara de los Comunes». En julio de 1941 Gran Bretaña y la Unión Soviética firmaban un Tratado de Alianza. La situación de los soviéticos en aquellos primeros momentos de la invasión era absolutamente desesperada. Las columnas blindadas alemanas estaban haciendo centenares de miles de prisioneros. El Ejército Rojo se replegaba dejando tras de sí sólo «tierra quemada». Los ingleses, que durante un año habían combatido en soledad contra Hitler, aguardaban expectantes el desarrollo de los acontecimientos. Si su recién adquirido aliado también era vencido, el futuro de Gran Bretaña sería de nuevo incierto.

Mientras la URSS luchaba por su supervivencia, Churchill conseguía sustanciales avances en su relación con la única gran potencia que todavía seguía fuera de la guerra. Antes incluso de ocupar el cargo de primer ministro, ya había cultivado con mimo la amistad con Franklin D. Roosevelt, el presidente de los Estados Unidos, con quien mantenía una fluida correspondencia. A pesar de la actitud de sus conciudadanos que consideraban que el país debía mantenerse al margen de los asuntos europeos, Roosevelt había ido tomando una serie de medidas que le fueron colocando cada vez más claramente en contra de Alemania. Ya en 1940 había entregado cincuenta destructores a Londres a cambio de unas bases navales en las Antillas, y también había conseguido que Estados Unidos vendiera armas a Inglaterra, siempre y cuando esta las pagara al contado en dólares y se encargara del transporte (el llamado *cash and carry,* o sea «paga y llévatelo»).

En noviembre de 1940 se producía la tercera elección de Roosevelt al frente de la Casa Blanca, un hecho sin precedentes en la historia del país. Poco después el presidente anunciaba un inmenso programa de rearme, y proclamaba la intención de convertir a los Estados Unidos en «arsenal de la democracia». El primer fruto fue la aprobación de la Ley de Préstamo y Arriendo (*Lend and Lease*), según la cual el Congreso autorizaba al Presidente a «ceder» a otros países aquellos equipos militares que considerase necesarios para la defensa de los Estados Unidos. La medida iba destinada a Inglaterra, ya que el agotamiento de sus divisas en dólares amenazaba con estrangular la compra de armas. También Roosevelt ordenaba a la Marina estadounidense que colaborara con la *Royal Navy* en la protección de los convoyes de armamento, y que estableciera bases navales en Islandia. Todas y cada una de estas medidas fueron tomadas de acuerdo y a instancias de Churchill.

Tras una larga y fructífera relación epistolar ambos hombres decidieron que había llegado el momento de conocerse personalmente. A mediados de agosto de 1941 Churchill embarcaba en el acorazado *Prince of Wales* y cruzaba el Atlántico para coincidir a la altura de Terranova con el crucero *Augusta,* donde le esperaba el presidente Roosevelt. El encuentro respondió a las expectativas. En opinión de uno de los testigos, Churchill se comportó como «si le llevasen al cielo para ver a Dios». Ambos estaban fascinados por la personalidad de su respectivo interlocutor, lo cual no fue obstáculo para que también se pusieran de manifiesto las diferencias que les separaban y que no harían sino crecer con el paso del tiempo. No era sólo que a Churchill le aburriera la colección de sellos de Roosevelt, o que a este le agotara la «vitalidad animal» del inglés y sus interminables peroratas. Era también que, para un demócrata americano como Roosevelt, Churchill era la viva encarnación del imperialismo victoriano. Y en el mundo que el presidente soñaba para la posguerra no tenía cabida ningún imperio, ni el nazi... ni el británico. A pesar de todo, los acuerdos primaron sobre las diferencias, que fueron oportunamente soslayadas. En la Carta del Atlántico suscrita por ambos se reconocía el derecho de cada pueblo a elegir su forma de gobierno, se establecía la libertad de comercio, la cooperación económica entre los países y la renuncia al empleo de la fuerza en las relaciones internacionales. Era realmente extraordinario que el presidente de un país que no estaba en la guerra se preocupara de esa manera por diseñar cómo sería el mundo tras la derrota de Hitler. Para Churchill era un gran triunfo. Su perseverancia había conseguido un estrechamiento tal de las relaciones de Gran Bretaña con los Estados Unidos que ya sólo faltaba un pequeño paso para que este país se decidiera a entrar en la guerra.

El 7 de diciembre de 1941 el Imperio japonés proporcionó a Norteamérica el empujón que faltaba. Aquella mañana de domingo aviones japoneses con base en portaaviones atacaban por sorpresa a la flota estadounidense anclada en el puerto de Pearl Harbor en las islas Hawaii. El bombardeo había venido precedido de casi un año de fuertes tensiones diplomáticas entre Tokio y Washington derivadas de la política agresiva del Japón en el Pacífico y en China. Churchill se encontraba en su residencia de Chequers, donde pasaba habitualmente los fines de semana, y oyó la noticia del ataque

Churchill y Roosevelt en la cubierta del *Prince of Wales* asistiendo a los servicios religiosos durante la Conferencia del Atlántico. Entre ambos, de pie, el general George Marshall, padre del Plan que llevaría su nombre para reconstruir Europa.

por la radio. Inmediatamente se puso en contacto por teléfono con Roosevelt para anunciarle la decisión de entrar en guerra con Japón, toda vez que algunas bases británicas en Asia como Hong Kong o Malasia estaban siendo también atacadas.

Aquellas Navidades de 1941 Churchill fue el invitado de honor de Roosevelt en Washington. Las relaciones entre los dos estadistas llegaban a su mejor momento. Una noche Roosevelt entró en la habitación que Churchill ocupaba en la residencia presidencial. Este acababa de ducharse y estaba sin ropa. Ante el embarazo de su anfitrión, Churchill le explicó que «el primer ministro de Gran Bretaña no tenía nada que ocultarle al presidente de los Estados Unidos». El 26 de diciembre le fue concedido el honor excepcional de dirigirse al Congreso. En un discurso inolvidable Churchill, después de recordar la sangre americana que bullía por sus propias venas, se congratuló de que los pueblos de habla inglesa «marchen majestuosamente hombro con hombro en pos de la justicia y la paz». La Cámara puesta en pie le ovacionó con entusiasmo. Tantas emociones terminaron por afectar su salud. La noche del 28 de diciembre sufría su primera crisis cardiaca, que fue mantenida en secreto por su médico, lord Moran. Casi por esas mismas fechas los rusos detenían la ofensiva alemana a las puertas de Moscú e iniciaban un contraataque con tropas de refuerzo traídas de Siberia. En pleno invierno ruso, con unas condiciones meteorológicas extremas y en medio de terribles pérdidas, la *Werhmacht* iniciaba la retirada por primera vez desde 1939. La guerra había llegado a su punto culminante.

Las tres semanas que Churchill pasó en Washington en el invierno de 1941 a 1942 (del 22 de diciembre al 14 de enero) sirvieron para sentar las bases de la Gran Alianza de países contra el fascismo y para trazar la estrategia básica a seguir en la guerra. Se decidió que el principal esfuerzo bélico se dirigiera contra Alemania, que había declarado la guerra a Estados Unidos poco después de Pearl Harbor, y no contra Japón como habría sido lo más lógico teniendo en cuenta que el esfuerzo primordial iba a correr de parte americana. Fue este un logro personal de Churchill que se hallaba entonces en el apogeo de su influencia sobre Roosevelt. El 1 de enero de 1942 las veintiséis potencias que estaban en guerra contra el Eje firmaban en Washington la Alianza de las Naciones Unidas, embrión de la futura ONU. Nadie podía discutir que el forjador de aquella histórica coalición había sido Winston Churchill. Si su primer gran logro en la guerra fue mantener la resistencia de Inglaterra frente a Hitler en los dramáticos días del verano de 1940, el segundo milagro de Churchill consistió en edificar alrededor de Inglaterra una alianza como jamás se había conocido en la historia. A partir de ese momento el viejo político británico se impondría una tercera tarea, conseguir que la victoria en la guerra fuera acompañada de una paz estable y duradera, algo que no había sido posible en 1918. Ese empeño desgraciadamente se revelaría como superior a sus fuerzas.

El gozne del destino (1942-1944)

En su discurso ante el Congreso en diciembre de 1941 Churchill había profetizado que antes de dos años sería imposible empezar a ver «la luz de la victoria». Los hechos fueron confirmando sus palabras. El primer semestre de 1942 fue particularmente penoso para los aliados. En el norte de África, las tropas de Rommel conseguían victoria tras victoria empujando a los británicos hasta las puertas de Alejandría. En Rusia, los alemanes, después de las pérdidas desastrosas del invierno, recuperaban la iniciativa con el buen tiempo y amenazaban todo el Cáucaso. En el Atlántico, las «manadas de lobos» submarinas hacían estragos sobre los convoyes aliados. En el Pacífico, los ingleses sufrían la pérdida de Hong Kong, Malasia y Singapur. Por su parte los americanos debían abandonar las Filipinas. Los japoneses conquistaban Indonesia y Birmania y se colocaban a las puertas de Australia por el sur y de la India por el oeste.

Tales noticias provocaron una enorme agitación política en Gran Bretaña. La caída de Singapur fue el detonante de un descontento larvado. La guarnición, compuesta por casi noventa mil hombres, había capitulado en pocos días. Ante un inesperado ataque por tierra, las costosas defensas, orientadas al mar, se habían revelado como perfectamente inútiles. El propio Churchill tuvo que reconocer que aquel había sido «el mayor desastre militar de la historia británica». Todos los ojos se volvieron una vez más hacia el primer ministro exigiéndole cambios en la dirección de la guerra. En junio de 1942 los Comunes sometían al Gabinete a una nueva moción de confianza, en una tormentosa sesión. Randolph Churchill, ostentosamente vestido de uniforme para la ocasión, intervino en defensa de su padre pero, como era de esperar, sus palabras sólo sirvieron para avivar el fuego. Llegada la hora de la votación Churchill volvía a salir triunfante, aunque todavía tuvo que escuchar un último sarcasmo de un diputado laborista que le recordó que «el Muy Honorable Miembro se impone en todos los debates y pierde todas las batallas».

Las críticas recibidas en los Comunes reflejaban el cambio que comenzaba a operarse en el pueblo británico con respecto a su líder. Los ciudadanos corrientes comenzaban a cansarse de aquella guerra interminable que duraba ya casi tres años. Los discursos de Churchill que en 1940 sonaran tan heroicos, en 1942 parecían ampulosos y huecos. El primer ministro parecía más empeñado en la búsqueda de gloriosos laureles guerreros que en solucionar los angustiosos problemas cotidianos de sus compatriotas. La movilización general del país estaba operando cambios sociales, un sentimiento igualitario iba surgiendo en una nación que prefería nuevas viviendas antes que hermosas palabras. La popularidad de los dirigentes laboristas, a quienes Churchill había confiado los ministerios relacionados con la política interior en el Gobierno de coalición, no cesaba de aumentar.

Afortunadamente para Churchill en la segunda mitad de 1942 la suerte de la guerra empezó a cambiar visiblemente. En junio, la flota norteamericana del

Churchill siempre defendió la supremacía del poder civil sobre el militar, incluso durante el tiempo de guerra. Aquí le vemos en Italia en 1943, convaleciente de una neumonía, al lado de Eisenhower y otros altos jefes.

Pacífico derrotaba a la Armada imperial japonesa en Midway. En Rusia, a finales de año, la ofensiva alemana era frenada en la ciudad de Stalingrado. Casi un cuarto de millón de alemanes perecería en aquella batalla que marcaba el inicio de una retirada que ya no se detendría hasta Berlín. Pero, sin duda, el triunfo más apreciado por los ingleses tuvo lugar en El Alamein, en el desierto norteafricano. Allí, en octubre de 1942, el 8.º Ejército del general Montgomery derrotaba de forma decisiva al mariscal Rommel, cuando este tenía ya el canal de Suez al alcance de la mano. Aquella sería la primera y última victoria que los ingleses obtendrían en solitario sobre los alemanes. Por eso Churchill que, durante toda la guerra siempre albergó serias dudas sobre la capacidad militar británica en comparación con la *Wehrmacht,* le concedió un valor muy especial. Las campanas repicaron por toda Inglaterra y el primer ministro pudo rubricar el triunfo con una de sus legendarias frases: «No es el fin de la guerra. No es ni siquiera el principio del fin de la guerra. Pero es, quizá, el fin del principio». Pocos días después de El Alamein, tenía lugar el desembarco aliado en Marruecos y Argelia lo que permitió cerrar una gigantesca trampa sobre los restos del *Afrika Korps* que se replegaban hacia Túnez. En mayo de 1943 se rendían las últimas tropas germano-italianas en África.

El giro favorable a los aliados que estaba tomando la guerra motivó que Churchill empezara a pensar en cómo iba a ser el mundo después del conflicto. A diferencia de Roosevelt, que creía que el entendimiento entre los Tres Grandes sería suficiente para resolver cualquier problema que se planteara, y de Stalin, que pensaba ya en una política de hechos consumados, Churchill intentó que la estrategia militar estuviera basada en previas consideraciones políticas acerca del diseño del mundo de posguerra que se perseguía. Más concretamente, Churchill empezó a preguntarse seriamente cómo sería posible evitar que el comunismo terminara implantándose en los territorios de la Europa Central y Oriental. Sustituir la dominación nazi por el estalinismo no parecía el mejor resultado para aquella sangrienta guerra. Así pues, antes incluso de que hubiera comenzado el reflujo alemán en Rusia, en agosto de 1942, Churchill consideró que llegaba el momento de entrevistarse cara a cara con Stalin.

Durante los cinco días que duró la visita, el viejo conservador anticomunista y el viejo revolucionario anticapitalista tuvieron ocasión de verse en varias ocasiones. Stalin le recibió con indudable cordialidad. Los banquetes con que agasajó a su invitado contaron con comida opípara, abundante licor y decenas de brindis, buena prueba de que los rusos conocían a fondo los gustos del británico. Las entrevistas, sin embargo, no fueron fáciles, según Churchill algo así como «acarrear un gran témpano de hielo al polo norte». El momento culminante llegó cuando tuvo que anunciar a su anfitrión que, en lugar del esperado desembarco en suelo francés, los occidentales habían decidido ocupar África del Norte. Stalin acusó a los británicos de cobardía y de pretender que los rusos ganaran la guerra para ellos. Churchill le replicó que en 1940 ya había un segundo frente abierto en Francia y que los rusos entonces habían preferido pactar con Hitler. El intercambio de opiniones fue agrio, pero ambos estaban interesados en mantener abierto el diálogo. A la hora de la despedida, Churchill intentó halagar a su interlocutor admirando los peces rojos del estanque de la villa (llena de micrófonos) en la que los rusos le habían alojado. Ante el interés del británico, Stalin le preguntó si deseaba llevárselos a Inglaterra... o, tal vez, prefería que se los cocinaran para la cena. Una anécdota que ilustra el abismo que separaba a ambos hombres. Churchill se fue de Rusia con la impresión de que Stalin era un rival formidable, un hombre sin escrúpulos. Un político implacable que sólo entendía el lenguaje de la fuerza.

La reunión entre los tres líderes de la Gran Alianza se reveló como imprescindible. Churchill pensaba que si conseguía el apoyo de Roosevelt, Stalin se vería obligado a ceder. En enero de 1943 tuvo lugar la Conferencia de Casablanca, pensada en un principio como un encuentro entre los Tres Grandes, propósito que se vio truncado debido a la negativa de Stalin de abandonar la Unión Soviética durante la batalla de Stalingrado. En Casablanca, Churchill y Roosevelt tomaron la decisión de desembarcar en Sicilia una vez que todo el norte de África estuviera controlado. Eso significaba aplazar de nuevo el segundo frente, pero Churchill consideraba que tal operación era todavía prematura. A iniciativa esta vez de Roosevelt, se acordó exigir a los alemanes la rendición incondicional, decisión que no agradó a Churchill, que pensaba que de este modo se obligaba a Alemania a luchar hasta el final. Por último, en Casablanca se reconocía de nuevo a Francia como aliado combatiente. Churchill, que no olvidaba la actitud resuelta de De Gaulle en 1940, continuaba sosteniéndole a pesar de las dudas de Roosevelt y del carácter de aquel. Churchill llegaría a afirmar que «de todas las cruces que he tenido que llevar durante la guerra, la más pesada fue la Cruz de Lorena» (en alusión al distintivo de la Francia Libre). Terminada la cumbre el primer ministro británico decidió concederse unas pequeñas vacaciones en Marrakech, al que llamaba «el París del Sahara». En aquel extraño remanso de paz, Churchill pintaría el único cuadro de toda la guerra, una montaña perfilada sobre un oasis. Cuando estuvo terminado se lo envió como regalo al presidente Roosevelt. Antes de regresar a Inglaterra, voló a Turquía para presionar a su gobierno con el fin de que abandonara la neutralidad. Después a Chipre, donde pasó revista a su viejo regimiento, el 4.º de Húsares, y por último a Egipto, donde saludó a las tropas vencedoras de Rommel. En su viaje de regreso enfermó gravemente de neumonía, lo que le obligó a una convalecencia de tres semanas. Cuando regresó a las islas británicas habían pasado dos meses desde su salida.

La cumbre entre los Tres Grandes aliados tuvo lugar en Teherán entre el 28 de noviembre y el 2 de diciembre de 1943. El sitio elegido había sido impuesto por Stalin con la justificación de que se trataba de un territorio accesible desde Moscú por tren. De camino hacia Irán, Churchill y Roosevelt se entrevistaron en El Cairo con el caudillo chino Chiang-Kai Shek para revisar la estrategia en la guerra contra los japoneses. La Conferencia de Teherán, tanto tiempo esperada, se saldaría para Winston Churchill con una triste constatación. La confirmación de que su papel y el de su país se convertían en secundarios en la guerra y que el liderazgo de la victoria pasaba a las manos de soviéticos y americanos. Contrariamente a lo que Churchill había pensado, el encuentro sirvió, sobre todo, para crear un clima de entendimiento entre Roosevelt y Stalin en perjuicio suyo. Roosevelt sostenía que en el mundo de posguerra un viejo Imperio colonial como el británico estaba destinado a ser desmantelado y que Estados Unidos y la Unión Soviética, a pesar de encarnar sistemas tan opuestos como el capitalismo y el comunismo, se unirían para liderar al mundo. La clave para el mantenimiento de la paz residiría en la Organización de las Naciones Unidas (ONU), una especie de reedición de la fallida Sociedad de Naciones. Roosevelt concentró sus esfuerzos en que Stalin apoyara su proyecto sobre la ONU, considerando el resto de las cuestiones como secundarias, e incluso posponiendo la solución de algunas hasta el final de la guerra. Esta postura chocaba con Churchill, para quien el diseño del mundo de posguerra debería trazarse mientras las tropas norteamericanas estuvieran aún en Europa. Con respecto a la ONU, no tenía mejor opinión de ella que la que tuvo de la SDN.

Todas estas consideraciones llevaron a Churchill a intentar obstaculizar lo más posible el desembarco aliado en Francia. Los soviéticos querían que el principal esfuerzo militar de los occidentales se llevara a cabo lo más lejos de las fronteras rusas. Por eso Churchill prefería sustituirlo por un ataque a través de los Balcanes, lo que el llamaba el «blando vientre de Europa», para acceder rápidamente a Berlín antes de que lo hiciera el Ejército Rojo. La decisión de Roosevelt de apoyar el segundo frente en Francia frustraría este proyecto. También fue infructuosa la lucha de Churchill por Polonia, formalmente la causa de la entrada en guerra de los británicos. En Teherán se decidía, nada menos, que la Unión Soviética conservara la parte oriental de este país que había ocupado en 1939 merced a su pacto con Hitler. El Estado polaco recibiría una compensación territorial sin concretar a expensas de Alemania por el oeste. De la independencia de los países bálticos, también invadidos en 1940, nada se dijo. Si hubo un triunfador en Teherán, desde luego fue Stalin, que sólo tuvo que prometer apoyo a la creación de la ONU y hacer una vaga referencia a su posible entrada en guerra contra Japón. Su entendimiento con Roosevelt dejó a Churchill en una difícil posición. En uno de los brindis tras una cena, Stalin levantó su copa y propuso que después de la guerra se ejecutase a cincuenta mil oficiales alemanes. Churchill protestó airado y Roosevelt terció proponiendo que la cifra se redujera a tan solo cuarenta y nueve mil. En ese momento el primer ministro británico abandonó la sala y hubo que ir a buscarle para convencerle de que sólo se trataba de una chanza, eso sí, de dudoso gusto.

El fin de la Conferencia supuso también para Churchill un agravamiento de su estado de salud. La manera tan personal e intensa de conducir la guerra, los continuos y extenuantes viajes (durante la guerra llegaría a reunirse diez veces con Roosevelt en diversos escenarios del mundo) y las tensiones acumuladas hicieron mella en un hombre que, precisamente durante aquellos días en la capital persa, había cumplido los sesenta y nueve años de edad. Una bronconeumonía agravada con complicaciones cardiacas hicieron temer seriamente por su vida. Tras otra convalecencia de varias semanas en Marrakech pudo regresar finalmente a Inglaterra.

La guerra seguía su curso. En el Pacífico la batalla de Guadalcanal rompía por primera vez el perímetro defensivo del Japón. La estrategia del general MacArthur permitía a los americanos avanzar por el Pacífico Sudoccidental a gran velocidad atacando tan

Churchill celebra su sesenta y nueve cumpleaños el 30 de noviembre de 1943 en Teherán junto con Stalin y Roosevelt. La Conferencia resultó decepcionante para él, ya que constató que el presidente norteamericano prefería entenderse con el amo del Kremlin.

sólo algunas de las islas más importantes. Por el Pacífico Central los marines del almirante Nimitz progresaban con parecida celeridad. Desde la India los británicos se dirigían a Birmania. Tras el desembarco de Sicilia, en julio de 1943, se producía la caída y detención de Mussolini. Liberado por un comando de paracaidistas alemanes, establecía en el Norte del país la llamada República de Saló, un gobierno títere en manos de los alemanes. En el frente oriental, tras la fracasada ofensiva germana en Kursk, los rusos se acercaban ya a las antiguas fronteras de Polonia.

Durante buena parte de 1943 y la primera mitad de 1944 los aliados occidentales se dedicaron básicamente a preparar el gran desembarco en las costas francesas. Durante meses un incesante trasiego de convoyes atravesó el Atlántico, desafiando con creciente éxito a los submarinos alemanes. Por supuesto, el carácter de Churchill le impedía mantenerse al margen de los preparativos, para exasperación del Comandante supremo aliado, el general Eisenhower. Las operaciones anfibias siempre le habían fascinado, al menos desde los tiempos de Gallipoli, y la que se preparaba era realmente espectacular. El genio de Churchill aportó algunas ideas muy útiles a los militares profesionales. Suya fue la sugerencia de transportar en piezas, como si de un mecano gigante se tratara, dos puertos artificiales (llamados *Mulberry*) a las costas normandas. También se le ocurrió la idea de tender un oleoducto por debajo del Canal de la Mancha hasta las mismas playas. Eran iniciativas propias del hombre que llevaba años impulsando lo que el llamaba «guerra mágica», y que había dado fruto en proyectos tan sorprendentes como el FIDO, un sistema para disipar la pertinaz niebla británica con el fin de que los bombarderos pudieran aterrizar y despegar con mucho menor riesgo. Como dijo de él un colaborador del presidente norteamericano: «Tiene cien ideas por día y de entre ellas cuatro aproximadamente son buenas. Un gran tipo este Churchill, si es uno capaz de seguirle». Lo cierto era que su poder real disminuía según la guerra se aproximaba a su final. Los norteamericanos gestionaban sus ejércitos como si se tratase de una gran empresa en la que las ocurrencias tenían poca cabida. Por otra parte, Churchill cada vez parecía más disperso y crecía su vena autoritaria. En 1943 intentó prohibir la realización de una película, *Coronel Blimp,* porque pensaba que dañaba la moral de la población, y también porque contenía alusiones paródicas a su propia persona. Paradójicamente, en aquellos momentos en los que su influencia declinaba fue cuando comenzó a crecer la leyenda de Churchill como salvador de Inglaterra y de la democracia frente a Hitler.

La Gran Alianza también es cosa de las primeras damas. Eleanor Roosevelt y Clementine Churchill comparten micrófonos durante la Conferencia de Ottawa en 1944.

El 6 de junio de 1944 una impresionante flota aliada compuesta por más de cuatro mil buques de todas las clases, protegidos por once mil aviones, cruzaba el Canal de la Mancha rumbo a Normandía, donde desembarcarían un cuarto de millón de hombres. Churchill presionó hasta el último momento para que se le permitiera acompañar personalmente a la flota de invasión a bordo del crucero *Belfast* (hoy en día anclado en el Támesis, enfrente de la Torre de Londres, convertido en atracción turística) y fue precisa una reconvención por parte del rey Jorge VI para que desistiera de su empeño. No pudo poner un pie en Normandía hasta el día 12 y, como era su costumbre no dejó rincón alguno sin inspeccionar. A partir del Día D los acontecimientos se precipitaron. El 25 de agosto era liberado París. A comienzos del otoño las vanguardias de Patton llegaban al Rhin. El 10 de noviembre de 1944, un día de intenso frío, Churchill realizaba su primera visita oficial a París desde los oscuros días de 1940. Escoltado por el general De Gaulle, convertido en jefe del Gobierno Provisional, cruzó los Campos Elíseos entre el entusiasmo de una multitud que coreaba su nombre y que no olvidaba todo lo que debía al viejo estadista británico.

Los alemanes parecían incapaces de reaccionar ante la ofensiva aliada. Presionados en el este por el Ejército Rojo, en el sur por los angloamericanos que ascendían a través de la península italiana, y en el oeste por la embestida de Eisenhower, parecían tener ya la guerra perdida. Pero Hitler guardaba todavía algunas sorpresas. Al día siguiente del desembarco de Normandía empezaron a llover sobre Londres las bombas volantes V1, que más tarde serían seguidas por las V2. La capital británica pareció regresar por un instante a los peores días del *Blitz*. En diez semanas, nueve mil de estos ingenios cayeron sobre la ciudad causando numerosos muertos. Pero era ya demasiado tarde para que aquello pudiera tener una influencia real sobre el curso de los acontecimientos. Si algo consiguió fue reforzar la voluntad de los aliados de continuar con los intensos bombardeos sobre Alemania, que produjeron carnicerías como las de Hamburgo y Dresde. Churchill albergaba crecientes dudas acerca de la efectividad de estos ataques, a pesar de haber sido su principal instigador. De hecho la prolongación de los bombardeos tendría en Alemania el mismo efecto que había tenido antes sobre los ingleses, es decir, fortaleció su decisión de luchar hasta el final.

En el invierno de 1944 Hitler decidía jugarse el todo por el todo. Tras retirar del Frente Oriental algunas experimentadas tropas, lanzaba una ofensiva por sorpresa a través de la región de las Ardenas, que estuvo a punto de poner en aprietos el dispositivo aliado. La rápida contraofensiva angloamericana apoyada en una aplastante superioridad aérea conjuró el peligro

Churchill cruza el Rin en 1945. La resistencia alemana se desmoronaba con rapidez. La *Werhmacht* prefirió concentrar sus esfuerzos en detener a los rusos en el Frente Oriental.

y diezmó a las tropas alemanas. El Tercer Reich había consumido su último cartucho.

En el Frente Oriental las cosas marchaban igualmente bien, pero los avances soviéticos comenzaron a desvelar cuáles era los auténticos designios de Stalin. En agosto sus tropas, a escasos kilómetros de Varsovia, permanecieron impasibles mientras los alemanes aplastaban una revuelta liderada por elementos nacionalistas y anticomunistas. El escándalo y la indignación en Occidente fueron grandes. Stalin, además, creaba un Gobierno provisional polaco, integrado por comunistas, que disputaba la legitimidad al ejecutivo que permanecía exiliado en Londres desde 1939. En los meses siguientes, el Ejército Rojo invadía los Balcanes forzando la rendición de Rumanía y Hungría que habían sido aliadas de los alemanes, pero también de Bulgaria, que se había mantenido al margen de la guerra. En los tres casos, Moscú impuso gobiernos en los cuales los comunistas eran el grupo dominante. En Yugoslavia, los partisanos comunistas de Tito se adueñaban del país. En Grecia, una guerrilla comunista desafiaba la autoridad del Gobierno monárquico. Toda la península balcánica parecía a punto de caer bajo el control de Stalin. Ante esta inquietante perspectiva, y con un Roosevelt cada vez más enfermo y en vísperas de unas elecciones presidenciales, Winston Churchill decidió tomar la iniciativa. El 9 de octubre de 1944 volaba por segunda vez a Moscú.

La acogida de Stalin fue de nuevo calurosa. Banquetes de diez platos, interminables brindis, invitaciones para el Ballet Bolshoi. Incluso, en un gesto sin precedentes, el amo del Kremlin decidía acercarse a cenar en la embajada británica. Enseguida Churchill planteó la razón de su visita. Se trataba de «arreglar nuestros asuntos en los Balcanes». Con un lápiz y un papel, el primer ministro fue escribiendo nombres de países y a su lado porcentajes. En Rumanía un predominio del 90 % para Rusia, en Grecia el 90 % para Inglaterra, en Yugoslavia, un 50 % para cada uno. Mientras el intérprete traducía sus palabras Churchill añadía en la cuartilla de papel dos nombres más: Hungría al 50 % y Bulgaria, un 75 % para Rusia. Tras pensárselo un segundo, Stalin trazó una gruesa línea azul sobre el papel en señal de aprobación. «Todo se arregló en menos tiempo del que se necesita para escribirlo» diría Churchill. Aquejado de un súbito escrúpulo, el británico preguntó al georgiano si no sería mejor destruir aquel papel, ya que muchos considerarían cínico un reparto que afectaba a tantas vidas humanas. «Guárdelo» le contestó Stalin. Aquella reunión al amor del fuego del Kremlin, constituía, sin lugar a dudas, una flagrante violación de la Carta del Atlántico en la que se reconocía el derecho de los pueblos a elegir su destino y Churchill lo sabía. Si optó por un entendimiento directo con Stalin fue porque pensaba que era mejor algún acuerdo que ninguno, ya que esto último equivaldría a dar carta blanca a Moscú para hacer y deshacer a su antojo por toda la Europa danubiana. Un intento desesperado y solitario de Churchill para evitar lo que ya parecía inevitable.

El «acuerdo de los porcentajes» tuvo una efectividad inmediata en el caso griego. Los rusos se abstuvieron de otorgar ayuda a la guerrilla comunista del ELAS si bien, incluso sin el apoyo del Kremlin, el triunfo comunista parecía inmediato. En estas circunstancias Churchill, sin consultar con los americanos, decidía enviar tropas británicas a Atenas. En las Navidades de 1944 la situación era tan compleja que tomó la determinación de realizar una inspección sobre el terreno. Armado con su revólver, y ante la consternación de Clementine, el viejo Winston se dispuso a reeditar alguna de sus legendarias hazañas, como la de Amberes en 1914. Aquel era el tipo de cosas que hacía hervir la sangre del viejo húsar. A bordo de un blindado recorrió las calles de una Atenas envuelta en la revolución para entrevistarse con los principales protagonistas de aquella guerra civil e intentar, sin demasiado éxito, llegar a un acuerdo. Pero la presencia de las tropas británicas se reveló decisiva. El ELAS fue aplastado lo que provocó una protesta de los americanos, que fue ignorada por Churchill. Bien puede decirse que aquella fue la última vez que la Gran Bretaña exhibió su poder en solitario en la escena internacional. Con el tiempo se vería que sólo la decidida actuación de Winston Churchill había evitado que en Grecia triunfase el comunismo a diferencia de lo que ocurrió en el resto de la península balcánica.

Sombras sobre la victoria (1945)

A comienzos de 1945 el final de la guerra estaba ya al alcance de la mano. Tanto por el este como por el oeste los aliados se asomaban a las fronteras de Alemania. Sin embargo, también estaban apareciendo lo que Churchill denominó «sombras sobre la victoria». En una carta a Roosevelt por esas fechas escribía con profética amargura: «Pienso que el fin de esta guerra podría resultar aún más decepcionante que el de la última». La inminencia de la conclusión del conflicto unida a la actitud rusa en los territorios que iba liberando del yugo alemán hicieron precisa una nueva reunión en la cumbre. Ingleses y americanos intentaron que la entrevista se efectuara en un lugar de fácil acceso, pero Stalin fue inflexible una vez más. El encuentro tendría lugar en territorio soviético, en Yalta (Crimea). A Churchill aquello le parecía casi una provocación. Como escribió a Roosevelt: «Somos gentes respetables. Debería mostrar cierta consideración hacia nosotros». Pero el presidente norteamericano, decidido una vez más a no indisponerse con el dictador comunista, y a pesar de su delicado estado de salud, no dudó en realizar el largo viaje por medio mundo hasta llegar a Crimea. Desde el aeropuerto, unos ciento cincuenta kilómetros de intransitables caminos de montaña llevaban hasta Yalta, la «Riviera del Hades» como la denominaría Churchill, donde los rusos se habían esforzado en arreglar algunas antiguas villas zaristas para acoger a sus ilustres huéspedes. A pesar de los trabajos realizados, en algunos alojamientos faltaba incluso el agua corriente.

La Conferencia de Yalta (1 a 11 de febrero de 1945) supuso, en buena medida, una continuación de lo ocurrido en Teherán. La primera cuestión sobre el tapete era el futuro de Alemania decidiéndose su división (y la de Berlín) en zonas de ocupación con carácter meramente provisional. Churchill insistió en que Francia tuviera su parte a lo que Stalin no puso objeciones, siempre y cuando el territorio asignado a los franceses se tomara de las zonas británica y americana. Enseguida la delegación de Estados Unidos puso sobre la mesa el futuro de la ONU, asunto sobre el que fue relativamente sencillo llegar a acuerdos. El poder dentro de la Organización residiría en un Consejo de Seguridad donde cinco miembros permanentes (URSS, EE. UU., Gran Bretaña, Francia y China) tendrían derecho de veto. Más complicado resultó tratar el asunto polaco. Para Churchill esta cuestión era especialmente dolorosa puesto que en 1939 ingleses y franceses habían tomado las armas para defender Polonia de la agresión nazi (que luego fue también soviética). Stalin insistió en que las fronteras polacas deberían ser trasladadas hacia el oeste para compensar la franja de territorio con la que se quedaba la URSS en el este. La presión británica consiguió arrancar de Stalin la promesa de celebración de elecciones, pero no así la autorización para que a ellas asistieran observadores internacionales. Como diría luego Churchill ante los Comunes, no había más remedio que «creer en la buena fe de nuestro aliado». Nada se habló de los Balcanes, dado el desinterés de Roosevelt. Los americanos, eso sí, consiguieron el compromiso de Stalin de declarar la guerra al Japón una vez terminada la lucha contra Alemania.

Como colofón a la Conferencia, los Tres Grandes suscribían un documento preparado por los americanos, conocido como «Declaración de la Europa liberada». Se trataba de una formulación retórica acerca de los principios que debían regir el mundo tras la derrota del nazismo. Su referencia al «derecho de todos los pueblos a elegir la forma de gobierno en la cual vivirán» sonaba como un cruel sarcasmo después de haber sacrificado la suerte de Polonia e ignorado la del resto de la Europa Oriental. Porque si algo significó la Conferencia de Yalta fue la definición de las esferas de influencia en Europa, con la consagración de la sovietización de la Europa Central y Oriental, poniendo así la semilla de la futura Guerra Fría. Muy cerca de Yalta, en Balaclava, Churchill pudo contemplar el escenario de la legendaria carga de la Brigada Ligera, durante la guerra de Crimea a mediados del siglo XIX. Entonces Francia e Inglaterra habían hecho la guerra contra Rusia para contener el expansionismo de los zares en el Mediterráneo Oriental. En aquel histórico valle Churchill bien pudo pensar que algunas lecciones del pasado todavía continuaban teniendo vigencia.

En los meses siguientes las cosas empeoraron. Los soviéticos no cumplieron su promesa de celebrar elecciones en Polonia mientras que de toda la Europa del Este llegaban noticias acerca de deportaciones y violencia. En los países colocados bajo la órbita moscovita se estaba procediendo a la implantación de un régimen comunista. La natural desconfianza de Stalin hacia el mundo capitalista le impulsaba a crear un cordón defensivo en torno a la URSS. Churchill se desesperaba ante estos acontecimientos. En un último intento, presionó a Washington para que las tropas aliadas que marchaban sobre Alemania avanzaran todo lo que pudieran con el fin de encontrarse con los soviéticos lo más al este que fuera posible. También insistió a Eisenhower para que se lanzara sobre Berlín antes que los rusos. Pero los americanos se ciñeron escrupulosamente a los planes previstos en Yalta. En una reunión del Gabinete, Churchill expresó con claridad cuál era la situación: «No está al alcance de este país impedir toda suerte de cosas que están sucediendo ahora. La responsabilidad corresponde a Estados Unidos, y yo deseo aportarles todo el apoyo que nos sea posible. Si ellos no se sienten en condiciones de hacer nada, debemos permitir que las cosas sigan su curso». En una decena larga de memorándums a Roosevelt, Churchill se quejaba de la mala fe de los aliados rusos y le instaba a tomar medidas más enérgicas. Pero el presidente norteamericano, minado por la enfermedad, se acercaba al fin de sus días. El 12 de abril de 1945 fallecía de un ataque cerebral. Para Churchill fue una pérdida sinceramente sentida. A pesar de sus discrepancias, ni él ni Inglaterra podrían nunca olvidar el apoyo que el presidente difunto les prestó en los sombríos días de 1940 y 1941.

El líder americano moría sin ver el final de la guerra en Europa, que se producía a los pocos días. El 30 de abril, Hitler se suicidaba en las ruinas del Berlín sitiado por los rusos. Poco antes Mussolini había sido ejecutado cuando intentaba huir a Suiza. El 7 de mayo de 1945 se firmaba el armisticio. Tras casi seis años, las armas guardaban silencio en Europa. En Londres el entusiasmo era desbordante. Los londinenses se acercaron a la residencia del primer ministro para compartir la victoria. Ante una multitud congregada en Whitehall, Churchill gritó: «Esta es vuestra victoria», a lo que el pueblo contestó: «No, es la tuya». Dando rienda suelta a su vena histriónica hizo las delicias del público mostrando la «V» de la victoria con sus dedos. Como el gran actor que en el fondo era, pidió a uno de sus colaboradores un cigarro habano para colocarlo entre los labios. Ofrecía a sus compatriotas la imagen de él que querían ver. Ese mismo día, «el más grande a lo largo de nuestra extensa historia», pronunció unas palabras ante los micrófonos de la radio congratulándose por «la victoria de la causa de la libertad en toda la Tierra». Lo

Churchill saluda a la multitud concentrada en Whitehall
tras anunciar el fin de la guerra contra Alemania.
Es el 8 de mayo de 1945.

sorprendente de aquel discurso fue que, lejos de dejarse
arrastrar por el entusiasmo del momento, dejaba entrever «lúgubres presagios»:

> Sobre el continente europeo necesitamos ver aún
> si los honrosos motivos por los que entramos en la
> guerra no van a ser olvidados y si las palabras libertad,
> democracia y liberación no van a ser interpretadas en
> un sentido bien diferente al que nosotros les damos.
> Hubiera sido vano castigar a los hitlerianos por los
> crímenes que han cometido, si el reino de la justicia
> y de la ley no ha de ser establecido y si otros gobiernos totalitarios y policiacos van a ocupar el puesto
> de los invasores alemanes.

Con esta idea en la cabeza Churchill buscó de inmediato el entendimiento con Harry Truman, el nuevo presidente de los Estados Unidos. En un mensaje personal el 11 de mayo de 1945, el primer ministro británico utilizaba por primera vez la expresión «telón de acero» (*iron courtain*) para referirse a lo que estaba ocurriendo en la Europa Central y Oriental. Truman parecía menos dispuesto que Roosevelt a confiar en los rusos, pero su experiencia en política internacional era muy limitada. Aun así estuvo de acuerdo en que era precisa una nueva reunión en la cumbre para dirimir los asuntos pendientes. El lugar elegido sería el Schloss Cecilienhof, un palacio situado entre los bosques y lagos de Potsdam en las afueras de Berlín.

Pero, antes de acudir a su tercera cita con los otros dos Grandes, Churchill tenía que cumplir una promesa. Durante la guerra se había comprometido a convocar elecciones inmediatamente después de haber obtenido la victoria sobre Alemania. La Cámara llevaba sin renovarse desde 1935 y sus socios laboristas en el Gobierno de unidad nacional estaban ansiosos. Los conservadores se lanzaron a una campaña electoral basada en la figura de Churchill y en el mérito indudable de haber ganado la guerra, pensando que eso sería suficiente para obtener la mayoría. Los discursos de Churchill se centraron en elogiar el triunfo de los británicos (y el suyo propio) en la contienda, pero se notó una evidente ausencia de proyectos de futuro que pudieran ilusionar al electorado. Además, muchos no entendieron que el primer ministro fustigase con tanta dureza a los que hasta hacía pocos días habían sido sus socios en el Gobierno. Churchill se cebaba particularmente en Attlee: «Llega un taxi vacío a Downing Street y no se apea nadie. Ha llegado Attlee». Su insistencia en las catástrofes que sobrevendrían al país en caso del triunfo laborista no convenció a casi nadie, como tampoco fue afortunado su comentario acerca de que el laborismo en el poder establecería un régimen similar al de la Gestapo alemana, porque «ningún sistema socialista puede implantarse sin una policía política».

Por contra, los laboristas, atemperados por un lustro de Gobierno de coalición, presentaban un mensaje claro y pragmático. Ofrecían un Estado del Bienestar (*Welfare State*) en el que estuvieran garantizados los servicios sociales, la vivienda, la sanidad y la educación para todos. Prometían una política de nacionalizaciones de los sectores clave de la economía británica y una mejor distribución de la renta entre ricos y pobres. Como diría un observador de la época: «Los laboristas van a las urnas con un programa, los conservadores con una fotografía de Churchill». Debido a que era preciso recoger los votos de los soldados dispersos por los cinco continentes, el resultado de la elección no se conocería oficialmente hasta el 26 de julio, veintiún días después de la votación. En esa fecha estaba previsto que todavía continuara la reunión de Potsdam. Por eso, en una demostración de *fair play* (pero en el fondo porque estaba convencido de su triunfo) Churchill invitaba a Attlee a que le acompañara a Alemania.

La Conferencia de Potsdam (17 de julio a 2 de agosto) sirvió esencialmente para confirmar la mayor parte de los asuntos abordados en Yalta. En esta ocasión el *premier* británico se mostró más disperso e ineficaz que en las otras dos cumbres anteriores, debido probablemente a que su pensamiento estaba centrado en el proceso electoral. En relación con Alemania, se delimitaban las zonas de ocupación, se establecía que cada país obtendría las reparaciones de guerra a partir de la explotación de su respectivo territorio, y se asumía el compromiso de democratizar y desnazificar el país. Con respecto a Polonia se llegaba a un acuerdo final sobre sus fronteras occidentales, que avanzarían hacia el

Durante la guerra su hija Mary solía acompañarle en sus viajes, haciendo de asistente. Aquí les vemos pasando revista a los Scots Guards durante la Conferencia de Potsdam.

oeste sobre territorio alemán, y se determinaba que los ocupantes de esas zonas (unos seis millones de personas) deberían ser trasladados. Hubo, esta vez sí, muchas discusiones sobre los Balcanes, en los que resultaba evidente que no se estaba respetando la Declaración de Yalta, pero poco se pudo hacer más que reconocer la situación de hecho creada por los soviéticos. Como dijo Churchill «ya es demasiado tarde. El Ejército Rojo se desparrama por Europa, y allí se quedará». En fin, que la principal decisión adoptada en Potsdam consistió en crear un Consejo de ministros de Asuntos Exteriores que se encargaría en el futuro de solucionar la ingente cantidad de problemas que quedaban sin resolver.

Quizá la mayor expectación la despertó la llegada del nuevo presidente de los Estados Unidos. Truman era un hombre sin el encanto de Franklin Roosevelt, pero con firmes convicciones. Estaba persuadido de que había que frenar a los rusos de alguna manera y creía haber encontrado el medio. El 24 de julio comunicaba al líder soviético que había culminado con éxito el primer ensayo atómico de la historia, sin conseguir provocar más que la aparente indiferencia de un Stalin probablemente informado ya por su red de espías. La bomba atómica hacía innecesaria la declaración de guerra al Imperio del Sol Naciente por parte soviética, ese compromiso tan trabajosamente obtenido por Roosevelt en Teherán y luego en Yalta y al que se habían subordinado tantas otras cosas. Sin embargo, Stalin no estaba dispuesto a soltar su presa. Su ejército estaba ya movilizado y esperaba obtener sustanciosos beneficios territoriales. El ataque se llevaría a efecto a pesar de todo.

El día 26 de julio tras el recuento de votos, saltaba la sorpresa en Inglaterra. Los conservadores habían sufrido una derrota aplastante. Casi doscientos escaños de diferencia daban la victoria a los laboristas, que protagonizaban un vuelco electoral sólo comparable al de 1906. Clement Attlee se convertía en el nuevo jefe de Gobierno y, como tal, tomaba las riendas de la delegación británica en Potsdam. Para Churchill aquella era una noticia demoledora. Había conducido al pueblo británico a la victoria más importante de toda su historia y el pago que recibía era una invitación para abandonar el poder. Siguiendo la costumbre imperante en la vida política británica, el mismo día en que conocía el resultado electoral abandonaba Downing Street para encaminarse a su residencia de Chartwell. Antes dirigió un mensaje de despedida a la nación, recordando que el cargo que ahora abandonaba le fue confiado «en las horas más sombrías».

Tras aquellos cinco años inolvidables la salida del poder causó en Churchill un notable desconcierto.

Intentando ver el lado positivo, su esposa Clementine observó que aquello «bien pudiera tratarse de una bendición disfrazada», en alusión a que ahora podría dedicarse a una vida más tranquila y acorde con su edad. Pero Churchill contestó al instante: «Desde luego, de momento parece perfectamente disfrazada». En consideración a sus méritos el rey le hizo saber su disposición a nombrarle lord. Churchill sabía que pasar a la Cámara de los Lores era sinónimo del fin de la vida política activa. Por eso, aquel anciano de setenta años no sólo declaraba su intención de continuar en los Comunes, sino también la de convertirse en el líder efectivo de la oposición conservadora. Desde ese preciso momento comenzaba el camino de regreso al poder. Churchill quería volver a Downing Street por la puerta grande, ganando unas elecciones. El viejo Winston, que había declarado a lord Moran al conocer la rendición de Alemania: «Sin una guerra siento una gran soledad», no estaba dispuesto a retirarse tan fácilmente de la escena. Aquella personalidad extraordinaria, convertido ya en leyenda viva de Inglaterra, guardaba todavía una última sorpresa.

9

El último rugido (1945-1965)

> *Después de la Primera Guerra Mundial se contaba lo siguiente en Londres: Clemenceau, Lloyd George y Churchill habían muerto y se presentaron uno a uno a las puertas del cielo. Clemenceau llegó primero y llamó. Salió San Pedro y le pidió que se identificara para que pudiera consultar los registros y determinar qué premio o castigo correspondía. Lo mismo sucedió con Lloyd George. Luego llegó Churchill. Llamó, salió San Pedro y le preguntó su nombre para consultar el registro. Churchill le replicó: «¿Y quién diablos es usted? Llame a Dios».*
>
> Anécdota recogida por Richard Nixon, 37.º presidente de los EE. UU.

DE NUEVO EN EL DESIERTO (1945-1951)

En comparación con Churchill, Clement Attlee podía parecer un tipo gris y un tanto anodino. Sin embargo, este burgués educado en una *public school*, licenciado en Derecho por Oxford, diputado laborista desde 1922, pacifista convencido y trabajador incansable, encarnaba perfectamente los deseos de los británicos en 1945. Ese «cordero disfrazado de cordero», como le motejaba Churchill, proporcionó a sus compatriotas una sensación de tranquilidad que resultaba confortadora después de tantas horas heroicas.

Por primera vez los laboristas tenían mayoría absoluta en el Parlamento y estaban dispuestos a utilizarla para transformar a Inglaterra en un país más justo e igualitario. La situación en 1945 era extremadamente grave. La Hacienda se encontraba en quiebra, las exportaciones se habían hundido, y la deuda externa contraída con los Estados Unidos era gigantesca. La receta que aplicaron los laboristas para salir de esta desesperada situación fue la de incrementar la intervención del Estado en la economía procediendo a una política generalizada de nacionalizaciones: la industria del carbón, del gas, la electricidad, el Banco de Inglaterra, los ferrocarriles y los transportes aéreos. Contaron además con la ayuda norteamericana. Primero se negoció «el préstamo del siglo», como se llamó al de 1945 y, después, Gran Bretaña pasó a convertirse en uno de los destinatarios preferentes del Plan Marshall.

Los laboristas llevaron sus reformas también al terreno social. El Estado proporcionaría asistencia a cada individuo «desde la cuna a la tumba». Ello significaba garantizar servicios sociales básicos, asistencia médica, pensiones, gratuidad de la enseñanza hasta los dieciséis años, aumento de becas universitarias o la extensión de las prestaciones a los desempleados. Se estableció la semana laboral de cinco días y aunque no pudo terminarse con el racionamiento, la alimentación siempre fue suficiente. Tantos gastos sociales motivaron un notable aumento de la burocracia y de los impuestos lo cual fue relativizado por el hecho de que los precios se mantuvieran siempre bajo control. Una auténtica «revolución silenciosa» se operó en el Reino Unido en los seis años posteriores a la victoria. Aunque las medidas iban en contra de la tradición liberal e individualista británica, en líneas generales este Estado benefactor fue bien recibido por una población cansada y abatida. Para la aristocracia aquello constituyó el fin de la «vieja Inglaterra». Se acabaron los bailes, la famosa temporada (*season*) londinense, los *garden parties* y los *weekend parties* en los castillos. Muchas de estas antiguas residencias señoriales fueron reconvertidas en hoteles o en centros turísticos.

Los signos de los nuevos tiempos determinaron también transformaciones en el Imperio. Ciertamente los laboristas nunca habían sido muy partidarios de las glorias imperiales. Las limitaciones presupuestarias y una opinión pública aquejada por un creciente complejo de culpa ante el hecho colonial hicieron el resto. El 18 de julio de 1947 lord Mountbatten, el último virrey de la India, arriaba la *Union Jack*. Más al Este, en Malasia, las tropas británicas debían hacer frente a una guerrilla comunista que hacía peligrar sus importantes intereses en el caucho. También en Oriente Medio soplaban vientos de cambio. En 1948 los británicos abandonaban Palestina, dando paso al nacimiento del Estado de Israel, y al interminable conflicto que iba a enfrentar a judíos y árabes. En 1951 se acordaba la evacuación de las tropas que ocupaban el Canal de Suez y ese mismo año Irán revocaba la concesión petrolera existente desde 1913 (negociada entonces por Churchill desde el Almirantazgo). En definitiva, los laboristas iniciaron la liquidación del Imperio, un proceso que ya se anunciaba desde los años treinta pero que la guerra convirtió en inevitable dentro de una corriente generalizada de descolonización. La oposición interna a esta política fue escasa. Su principal mérito consistió en evitar guerras perdidas de antemano como las que libraron los franceses en Indochina y Argelia.

El histórico relevo de papeles entre el agotado Imperio británico y la pujante Norteamérica tuvo lugar simbólicamente en 1947 cuando Attlee comunicó a Truman que suspendía su ayuda económica y militar a Grecia. Pocos días después en un histórico discurso ante el Congreso el presidente proclamaba al mundo la llamada Doctrina Truman según la cual Washington apoyaría con todos los medios a su alcance a cualquier país amenazado por el comunismo. Tal y como pronosticara Churchill, las relaciones entre Estados Unidos y la Unión Soviética no habían sobrevivido a la victoria sobre Hitler. Esta política de «contención» pasaría su primera prueba de fuego durante el bloqueo de Berlín entre 1948 y 1949, cuando ingleses y americanos se vieron obligados a abastecer Berlín occidental mediante un puente aéreo. En 1949, la voluntad americana de vincularse definitivamente en la defensa del Viejo Continente quedó plasmada en el nacimiento de la Organización del Tratado del Atlántico Norte (OTAN), una alianza militar integrada por los países de la Europa Occidental, Estados Unidos, Inglaterra y Canadá. En 1950, la Guerra Fría se transformaba en caliente por vez primera y se trasladaba del escenario europeo al asiático. La Inglaterra laborista se sumó a la iniciativa norteamericana, plasmada en una resolución de la ONU, de enviar tropas para defender a Corea del Sur de la agresión de su vecino comunista del norte. Cada vez más dependiente de la Casa Blanca tanto en el plano político como económico, Londres se fue habituando a su nueva situación como «fiel lugarteniente» de Washington.

Los contemporáneos no pudieron por menos que constatar la cruel paradoja que suponía que la victoria sobre Hitler hubiera tenido un precio tan alto. Para Winston Churchill este hecho tuvo que ser particularmente doloroso. Su glorioso triunfo sobre el nazismo había supuesto a la postre el comienzo del fin de su mundo, de esa vieja Inglaterra que él en buena medida encarnaba. En el plano interior porque la guerra había abierto las puertas del poder a los odiados socialistas. En el exterior porque consagró la decadencia del Imperio y destinó a Inglaterra a desempeñar un papel secundario en el mundo de la Guerra Fría.

Churchill tardó algún tiempo en asumir completamente su derrota electoral de 1945. Durante cuatro meses no se le vio por los Comunes, lo que muchos interpretaron como un síntoma de su monumental enfado. Una temporada la pasó en Suiza buscando la relajación mediante la pintura. El hombre que durante la batalla de Inglaterra había sido capaz de conciliar el sueño, tomaba ahora somníferos. Fue probablemente la sombra del «perro negro» la que alimentó su decisión de regresar a la vida pública e intentar la vuelta a Downing Street. La empresa se presentaba ardua. El sentido común auguraba a los laboristas una permanencia en el Gobierno de, al menos, una legislatura, probablemente dos, lo que sumaría en total una espera de una década, lo cual para un hombre de setenta y un años suponía un reto casi imposible.

La mayor parte del tiempo la pasaba en su residencia de Chartwell, que en 1946 fue comprada por un grupo de amigos millonarios que la cedieron al Patrimonio Nacional con la condición de que Churchill la ocupara de por vida y luego fuera convertida en museo. Como ocurriera después de la Gran Guerra, y en buena medida por las mismas razones, es decir, sanear su economía y dejar a la posteridad su propia visión de los hechos, Churchill emprendió la realización del relato de sus experiencias durante la Segunda Guerra Mundial. Se trató de una obra en seis volúmenes que fueron publicados entre 1948 y 1953. Los derechos de autor generaron unos ingresos que, gestionados por una sociedad norteamericana para evadir la elevada presión fiscal impuesta por los laboristas, hicieron que Churchill pudiera exclamar con razón: «No escribo una historia, edifico una fortuna». La mejoría financiera hizo posible la adquisición de una cuadra de caballos de carreras, una casa londinense, y también la renuncia formal al sueldo al que tenía derecho como líder de la oposición. La *Historia de la Segunda Guerra Mundial* carece, sin embargo, de la fuerza que tuvieron otras obras churchillianas. La acumulación de documentación se impone sobre la narración y el análisis, haciendo su lectura un tanto lenta y fatigosa. Se detecta también un menor trabajo del propio Churchill que delegó gran parte de la tarea en un numeroso grupo de colaboradores. El objetivo de la obra seguía siendo el mismo que el de anteriores trabajos, a una escala mayor si cabe: reescribir la historia magnificando sus propios éxitos y maquillando errores y fracasos. Una vez más fue fiel a una de sus más celebradas máximas: «la mejor manera de hacer historia es escribirla».

El alejamiento del poder hizo posible también que Churchill pudiese dedicar un mayor tiempo a su familia. Sin embargo, su decisión de intentar recuperar el poder provocó una auténtica crisis matrimonial con una Clementine cansada ya de tantos años de sacrificios y soledades. En cuanto a sus hijos, los problemas fueron constantes. En 1940, Randolph había cumplido la misión histórica de la que se creía investido, dando a Churchill su primer nieto al cual, siguiendo la costumbre de los nombres alternados, se bautizó como Winston. La prisa por poblar el árbol genealógico se tradujo, sin embargo, en un matrimonio fracasado, que no sobrevivió a la victoria. La afición de Randolph (que no tardó en encontrar nueva esposa) por el alcohol era cada vez más evidente llegando incluso a prohibírsele durante un tiempo la entrada en Chartwell. La predisposición a la bebida y a los divorcios (tuvo tres maridos) también estaban determinando la vida de Sarah, cuya carrera teatral no pasaba de ser discreta, a pesar de un efímero éxito en Hollywood con la película *Royal wedding* (Stanley Donen, 1951), junto a Fred Astaire. Por su parte el matrimonio de Diana con el diputado conservador Duncan Sandys hacía aguas. Como siempre, la pequeña Mary era la más juiciosa manteniendo la estabilidad emocional en medio de una familia tan conflictiva. Su matrimonio en 1947 con el capitán Christopher Soames sería todo un acierto, y además permitiría a este lanzarse a la arena política a la sombra de su todopoderoso suegro. Los Soames se trasladarían a Chartwell encargándose de los cuidados de la cada vez más anciana Clementine y del propio Churchill, con quien el antiguo militar sintonizó de inmediato. Una dolorosa pérdida afectó a la familia en 1947, el fallecimiento del hermano menor de Winston, viudo desde hacía años y que había venido residiendo con él. La muerte de Jack fue un duro trago ya que significaba que se rompía el último lazo que ligaba al anciano Winston con su pasado. En momentos como este se dejaba ver la fragilidad de un hombre de su edad. A pesar de su enorme y asombrosa actividad, la salud de Churchill ya no era la misma y este tipo de golpes repercutían en su ánimo mucho más que antes. En 1947 fue operado de una hernia y en 1949 debió superar un ataque de afasia, que le dejó temporalmente incapacitado para hablar. Las atenciones de su médico personal, lord Moran, se fueron haciendo cada vez más frecuentes y se le impuso una severa restricción en el consumo de alcohol y tabaco. Su peligrosa tendencia a las neumonías, que estuvieron a punto de costarle la vida en más de una ocasión durante la guerra, aconsejaba que en los inviernos se buscase el clima cálido del sur de Francia o Marruecos.

Sarah Churchill (1914-1982) desarrolló una discreta carrera como actriz y bailarina. En su autobiografía, *Keep on dancing* (1981) habla con claridad acerca de sus serios problemas con la bebida.

Pero, a pesar de los achaques, entre 1945 y 1951 Churchill desplegó una actividad notable. Además de pintar y de escribir cinco de los seis volúmenes de su historia de la guerra, recorrió Europa y América acumulando honores de todo tipo por parte de Gobiernos y de instituciones, pronunciando discursos y recibiendo condecoraciones. Churchill se había convertido en historia viva, en la personalidad más celebrada y aplaudida del escenario mundial. Este reconocimiento a su figura culminaría en 1953 cuando le fue concedido el Premio Nobel de Literatura por una vida entregada tanto a la pluma como a la política.

En sus actos en el extranjero, Churchill gustaba asumir de nuevo el papel que con tanto éxito había desempeñado en los años treinta, el de profeta que anuncia grandes calamidades. En este sentido su intervención más notable tuvo lugar en 1946 en Fulton (Missouri), en presencia de Truman. Su discurso constituyó la continuación de la batalla que ya había emprendido antes de que terminara la guerra, orientada a conseguir que británicos y norteamericanos estrecharan sus lazos para detener el expansionismo ruso. De lo contrario auguraba una repetición de los acontecimientos que tuvieron lugar antes de 1939: una potencia agresora que no es frenada a tiempo termina por desencadenar la catástrofe. Su visión de Europa partida en dos por un telón de acero impactó profundamente en la opinión norteamericana y fue determinante en el cambio de actitud de Washington que llevaría a la proclamación de la Doctrina Truman. También con respecto al Viejo Continente Churchill tenía un mensaje que transmitir. En un discurso pronunciado en la Universidad de Zúrich en 1946 habló de la necesidad de la reconciliación franco-alemana y lanzó la idea de la creación de unos Estados Unidos de Europa, como única vía para hacer frente a la decadencia y también como freno para el comunismo. En 1949 el naciente Consejo de Europa le saludó como el «primer ciudadano de Europa». Su postura, sin embargo, continuaba en la vieja tradición británica de mantenerse apartada de los asuntos europeos. Gran Bretaña sería «amiga y garante» de esa Europa unida, pero no participaría en ella. Cuando en 1950 nació la Comunidad Europea del Carbón y el Acero (CECA), Churchill aplaudió la decisión del gobierno laborista de mantenerse al margen. Sólo mucho después, cuando ya el Imperio había sido liquidado, comprenderían los ingleses la necesidad de participar en el proceso de construcción europea.

Pero donde Churchill verdaderamente se encontraba cómodo era en los Comunes, en plena refriega política. Sus compañeros de partido le pidieron que reservara su presencia sólo para las grandes ocasiones, dado su carácter de auténtica gloria nacional. Pero él no hizo caso dirigiendo la oposición al laborismo en el día a día. El liderazgo de Churchill resultaba en cierta medida molesto para el partido, ya que muchos veteranos no olvidaban los enfrentamientos y las tensiones de antes de la guerra. Por su parte los diputados más jóvenes consideraban al viejo Winston (que ni siquiera conocía personalmente a algunos de ellos) como un dinosaurio de otra época que obstaculizaba el relevo generacional e ideológico en el seno del partido. Sin embargo, su vitola como vencedor del nazismo le colocaba por encima de cualquier crítica. Mientras él quisiera, el partido no tendría más remedio que sostenerle. Ni siquiera sus detractores podían negar que nadie sabía hacer la oposición mejor que él. Como escribió el *Sunday Times:* «Cuando *mister* Churchill está en su banco, la oposición vomita llamas. Cuando no está, no es más chispeante que un ramillete de narcisos».

Durante cinco largos años Churchill se dedicaría a fustigar con intensidad al gobierno laborista. Combatió, sin éxito, su política económica y social que, según él, consistía en organizar «la igualdad en la miseria» y profetizó que sus consecuencias serían convertir «nuestra isla bien amada en un cadáver helado». En cuanto a la política imperial, incluso Churchill había de reconocer que los derechos de los pueblos fueron recogidos en la

Carta del Atlántico, suscrita por Roosevelt y él en 1941, y que la independencia de la India era consecuencia de las promesas que su gobierno se había visto obligado a hacer durante la guerra. Era ir contra la historia oponerse a que los egipcios gestionasen el Canal de Suez, o que los iraníes aspirasen a disfrutar de los beneficios de su propio petróleo. El tiempo de las expediciones imperiales contra los pueblos indígenas rebeldes había pasado ya. El único consuelo que podía buscar Churchill era retirarle el saludo a lord Mountbatten, al que acusaba de haber liquidado el *Raj*. Estuvo sin hablarle hasta 1955.

Las elecciones generales de 1950 estrecharon la diferencia de escaños entre laboristas (315) y conservadores (297). Aunque los primeros seguían en el poder, el debilitamiento del gobierno había sido mayor de lo esperado. Los altos impuestos, la devaluación brutal de la libra, la guerra de Corea, y el mantenimiento *sine die* de un racionamiento que ya duraba desde 1939 fueron los factores decisivos. En el transcurso de aquella campaña, en un mitin de Mujeres conservadoras en el Albert Hall, a Churchill le sería presentada una joven y prometedora candidata *tory*, de nombre Margaret Thatcher. Lo apretado del resultado de 1950 hizo intuir a Churchill que su momento se estaba acercando y por eso acentuó la presión política sobre el gabinete. A los problemas de Irán y Egipto se unió un creciente déficit de la balanza comercial, una serie de huelgas y las inevitables divisiones internas dentro de un partido que mostraba el desgaste interno que acompaña a toda labor de gobierno. Algunos laboristas como el propio Attlee llevaban en el poder desde 1940.

Ante las dificultades crecientes el primer ministro decidió convocar elecciones anticipadas para octubre de 1951. La nueva campaña fue muy dura porque los dos contendientes sabían que había mucho en juego. Los conservadores cuestionaban la política laborista, aunque anunciaban su intención de mantener las conquistas sociales y casi todas las nacionalizaciones, y en privado consideraban la descolonización como un proceso inevitable. Los laboristas cargaron las tintas contra Churchill al que acusaban, una vez más, de belicista. Un anuncio electoral lo resumía así: «Votad por Attlee y moriréis en vuestras camas... Votad por Churchill y cargaréis con el fusil». Y otro era aún más explícito: «¿Un tercer gobierno laborista o una tercera guerra mundial?». El recuento electoral arrojó un resultado inesperado. Los conservadores ganaban en número de escaños (321 frente a 295), pero los laboristas habían obtenido mayor número de votos en el cómputo total. A pesar de lo insólito de la situación, las reglas del juego estaban muy claras. Winston Churchill volvía a ser primer ministro.

El regreso del viejo león (1951-1955)

La victoria no había sido todo lo arrolladora que Churchill hubiera deseado, pero al fin y al cabo volvía al 10 de Downing Street, renaciendo de sus cenizas por enésima vez. Así comenzaba la que sería su última etapa en el Gobierno de Inglaterra. El Gabinete que formó lo integraban viejos conocidos de los tiempos de la guerra, «un gobierno de compinches», en el que destacaba la figura de Anthony Eden como secretario del *Foreign Office,* mano derecha y virtual sucesor del anciano líder. Tampoco se olvidó de la familia. Aparte del propio Eden, casado en 1952 con una sobrina del primer ministro, uno de sus yernos, Sandys, era nombrado ministro del Aire y otro, Soames, se convertía en su secretario privado parlamentario. Peligrosamente cerca de los ochenta años Churchill no era ya el hombre de 1940, capaz de trabajar dieciocho horas diarias. Por eso debía delegar en sus colaboradores, principalmente en Eden, muchas de las tareas gubernamentales. Secretamente confió a sus íntimos que no pensaba terminar el mandato, dejando de este modo el terreno preparado para su delfín.

El principal reto del gobierno de Churchill consistía en levantar la economía británica de su postración. Apenas dos meses después de las elecciones el primer ministro se desplazaba a Washington para entrevistarse con Truman y negociar nuevos créditos. Los conservadores mantuvieron la mayor parte de la política social de los laboristas reduciendo tan sólo algunas prestaciones sanitarias. Eran conquistas en las que la vuelta atrás era ya imposible. Se impuso una política de enorme austeridad, los ministros decidieron reducirse los sueldos y se ralentizaron los programas de rearme. En cuanto a las nacionalizaciones se decidió anular las de la industria metalúrgica y la de los transportes por carretera, manteniendo el resto. También se redujeron los impuestos y se impulsó la construcción de nuevas viviendas. Pero la decisión que más popularidad proporcionó al primer ministro fue la de ir eliminando paulatinamente el racionamiento hasta hacerlo desaparecer en 1954, quince años después de su implantación. Se cuenta que en una ocasión Churchill pidió que le mostraran sobre una mesa las raciones autorizadas para la población. Al verlas comentó que no estaban mal como alimento para un día. Alguien le corrigió haciéndole saber que eran raciones semanales lo cual le produjo un profundo efecto. Solía resumir su política con una sencilla frase: «Vivienda y carne, y no permitir que nos arrinconen».

Parecía que, por fin, terminaban las duras privaciones de la guerra y de la posguerra. El fallecimiento en 1952 del rey Jorge VI fue interpretado en este sentido como el final de toda una época. El monarca dejaba como heredera a su hija Isabel de veinticinco años de edad, que reinaría como Isabel II. Con ella sumaban ya seis los soberanos bajo los cuales Churchill había servido. Para un romántico incurable como él, la existencia de una joven e inexperta reina a la cual proteger y orientar constituía todo un reto capaz de retrasar indefinidamente su jubilación. No es extraño que la nueva soberana se creyera obligada a comenzar su reinado otorgando a su más ilustre súbdito el mayor de los honores, la Orden de la Jarretera, una distinción del siglo XIV de la que solo disfrutaban una veintena de ingleses. En una ceremonia que recordaba los tiempos de Camelot, Churchill con la rodilla hincada en tierra en señal de reverencia, recibía sobre sus hombros el leve toque de una espada de plata con la que su Reina le convertía en caballero. Desde ese momento pasaba a ser oficialmente *sir* Winston Churchill. El atuendo que la Jarretera le autorizaba a llevar rayaba en lo increíble: manto de terciopelo azul forrado de blanco, con una cruz de San Jorge en el costado izquierdo, capuchón de terciopelo carmesí, un collar de oro macizo y la jarretera (una especie de liga) anudada a la pierna izquierda. El conjunto se coronaba con un sombrero redondo de terciopelo verde y un penacho de plumas de avestruz y garza. Así ataviado se exhibió Churchill el 2 de junio de 1953 en la ceremonia de coronación de la Reina.

Tropas con uniformes nuevos flanqueaban las engalanadas calles de Londres, por las que desfilaron, entre los vítores de la multitud, carrozas completamente restauradas conducidas por lacayos de empolvadas pelucas. Las colonias y los Dominios enviaron numerosas delegaciones que proporcionaron la nota exótica y colorista. Por primera vez la ceremonia fue televisada. El Gobierno y la Casa Real decidieron que la coronación revistiera tal esplendor y boato en la esperanza de que el comienzo del nuevo reinado fuera visto por los ingleses como el símbolo de una nueva era llena de esperanzas. La coronación de Isabel II hizo que por un momento Gran Bretaña pareciera recobrar el aspecto que tenía antes de la guerra.

Churchill, con su hijo Randolph (1911-1968) y su nieto Winston (1940-2010), ataviados para la ceremonia de la coronación de Isabel II en 1953.

Otra razón para celebrar tan enfáticamente el comienzo del nuevo reinado estribaba en el papel de la Monarquía como símbolo de la unidad de un Imperio cada vez más cuestionado. El Gabinete sugirió de inmediato que la Reina realizara una visita por la *Commonwealth*. La gira, que duró varios meses, no tuvo más remedio que evitar dos escalas problemáticas, la India (ya convertida en República) y Sudáfrica (empeñada en la instauración de un régimen racista). Churchill debía reconocer que pocos eran ya en los años cincuenta los que compartían aquella opinión de lord

Curzon según la cual «el Imperio británico es, después de la Providencia, la fuerza más grande que hay en el mundo para bien de la humanidad». Tampoco tuvo que pasarle inadvertida una llamativa paradoja. Habían sido los ingleses los que habían llevado consigo a sus colonias las ideas de autogobierno y democracia, que ahora se volvían contra la metrópoli. La ola de descontento iniciada en Asia con la independencia de la India se propagaba con rapidez. En Oriente Medio crecía el nacionalismo panárabe. En 1952 una revolución derrocaba a la monarquía egipcia llevando al poder a una Junta militar en la que pronto destacará la figura de Nasser. Una de las consecuencias de estos hechos fue el abandono del Sudán, durante años nominalmente un condominio angloegipcio. Otra, que en 1954 Gran Bretaña aceptaba evacuar el Canal de Suez en un plazo de veinte meses. Que ese tratado tuviera que firmarlo Winston Churchill fue particularmente penoso para el viejo político. La pérdida de aquella arteria vital, que defendiera con tanto ahínco frente al *Afrika Korps* tan sólo hacía una década, era el síntoma indiscutible de la decadencia imperial. La oleada descolonizadora estaba llegando también al África negra. Nigeria y Costa de Oro (Ghana) conseguían de Londres la promesa de su independencia. No así Kenia (incorporada al Imperio cuando Churchill era subsecretario de Colonias a comienzos del siglo), donde la población blanca era numerosa y los ingleses decidían combatir la insurrección de los *Mau Mau*. La catástrofe militar francesa en Indochina en 1954 (que Churchill previó negándose a enviar tropas británicas en ayuda de París) contribuyó a acentuar la sensación de que los viejos imperios europeos estaban acabados. En la década siguiente el proceso adquiriría un ritmo vertiginoso.

En el plano de las relaciones internacionales tampoco Churchill tuvo mucha mayor capacidad de maniobra. Y ello a pesar de que en 1952 los británicos se unían al club de las potencias nucleares. Churchill hubo de confesar su sorpresa cuando, nada más llegar a Downing Street, se enteró de que los laboristas habían financiado en secreto la producción de la bomba A. En 1953 fallecía Stalin y se puso fin a la guerra de Corea, pero la tensión entre soviéticos y americanos no cesaba. La Guerra Fría pasaba por su peor momento. Churchill imaginaba que él era el único que podía poner fin a aquella situación. Pensaba, tal vez, en otra reunión similar a la célebre de los porcentajes de 1944, al calor del hogar del Kremlin, debatiendo mano a mano el futuro de la humanidad. Según decía aquel era «el último premio que pretendo ganar». Después de haber pasado ya a la historia como el hombre de la victoria frente al nazismo, quería ser también inmortalizado como el gran *factótum* de la paz. Pero Churchill se engañaba. Sus posibilidades de cambiar el curso de los acontecimientos eran casi inexistentes. Su idea de una cumbre entre los Grandes, al estilo de Yalta, no fue muy bien recibida por Truman, escarmentado como estaba tras las experiencias de Teherán, Yalta y Potsdam. No mucho más receptivo a la idea fue su sucesor Eisenhower, a quien visitó nada más acceder a la Casa Blanca. Era difícil para Churchill hacerse a la idea de que la victoria en 1945 no había traído la paz, sino un enfrentamiento entre capitalismo y comunismo que colocaba al planeta ante la permanente amenaza de la guerra nuclear. La única razón para la esperanza estribaba en que el poder destructor de las armas nucleares disuadiera a los contendientes de emplearlas jamás. Como dijo en su último gran discurso ante los Comunes en marzo de 1954 anunciando la construcción de la bomba de hidrógeno: «Cuando el progreso de las armas destructoras permita a todos acabar con todos, nadie deseará acabar con nadie». El equilibrio mediante el terror no era la paz, pero era lo más parecido a ella.

Mientras llegaba o no la paz había que resolver una ingente cantidad de asuntos de orden práctico. El problema más candente era Alemania. Los americanos presionaban para permitir el rearme alemán, que podía resultar una excelente ayuda en su lucha contra el comunismo. Esta idea provocaba escalofríos en los franceses para quienes la única solución aceptable sería la constitución de un Ejército Europeo en el que las tropas alemanas pudieran integrarse. Se trataba de crear una Comunidad Europea de Defensa (CED) paralela a la CECA recién nacida. La actitud británica ante esta perspectiva fue favorable, aunque dejando bien claro, una vez más, que Londres no estaba dispuesto a participar. La polémica de la CED fue una de las más complejas y extrañas de aquella época. Después de haber sido Francia la impulsora de la idea, en 1954 la Asamblea Nacional francesa votaba en contra, lo que provocó un notable desconcierto en todas las cancillerías. Al final, la mediación inglesa permitió desbloquear la situación. Alemania podría tener ejército propio, se integraría en la OTAN (lo hizo en 1955) y, para mayor tranquilidad francesa, Londres se comprometía a mantener cien mil hombres en Europa. Con una economía en pleno funcionamiento, con un prometedor proyecto de construcción europea en marcha, y con un potente ejército de nuevo en escena, los alemanes en menos de diez años habían dado la vuelta a la derrota de 1945. Una más de las muchas paradojas que la posguerra había deparado a Winston Churchill.

En esta como en tantas otras materias Churchill no había tenido más remedio que delegar en Eden. En los últimos tiempos su ritmo de trabajo había disminuido considerablemente (no iba más allá de tres o cuatro horas diarias), lo mismo que su capacidad de concentración. A veces en las reuniones del Gabinete pasaba largos ratos sumido en el letargo. A pesar de ello

Konrad Adenauer (1876-1967), padre de la nueva
República Federal Alemana, lideró el «milagro económico»,
asentó la democracia y convirtió a su país en un socio
esencial de la CEE y de la OTAN.

su sentido del humor continuaba intacto. En una ocasión, estando en los Comunes, un diputado de la oposición reprochó al primer ministro que durmiera mientras él estaba hablando. Churchill, con los ojos entrecerrados, respondió: «No, no. Se trata de un gesto totalmente voluntario». Pero la paciencia de los conservadores, y hasta la del propio Anthony Eden designado oficiosamente como sucesor, se agotaba. A sus íntimos Churchill les comentaba con sorna: «Tengo que retirarme pronto. Anthony no vivirá eternamente». Pero siempre encontraba razones para quedarse. En 1951 dijo que quería estar sólo un año en el cargo para sacarse la espina de la derrota de 1945. La muerte del Rey le proporcionó después argumentos para aguantar hasta la coronación. Luego, la excusa fue la perspectiva de una cumbre sobre la Guerra Fría. El anciano líder se aferraba al poder, probablemente porque sabía que en el momento en que se viera alejado de él su vida carecería ya de sentido.

En junio de 1953 se celebraba una comida oficial en Downing Street. El invitado de honor era el político italiano De Gasperi. Llegada la hora de los brindis, el primer ministro sintió que no podía levantarse de la silla. Segundos después cayó desmayado. Acababa de sufrir una hemorragia cerebral. Atendido urgentemente por lord Moran, Churchill recuperó la consciencia. Su brazo y su pierna izquierdos estaban paralizados, su boca caída hacia ese lado ofrecía una extraña mueca. Había perdido el uso de la palabra. Comenzaba lo que Moran llamaría la «batalla secreta» de Churchill por la supervivencia. Por indicación expresa del enfermo se decidió ocultar a todo el mundo lo que había ocurrido. Ni el Parlamento, ni el Gabinete, ni la prensa fueron informados. Sólo un reducido número de personas, entre las que se encontraban los principales magnates del mundo periodístico británico amigos de Churchill, fueron puestas al corriente. Su secretario particular y yerno, Christopher Soames, tomó las riendas de la situación desde Chartwell, haciendo frente como pudo a los asuntos de trámite que llegaban a la mesa del primer ministro. Por aquellos mismos días, Anthony Eden atravesaba a su vez una dura convalecencia después de una complicada operación quirúrgica, lo cual le incapacitaba también temporalmente como sucesor. Todo aquel secretismo, de muy dudosa constitucionalidad, fue la última concesión de sus incondicionales ante un anciano aferrado al poder. Cinco semanas duró aquella extraordinaria situación hasta que Churchill pudo recuperarse mínimamente. Su primera aparición pública se retrasaría hasta octubre, en el congreso anual del Partido Conservador. Allí, después de una intensa labor de rehabilitación, Churchill habló durante una hora, arrancando los aplausos de una concurrencia ignorante de lo sucedido.

Ni siquiera este tremendo incidente sirvió para doblegar la voluntad de Churchill. Todavía seguiría en el poder más de un año, aunque con sus facultades físicas y mentales muy disminuidas. Cada vez más decididos a empujar a su jefe de filas a la jubilación, los conservadores montaron una gran fiesta homenaje (¿despedida?) a Churchill en 1954 al cumplir ochenta años. En plena mejoría económica sus colaboradores le presionaban para que se retirase en la cresta de la ola. Se recibieron más de veinticinco mil telegramas de felicitación. Pero lo más emotivo fue, sin duda, la recepción oficial que tuvo lugar en los Comunes. Allí, Attlee, el líder de la oposición, explicó que no era costumbre que la Cámara rindiera aquellos honores a alguien vivo pero que cabía «la excusa de hacerlo, cuando se trata de un hombre que puede compararse con los más grandes del pasado». El Parlamento en pleno le ofrecía además un regalo, un retrato pintado al óleo. Un cuadro que, según confesaría después a sus íntimos, no le había gustado nada porque en él aparecía «con aspecto de borracho». En su discurso de agradecimiento Churchill manifestó que aquel era «el día más hermoso» de su carrera política. Poco más le quedaba ya por hacer. Estaba viejo, cansado y le fallaban las fuerzas. Había enterrado ya a todos sus amigos y compañeros. Como le dijo a lord Moran: «A los ochenta años, lo que a un hombre le gusta es no hacer nada». Se sentía «como un aeroplano al final de su vuelo, en el crepúsculo, casi sin gasolina y en busca de un lugar seguro para aterrizar». El 4 de abril de 1955, con la Jarretera azul y oro anudada a la rodilla izquierda, Churchill ofrecía en Downing Street un excepcional banquete oficial. La invitada de honor era nada menos que la reina Isabel II. Al día siguiente la BBC interrumpía un programa musical para difundir un breve comunicado:

> El Muy Honorable *sir* Winston Churchill ha sido recibido esta tarde en audiencia por la Reina, a la que ha entregado su dimisión de primer ministro, dimisión que Su Majestad ha aceptado amablemente.

Aquel día había huelga de tipógrafos en Inglaterra, asi que la nación se enteró de la noticia por medio de la radio. La misma radio en la que tantos ingleses buscaron ansiosos consuelo y esperanza en los trágicos días del verano de 1940. Esa noche Winston Churchill abandonaba Downing Street por última vez. Con su loro Toby, un puro en los labios y la «V» en sus dedos, dejaba Londres en dirección a Chartwell. A sugerencia suya la Reina designaba a Anthony Eden como su sucesor. Antes de abandonar la residencia oficial, Churchill comentaría a su secretario con aire profético: «No creo que Anthony pueda hacerlo».

El día siguiente en los Comunes el escaño de Churchill estaba vacío. Ante la expectación general Clement Attlee, el líder laborista, tomó la palabra. Breve pero sinceramente rindió homenaje a quien denominó «el último heredero de la época victoriana».

LOS AÑOS OSCUROS (1955-1965)

Churchill había intuido lo que ocurriría una vez que abandonara el poder, por eso se aferró a él hasta el último momento. Aquella era su vida, la fuente de su energía inagotable. Como dijo a lord Moran, lo único que quedaba por hacer era «matar el tiempo hasta que el tiempo me mate a mí». La década que siguió a su última jornada en Downing Street fue una época triste y oscura, una larga espera de lo inevitable.

Aquellos tampoco fueron unos años demasiado gloriosos para Inglaterra. Parecía como si el declive vital de Churchill marcara el ritmo de la decadencia imperial británica. La economía no terminaba de levantar cabeza y los datos comparativos con respecto a la antigua enemiga Alemania no podían ser más desalentadores. En 1956 Anthony Eden, de acuerdo con el gobierno francés, decidía utilizar la fuerza para evitar la nacionalización del Canal de Suez decretada por Nasser. La operación militar se saldó con un estrepitoso fracaso ya que, a la hora de la verdad, hasta los Estados Unidos se manifestaron hostiles a la aventura neocolonial anglofrancesa. El desastre de Suez, que vino a confirmar la profecía que Churchill hiciera sobre Eden (tuvo que dimitir por este motivo), también fue el canto del cisne del imperialismo británico. En adelante la subordinación a Washington se estrecharía aún más y la política con respecto a las colonias sería de abandono progresivo. A partir de 1960, el sucesor de Eden,

Harold Macmillan, aceleraría la retirada inglesa de África («el viento del cambio», la llamó), que adquirió proporciones de auténtica desbandada. Paralelamente, los gobiernos conservadores decidieron dar los primeros pasos para integrarse en la CEE fundada en 1957. Gran Bretaña comenzaba a asumir que su nuevo papel en el mundo pasaba inexorablemente por participar en la construcción europea.

Winston Churchill contemplaba todos estos acontecimientos desde la lejanía y la impotencia. Aunque continuaba siendo miembro de la Cámara de los Comunes raras veces se acercaba a Westminster y ya nunca pronunciaba discursos. Se había negado (por segunda vez) a aceptar su paso a los Lores y el partido, en recompensa por sus históricos servicios al país, siguió presentándole como candidato en su viejo distrito hasta su retirada definitiva en 1964.

Todavía durante un tiempo pudo asistir a actos protocolarios, banquetes y ceremonias de Estado. Anualmente solía acudir a la inauguración del curso en su antigua (y odiosa entonces) escuela de Harrow. En 1958 De Gaulle le impuso la Cruz de la Liberación, máximo distintivo francés. En 1959 visitó por última vez su segunda patria, los Estados Unidos, se entrevistó con Eisenhower y tuvo un recibimiento entusiasta. En 1963 el presidente Kennedy, en premio a la peculiar e intensa relación de Churchill con Norteamérica, le nombró ciudadano honorario de los Estados Unidos. Dado su precario estado de salud, tuvo que ser su hijo Randolph quien recogiera por él este galardón. En 1964, al celebrarse su noventa cumpleaños, la BBC emitió un programa especial dedicado al anciano haciendo un recorrido por toda su vida mediante diversos documentos sonoros.

Churchill pasaba su tiempo entre sus residencias británicas de Chartwell en la campiña y Hyde Park Gate en Londres. Durante el invierno, por razones de salud, se iba a su amada Marrakech o al sur de Francia. En la Costa Azul francesa se hospedaba en la mansión de su agente literario Emery Reves. Allí conocería al multimillonario griego Aristóteles Onassis, quien disfrutaba agasajándole en su fabuloso yate *Christina*. A Churchill siempre le había gustado la vida de los ricos, y ahora no iba a hacer una excepción. El viejo político encontraba atendidas todas sus necesidades y el armador griego podía servirse del nombre de su ilustre huésped para abrirse algunas puertas en la alta sociedad internacional. Las diversiones y entretenimientos de Churchill apenas habían cambiado. Pasaba el tiempo pintando o jugando a las cartas. Solía ir a las carreras y disfrutaba apostando por los caballos de su propia cuadra. Seguía gustándole el cine y por las noches asistía a alguna proyección privada de sus películas favoritas. También encontraba placer en las largas charlas con sus amigos ante una botella de brandi. El mariscal Montgomery, el héroe de El Alamein, solía visitarlo y ambos rememoraban viejas batallas. En alguna ocasión recibió la visita en el sur de Francia del duque de Windsor, su antiguo amigo y soberano. Cuando la conversación o el interlocutor no le interesaban se desentendía por el sencillo procedimiento de desconectar el audífono. También se dedicó a escribir. Tenía por completar su *Historia de los pueblos de habla inglesa,* que había comenzado en los años treinta. Entre 1956 y 1958 vieron la luz los cuatro tomos de que se componía la obra. La crítica ha considerado siempre a este como el peor de sus trabajos, una mera enumeración de sagas de reyes y batallas. Quizá le faltaba el aliento biográfico que había caracterizado casi toda su producción anterior y quizá también el empuje vital del autor cuando las escribió.

No puede decirse que Churchill encontrara un especial refugio en su familia durante sus últimos años de vida. Las depresiones de Clementine eran cada vez más frecuentes y sus separaciones se alargaban ya que ella seguía sin soportar a los amigos ricos de su marido. La relación con sus hijos tampoco le proporcionó muchas satisfacciones. La afición al alcohol y a las broncas de Randolph, que se divorció de su segunda mujer en 1958, resultaban cada vez más insoportables para un padre anciano al que le fallaban las fuerzas. Su lugar en el corazón de Churchill fue ocupándolo Christopher Soames, el marido de Mary, mucho más atento y solícito. Winston Churchill había alcanzado tal grandeza que ya no necesitaba un heredero. Él permanecería vivo en el recuerdo de los británicos para siempre. El único consuelo de Randolph fue que su padre tras largas demoras le autorizó a escribir su biografía oficial, lo mismo que Winston había hecho con el suyo. Sarah continuaba trabajando como actriz, consiguiendo una breve fama en la televisión norteamericana, aunque su vida privada seguía marcada por su afición a la bebida, acentuada tras el suicidio de su segundo marido. En cuanto a Diana, su final fue trágico. Separada de Duncan Sandys que continuaba su carrera política, iniciaría una peligrosa senda depresiva que la condujo al suicidio en 1963.

La pérdida de un hijo siempre es algo muy doloroso y las circunstancias de esta en concreto acentuaron el padecimiento de sus padres. Por esas fechas, a comienzos de los años sesenta, Churchill había entrado ya en un declive irreversible que la dramática noticia probablemente agravó. Le fallaba la memoria y a veces no reconocía a sus amigos. Ya no leía y hablaba poco. Las arterias de su cerebro se iban cerrando. Había comenzado lo que Moran llamó «progresivo blanqueamiento de la sede de la razón». En 1960 se fracturó una vértebra y en 1962 la cadera, producto de sendas caídas. Pasaba la mayor parte del tiempo en la cama, sin hacer nada, atendido por un numeroso servicio de enfermeras que también se ocupaban de la cada vez más achacosa

Clementine. Churchill esperaba el desenlace con callada resignación. Para un no creyente como él la muerte significaba simplemente el final. Casi hasta el último momento fue capaz de bromear sobre el asunto. Con ocasión de su setenta y cinco cumpleaños había dicho: «Yo estoy dispuesto a presentarme ante mi Hacedor, pero que mi Hacedor esté dispuesto a la dura prueba de recibirme es otra cuestión».

El 30 de noviembre de 1964 cumplió noventa años. Sus amigos le enviaron una tarta de cumpleaños de sesenta kilogramos de peso, confeccionada con cincuenta docenas de huevos. A principios de enero sufrió un ataque de neumonía. Durante nueve días estuvo en coma. Toda su familia estaba a su alrededor. Churchill no tuvo tiempo de conocer al pequeño Randolph, el primer hijo de su nieto Winston, que nació mientras él se debatía entre la vida y la muerte. A las ocho de la mañana del domingo 24 de enero de 1965 fallecía *sir* Winston Churchill. Se cumplían exactamente setenta años de la muerte de su padre lord Randolph. Fue lord Moran el encargado de dar la triste noticia a los periodistas que se agolpaban ante la puerta de su residencia londinense.

El mundo que Churchill dejaba atrás se parecía bien poco al de su infancia y juventud en plena época victoriana. Ese año 1965 los Estados Unidos se hallaban en plena escalada de su guerra en Vietnam. El soviético Leónov protagonizaba el primer paseo de un ser humano por el espacio. Los británicos más famosos eran The Beatles (que ese año visitaban España) y The Rolling Stones que se disputaban el favor de multitud de jóvenes enloquecidos por su música. India y Pakistán entraban en guerra en disputa por la región fronteriza de Cachemira. Gran Bretaña, después de largas discusiones, se acercaba un poco más a Europa, implantando el sistema métrico decimal.

El funeral de Churchill fue transmitido en directo por televisión y seguido por más de la mitad de la población británica. Muchos pensaron que estaban ante el final de una era.

Su esposa Clementine viviría doce años más, falleciendo en 1977 a la edad de noventa y dos años. Sarah murió completamente alcoholizada en 1982. Randolph comenzó la biografía de su padre, pero sólo llegó a ver publicados dos de los ocho volúmenes de una magna obra que tardó veinte años en llevarse a término de la mano del historiador Martin Gilbert. Falleció en 1968 a los cincuenta y siete años de edad. Su hijo Winston, portador de nombre y apellido tan ilustres, entraría en la política llegando a ser diputado y portavoz de defensa de los conservadores en los Comunes. Estuvo cerca de ser ministro con Margaret Thatcher, deseosa de incorporar a su gabinete un nombre tan sonoro, pero un escándalo sexual cerró esa posibilidad. Cuando en los años ochenta el presidente norteamericano Ronald Reagan visitó Inglaterra manifestó su interés por conocer personalmente a Winston Churchill. Cuentan los maliciosos que quedó muy sorprendido al verle con tan juvenil aspecto. Por su parte, Christopher Soames continuó con una brillante carrera política. Fue ministro de Agricultura. Luego sería el último gobernador de Rodesia, encargado de presidir su tránsito hacia la independencia en 1965, precisamente el mismo año de la muerte de Churchill. En 1968 fue designado por los laboristas embajador en Francia, desempeñando una trascendental tarea al allanar el camino de Gran Bretaña hacia la integración europea. En 1973 cuando el país se adhirió finalmente a la CEE, él se convirtió en vicepresidente de la Comisión Europea con sede en Bruselas. Soames pasó mas tarde a los Lores y abandonó la política activa en los ochenta por discrepancias con Thatcher.

CHURCHILL, ENTRE LA HISTORIA Y EL MITO

Winston Churchill es, sin lugar a dudas, uno de los hombres más extraordinarios de la historia contemporánea. Poco después de su muerte la revista americana *Life* le otorgó el título de «hombre del siglo». A los veinte años fue el corresponsal de guerra más famoso de Inglaterra. Durante su vida adulta desempeñó más cargos oficiales que ningún otro compatriota: Primer Lord del Almirantazgo, ministro del Interior, de Municiones, de la Guerra, de Colonias, de Hacienda, y dos veces primer ministro. Ocupó escaño parlamentario casi de forma consecutiva durante sesenta años. En su vejez añadió a todos estos honores el de Premio Nobel de Literatura.

En el momento de mayor esplendor de Inglaterra él fue el británico más destacado. Quizá este fuera el mejor epitafio para Winston Leonard Spencer Churchill. Su vida encarnaba toda una época. Un tiempo en que la democracia se desarrolló de forma definitiva pero también estuvo a punto de perecer en varias ocasiones. Un período histórico en el que los europeos tuvieron y después perdieron el dominio del mundo.

No obstante, ya antes de su muerte habían comenzado a oírse voces que criticaban o minimizaban su figura. Algunos le reprochaban su defensa del imperialismo e incluso del racismo, otros haber arrastrado a Inglaterra a la guerra con Alemania en vez de pactar con ella. Se ha discutido mucho acerca de si su decisión de luchar contra Hitler precipitó o no la decadencia británica. Con el paso del tiempo los historiadores han ido matizando y relativizando tanto sus fracasos como sus aciertos, pero nadie ha podido cuestionar seriamente lo que a todas luces sigue resaltando como su principal mérito: la defensa de la democracia frente al totalitarismo. Convencido de la superioridad moral del sistema democrático sobre cualquier otro, Winston Churchill denunció y combatió contra los dos más importantes e implacables enemigos que la democracia tuvo en el siglo XX: el nacionalsocialismo y el comunismo. Durante la Segunda Guerra Mundial, con Gran Bretaña convertida en el último reducto frente a la marea totalitaria que había anegado Europa, Churchill fue ante los ojos del mundo un símbolo de libertad. Tras la derrota hitleriana encarnó de nuevo la voluntad de resistencia de los pueblos libres frente a la amenaza soviética. Ronald Reagan lo tomaría como modelo en su batalla final contra el comunismo, no sólo por su afinidad ideológica, sino sobre todo por su rechazo categórico a todo tipo de apaciguamiento frente al totalitarismo. Como dice uno de sus biógrafos: «Si bien es

Barack Obama visitando el *Members Lobby* del Parlamento británico en 2011 y contemplando la estatua de Churchill. La relación especial que cultivara con Roosevelt se mantiene viva hasta nuestros días.

verdad que Churchill trató de dar siempre una imagen heroica, no lo es menos que nadie puede con mayor derecho ser considerado un verdadero héroe».

Con el tiempo, Winston Churchill ha trascendido a los libros de historia para convertirse en un símbolo vivo, muy presente en el imaginario colectivo. El culto a su figura no ha hecho sino continuar y agigantarse con el tiempo. En 2010, con ocasión del setenta aniversario de la batalla de Inglaterra, los actos y homenajes a su persona menudearon. Películas, documentales, series, telefilmes y obras de teatro se han ocupado de divulgar y popularizar su imagen. Según la conocida base de datos cinematográfica IMDB, hasta 2011 el personaje de Churchill había sido interpretado en más de un centenar de ocasiones en el cine y la televisión. Su figura se ha convertido en un reclamo turístico más para los visitantes del Reino Unido. El Palacio de Blenheim en Oxfordshire es la más popular y solicitada de las grandes mansiones históricas del circuito británico y junto con Chartwell, en Kent, reciben cada año millones de visitantes. En 1984 Margaret Thatcher decidía restaurar y abrir al público el búnker bajo Downing Street utilizado por Churchill durante los días del *Blitz*. Las Cabinet War Rooms, a las que en 2005 se añadió un Churchill Museum, son visita obligada para cualquier turista que pase por Londres, sea o no churchilliano. Podemos encontrar estatuas de Churchill repartidas por media Europa, empezando por las situadas en las londinenses Parliament Square o Bond Street (departiendo en un banco con Franklin Roosevelt), continuando por Praga hasta llegar a La Valeta. Sus admiradores financian un Churchill Centre en Chicago, que organiza encuentros periódicos de especialistas y simpatizantes y mantiene una web (http://www.winstonchurchill.org), punto de referencia mundial para todos los interesados. Desde 1958 existe un Churchill College en Cambridge, donde se custodian sus archivos privados, (que a partir de 2012 podrán ser consultados en la red), los de algunos de sus contemporáneos y últimamente también los de Margaret Thatcher. Es raro el año que no se publica un libro que intente desvelar alguna faceta inédita del gran hombre, y en España recientemente se ha procedido a editar (o reeditar según los casos) buena parte de su obra escrita.

Esta exaltación también tiene sus riesgos. A veces pudiera dar la impresión de que el Churchill histórico está dando paso a un Churchill mítico, que responde más a una construcción de los medios de comunicación para consumo del gran público que a la obra rigurosa de los historiadores. El conocimiento de la historia que tienen las actuales generaciones resulta cuando menos deficiente y, desde luego, alarmante. En una encuesta realizada en el Reino Unido en 2008 casi el veinticinco

Breve historia de Winston Churchill

En la película de animación *Jackboots on Whitehall* (2010), los alemanes invaden Londres y Churchill lidera la resistencia en el Muro de Adriano con la ayuda de Braveheart. Sin duda, una visión bastante heterodoxa de la batalla de Inglaterra.

por ciento consideraba que Churchill no era un personaje real. Por el contrario, más de la mitad de los encuestados apostaba por la historicidad de Sherlock Holmes.

En cualquier caso, la poderosa sombra de Winston Churchill continúa proyectándose con fuerza hasta nuestros días, como quedó de manifiesto tras los acontecimientos del 11 de septiembre de 2001. En aquellos momentos de incertidumbre, Churchill volvió a representar mejor que nadie la resistencia de las democracias ante la amenaza del terror. Y también a encarnar la cooperación transatlántica en esa lucha. Cuando en 2001 Tony Blair quiso expresar ese mismo mensaje a George Bush, la forma de hacerlo fue regalarle un busto del viejo Winston.

Tumba de Winston Churchill en la iglesia de Saint Martin en Bladon, Oxfordshire, muy cerca del Palacio de Blenheim donde naciera. Allí reposan también sus padres, su esposa y sus hijos.

El día 30 de enero de 1965 Londres amaneció con un cielo gris y encapotado. La temperatura era fría. Por toda la ciudad en los edificios oficiales la bandera británica ondeaba a media asta. Crespones negros decoraban las calles. Londres estaba de luto. Ese día iba a tener lugar un solemne funeral, un funeral casi regio. Desde 1852, fecha en que se rindieron honores de jefe de Estado al duque de Wellington, los británicos no habían asistido a nada igual. En los últimos dos siglos, tan sólo el almirante Horacio Nelson en 1805 y William Gladstone en 1898 disfrutaron del inusual honor de un funeral oficial. Durante tres días el cuerpo del difunto había yacido colocado en un gran catafalco en la abadía de Westminster. A pesar de las bajas temperaturas más de trescientas mil personas desfilaron ante el féretro mostrando de este modo su admiración y respeto. Muchos pensaron que aquel frío día de enero se cerraba una página de la historia de Inglaterra, la más brillante.

Entre dos barreras de silenciosos londinenses el largo cortejo fúnebre se dirigió, desde Westminster hasta la catedral de San Pablo. Los restos mortales cubiertos con la *Union Jack* iban sobre un armón de artillería que avanzaba lentamente, al paso de duelo de su escolta formada por soldados de la Real Fuerza Aérea. En el templo esperaban la reina y su familia, el Gobierno, cinco reyes, cinco jefes de Estado, dieciséis primeros ministros y cientos de personalidades de todo el mundo. Millones de personas presenciaron también los oficios a través de la televisión. Fragmentos de los discursos de Churchill fueron leídos a la audiencia por el famoso actor Lawrence Olivier. Sonaron himnos y se recitaron oraciones. Un insigne asistente, el presidente de la República francesa, el general Charles de Gaulle, no pudo por menos que reconocer que, en materia ceremonial, los británicos seguían siendo maestros consumados.

Terminadas las solemnes exequias y mientras sonaban las salvas de honor de la artillería y escuadrillas de las fuerzas aéreas sobrevolaban la ciudad, el féretro con el cadáver de Winston Churchill era conducido hasta el río Támesis. Allí fue embarcado en una lancha motora que lo condujo hasta la estación ferroviaria de Waterloo. A su paso las grúas del puerto de Londres se inclinaron en señal de respeto. Después, una locomotora condujo el cadáver hasta Blenheim, en las inmediaciones de Oxford. A pesar de la pompa y el boato del funeral, Churchill no quiso ser enterrado en Londres. Había elegido el lugar donde noventa años antes viniera al mundo, y en el que estaban enterrados sus padres. Allí, en la pequeña localidad de Bladon, según relata lord Moran, «en un cementerio de pueblo, en la tranquilidad de un anochecer de invierno, en presencia de su familia y unos pocos amigos, Winston Churchill entró en la tierra inglesa, que en el mejor momento de su vida él había sabido conservar inviolada».

BIBLIOGRAFÍA

OBRAS DE WINSTON CHURCHILL (EN ESPAÑOL)

Pensamientos y aventuras. Barcelona: Talleres gráficos Agustín Núñez, 1943.

La crisis mundial 1911-1918. Barcelona: Talleres gráficos Agustín Núñez, 1944.

Los secretos de la guerra. Barcelona: Talleres gráficos Agustín Núñez, 1946.

Savrola. Barcelona: Ediciones GP, 1956.

Grandes contemporáneos. Barcelona: Plaza & Janés, 1960. Incluye: EDEN, Guy. «Retrato de Churchill», pp. 359-535.

La Segunda Guerra Mundial. 2 vols. Madrid: La esfera de los libros, 2001 y 2002.

La guerra del Nilo. Crónica de la conquista del Sudán. Madrid: Turner, 2003.

Mi viaje por África. La Coruña: Ediciones del viento, 2003.

¡No nos rendiremos jamás! Los mejores discursos de Winston S. Churchill. Madrid: La esfera de los libros, 2005.

La guerra de los bóers. Madrid: Turner, 2006.

Historia de los pueblos de habla inglesa. Madrid: La esfera de los libros, 2007.

Historia de la Malakand Field Force. Córdoba: Arcopress, 2010.

Mi juventud. Autobiografía. Granada: Almed, 2010.

OBRAS SOBRE WINSTON CHURCHILL

BÉDARIDA, François. *Churchill.* Madrid: F.C.E., 2002.

BRENDON, Piers. *Winston Churchill.* Barcelona: Planeta, 1995.

BROAD, Lewis. *Winston Churchill.* Madrid: Ediciones Pegaso, 1944.

CHASTENET, Jacques. *Winston Churchill. Inglaterra en el siglo XX.* Barcelona: Ariel, 1957.

CHURCHILL, Randolph Y GILBERT, Martin. *The official Churchill biography (1966-1988), 8 vols.* Incluye: *Companion Volumes,* 8 vols., y *The Churchill War Papers* (1972-2000), 3 vols. Boston: Houghton Mifflin Co., 1966-2000.

COLVILLE, John. *A la sombra de Churchill. Diarios de Downing Street 1939-1955.* Barcelona: Galaxia Gutenberg-Círculo de Lectores, 2007.

FISHMAN, Jack. *Mi querida Clementina. La historia de Lady Churchill.* Barcelona: Ayma, 1964.

FORD, William. *Churchill. Una vida entre el poder y la guerra.* Barcelona: Ediciones G.P., 1963.

GILBERT, Martin. *Churchill: a Life.* Londres: Heinemann, 1991.
—, *Churchill and America.* Londres: Pocket Books, 2005.

GUEDALLA, Philip. *Mr. Churchill.* Buenos Aires: Ed. Claridad, 1942.

HAFFNER, Sebastian. *Winston Churchill.* Barcelona: Ediciones Destino, 2002.

HASTINGS, Max. *La guerra de Churchill. La historia ignorada de la Segunda Guerra Mundial.* Barcelona: Editorial Crítica, 2010.

HAYWARD, Steven F. *Grandeza: Reagan y Churchill, dos líderes extraordinarios.* Madrid: Gota a Gota, 2008.

JENKINS, Roy. *Churchill.* Barcelona: Península, 2002.

KERSAUDY, François. *De Gaulle y Churchill.* Buenos Aires: Editorial El Ateneo, 2004.

KIERNAN, Reginald Hugh. *Churchill. Biografía.* Barcelona: Ediciones AYMA, 1964.

LORD MORAN. *Winston Churchill. Memorias de su médico.* Madrid: Taurus, 1967.

LUKACS, John. *Cinco días en Londres, mayo de 1940. Churchill sólo frente a Hitler.* Madrid: FCE Turner, 2001.
—, *Churchill: visionary. Statesman. Historian.* Londres: Yale University Press, Yale & London, 2002.

—, *Sangre, sudor y lágrimas. Churchill y el discurso que ganó una guerra.* Madrid: Turner, 2008.

Manchester, William. *The last lion: Winston Spencer Churchill: visions of glory.* 2 vols. Londres: Michael Joseph, 1984 y 1988.

Martin, Ralph G. *Jennie. The life of lady Randolph Churchill.* 2 vols. EE. UU.: Signet Books, 1970.

Michal, Bernard. *Churchill.* Barcelona: Editorial Labor, 1992.

Moir, Phillis. *Yo fui secretaria privada de Winston Churchill.* Buenos Aires: Editorial Claridad, 1941.

Moorehead, Alan. *Churchill.* Barcelona: Salvat, 1988.

Moradiellos, Enrique. *Franco frente a Churchill.* Barcelona: Península, 2005.

Pearson, John. *La dinastía Churchill.* Buenos Aires: Javier Vergara Editor, 1993.

Roberts, Andrew. *Hitler y Churchill. Los secretos del liderazgo.* Madrid: Taurus, 2003.

Robbins, Keith. *Churchill.* Madrid: Biblioteca nueva, 2003.

Sandys, Celia. *Churchill by his granddaughter.* Imperial War Museum, 2005.

Soames, Mary. *A Churchill family album.* Londres: Penguin, 1982.

Thomson, Walter Henry. *Assignment: Churchill.* Nueva York: Farrar, Straus and Young, 1955.

VV. AA. *Caminando con el destino. Winston Churchill y España, 1874-1965*. Madrid: Comunidad de Madrid y Churchill Archives Centre, 2011.

WIGG, Richard. *Churchill y Franco. La política británica de apaciguamiento y la supervivencia del régimen, 1940-1945*. Barcelona: Debate, 2005.

Colección Breve Historia...

- *Breve historia de los samuráis*, Carol Gaskin y Vince Hawkins
- *Breve historia de los vikingos*, Manuel Velasco
- *Breve historia de la Antigua Grecia*, Dionisio Mínguez Fernández
- *Breve historia del Antiguo Egipto*, Juan Jesús Vallejo
- *Breve historia de los celtas*, Manuel Velasco
- *Breve historia de la brujería*, Jesús Callejo
- *Breve historia de la Revolución rusa*, Íñigo Bolinaga
- *Breve historia de la Segunda Guerra Mundial*, Jesús Hernández
- *Breve historia de la Guerra de Independencia española*, Carlos Canales
- *Breve historia de los íberos*, Jesús Bermejo Tirado
- *Breve historia de los incas*, Patricia Temoche
- *Breve historia de Francisco Pizarro*, Roberto Barletta
- *Breve historia del fascismo*, Íñigo Bolinaga
- *Breve historia del Che Guevara*, Gabriel Glasman
- *Breve historia de los aztecas*, Marco Cervera
- *Breve historia de Roma I. Monarquía y República*, Bárbara Pastor
- *Breve historia de Roma II. El Imperio*, Bárbara Pastor
- *Breve historia de la mitología griega*, Fernando López Trujillo
- *Breve historia de Carlomagno y el Sacro Imperio Romano Germánico*, Juan Carlos Rivera Quintana

- *Breve historia de la conquista del Oeste,* Gregorio Doval
- *Breve historia del salvaje oeste. Pistoleros y forajidos,* Gregorio Doval
- *Breve historia de la Guerra Civil Española,* Íñigo Bolinaga
- *Breve historia de los cowboys,* Gregorio Doval
- *Breve historia de los indios norteamericanos,* Gregorio Doval
- *Breve historia de Jesús de Nazaret,* Francisco José Gómez
- *Breve historia de los piratas,* Silvia Miguens
- *Breve historia del Imperio bizantino,* David Barreras y Cristina Durán
- *Breve historia de la guerra moderna,* Francesc Xavier Hernández y Xavier Rubio
- *Breve historia de los Austrias,* David Alonso García
- *Breve historia de Fidel Castro,* Juan Carlos Rivera Quintana
- *Breve historia de la carrera espacial,* Alberto Martos
- *Breve historia de Hispania,* Jorge Pisa Sánchez
- *Breve historia de las ciudades del mundo antiguo,* Ángel Luis Vera Aranda
- *Breve historia del Homo Sapiens,* Fernando Diez Martín
- *Breve historia de Gengis Kan y el pueblo mongol,* Borja Pelegero Alcaide
- *Breve historia del Kung-Fu,* William Acevedo, Carlos Gutiérrez y Mei Cheung
- *Breve historia del condón y de los métodos anticonceptivos,* Ana Martos Rubio
- *Breve historia del Socialismo y el Comunismo,* Javier Paniagua
- *Breve historia de las cruzadas,* Juan Ignacio Cuesta
- *Breve historia del Siglo de Oro,* Miguel Zorita Bayón
- *Breve historia del rey Arturo,* Christopher Hibbert

- *Breve historia de los gladiadores,* Daniel P. Manix
- *Breve historia de Alejandro Magno,* Charles Mercer
- *Breve historia de las ciudades del mundo clásico,* Ángel Luis Vera Aranda
- *Breve historia de España I, las raíces,* Luis E. Íñigo Fernández
- *Breve historia de España II, el camino hacia la modernidad,* Luis E. Íñigo Fernández
- *Breve historia de la alquimia,* Luis E. Íñigo Fernández
- *Breve historia de las leyendas medievales,* David González Ruiz
- *Breve historia de los Borbones españoles,* Juan Granados
- *Breve historia de la Segunda República española,* Luis E. Íñigo Fernández
- *Breve historia de la Guerra del 98,* Carlos Canales y Miguel del Rey
- *Breve historia de la guerra antigua y medieval,* Francesc Xavier Hernández y Xavier Rubio
- *Breve historia de la Guerra de Ifni-Sáhara,* Carlos Canales y Miguel del Rey
- *Breve historia de la China milenaria,* Gregorio Doval
- *Breve historia de Atila y los hunos,* Ana Martos
- *Breve historia de los persas,* Jorge Pisa Sánchez
- *Breve historia de los judíos,* Juan Pedro Cavero Coll
- *Breve historia de Julio César,* Miguel Ángel Novillo López
- *Breve historia de la medicina,* Pedro Gargantilla
- *Breve historia de los mayas,* Carlos Pallán
- *Breve historia de Tartessos,* Raquel Carrillo
- *Breve historia de las Guerras carlistas,* Josep Carles Clemente

- *Breve historia de las ciudades del mundo medieval*, Ángel Luis Vera Aranda
- *Breve historia del mundo*, Luis E. Íñigo Fernández
- *Breve historia de la música*, Javier María López Rodríguez
- *Breve historia del Holocausto*, Ramon Espanyol Vall
- *Breve historia de los neandertales*, Fernando Diez Martín
- *Breve historia de Simón Bolívar*, Roberto Barletta
- *Breve historia de la Primera Guerra Mundial*, Álvaro Lozano
- *Breve historia de Roma*, Miguel Ángel Novillo López
- *Breve historia de los cátaros*, David Barreras y Cristina Durán
- *Breve historia de Hitler*, Jesús Hernández
- *Breve historia de Babilonia*, Juan Luis Montero Fenollós
- *Breve historia de la Corona de Aragón*, David González Ruiz
- *Breve historia del espionaje*, Juan Carlos Herrera Hermosilla
- *Breve historia de los vikingos (reedición)*, Manuel Velasco
- *Breve historia de Cristóbal Colón*, Juan Ramón Gómez Gómez
- *Breve historia del anarquismo*, Javier Paniagua

PRÓXIMAMENTE...

- *Breve historia de la Revolución Industrial,* Luis E. Íñigo Fernández
- *Breve historia de los sumerios,* Ana Martos Rubio